本書出版得到國家古籍整理出版專項經費資助

新編諸子集成續編

中說校注

張沛撰

中華書局

圖書在版編目(CIP)數據

中説校注/張沛撰. —北京:中華書局,2013.7
(2025.4 重印)
(新編諸子集成續編)
ISBN 978-7-101-09156-4

Ⅰ.中… Ⅱ.張… Ⅲ.①哲學理論-中國-隋代②《中説》-注釋 Ⅳ.B241.12

中國版本圖書館 CIP 數據核字(2013)第 013347 號

責任編輯:石 玉
封面設計:周 玉
責任印製:韓馨雨

新編諸子集成續編
中説校注
張 沛 撰
*
中 華 書 局 出 版 發 行
(北京市豐臺區太平橋西里 38 號 100073)
http://www.zhbc.com.cn
E-mail:zhbc@zhbc.com.cn
北京新華印刷有限公司印刷
*
850×1168 毫米 1/32 · 10¼印張 · 2 插頁 · 230 千字
2013 年 7 月第 1 版 2025 年 4 月第 6 次印刷
印數:7901-8700 冊 定價:48.00 元

ISBN 978-7-101-09156-4

新編諸子集成續編出版緣起

新編諸子集成叢書，自一九八二年正式啟動以來，在學術界特別是新老作者的大力支持下，已形成規模，成爲學術研究必備的基礎圖書。叢書原擬分兩輯出版，第一輯擬目三十多種，後經過調整，確定爲四十種，今年將全部出齊。第二輯原來只有一個比較籠統的規劃，受各種因素限制，在實施過程中不斷發生變化，有的項目已經列入第一輯出版，因此我們後來不再使用第一輯的提法，而是統名之爲新編諸子集成。

隨着新編諸子集成這個持續了二十多年的叢書劃上圓滿的句號，作爲其延續的新編諸子集成續編，現在正式啟動。它的立意、定位與宗旨同新編諸子集成一脈相承，力圖吸收和反映近幾十年來國學研究與古籍整理領域的新成果，爲學術界和普通讀者提供更多的子書品種和哲學史、思想史資料。

續編堅持穩步推進的原則，積少成多，不設擬目。希望本套書繼續得到海內外學者的支持。

中華書局編輯部

二〇〇九年五月

目録

前言

一　王通與中説

王通，字仲淹，生於隋開皇四年〔一〕，河東郡龍門縣萬春鄉（今山西省萬榮縣通化鎮）人。王氏先祖爲太原祁人，後因永嘉之亂，隨晉室南遷，僑居江左（今江蘇、安徽中部一帶）。王通六世祖王玄則，仕宋歷任太僕、國子博士，人稱王先生；五世祖王煥曾任江州刺史；四世祖王虯因南齊蕭道成代宋，於建元元年（即魏太和三年）奔至北魏，任并州刺史，始家河汾（現山西運城地區）；三世祖王彦曾任同州刺史，因北魏永安之變〔二〕，退居河曲（今山西河津）；祖父王一（一説名傑）曾任濟州刺史；王通父王隆，隋開皇初曾以國子監博士待詔雲龍門。王通爲王隆第二子，少年早慧，十五爲人師，十八歲秀才高第，次年任蜀郡司户書佐、蜀王侍讀。仁壽三年春，赴長安見隋文帝，上太平十二策，不用而歸。自大業元年居鄉潛心著述，大業九年，修成王氏六經（又稱續經、續六經），並收徒講學。此後朝廷（仁壽三年、大

〔一〕一説生於北周静帝大象二年。文中子世家稱「開皇四年，文中子始生」，後文又稱「開皇九年，江東平。銅川府君歎曰……文中子侍側，十歲矣」，前後矛盾，蓋「十歲」爲「六歲」之誤。

〔二〕魏武泰元年，胡太后鴆殺明帝，尒朱榮起兵，殺胡太后、幼帝元釗及王公臣民二千餘人。永安三年，莊帝誅殺尒朱榮。參見魏書孝莊紀、魏書尒朱榮傳、北史尒朱榮傳。

業元年、十年、十一年）與地方多次徵召，均辭不就。大業十三年五月甲子，王通病逝於家，終年三十三歲，門人私謚爲文中子。

王通著述現僅存中説與元經。今本元經疑係僞作〔一〕，不足爲信；中説本爲王通門人記録，經王凝整理（貞觀五年之前），由王福畤編爲十卷（時在貞觀十九年至二十三年），大約於唐初成書，而後刊行於世。

王通生前即有「王孔子」之目，其學後世譽爲「河汾道統」。但因隋書無傳、續經佚失、中説竄亂，世人於其人其書或指其舛誤，或責其淺妄，信而不從者有之，從而有間者亦有之，褒貶紛紜不一，遂成千年學術公案。哲人已逝，吾誰與歸？正本清源，原始要終，請從中説始。

二　中説大義

中説一名文中子。宋人阮逸〔二〕序稱：「大哉，中之爲義！在易爲二五，在春秋爲權衡，在書爲皇極，在禮爲中庸。謂乎無形，非中也；謂乎有象，非中也。上不蕩於虚無，下不局於器用，惟變所

〔一〕邵氏聞見後録卷五：「世傳王氏元經、薛氏傳、關子明易、李衛公問對皆阮逸擬作。」李光地榕村語録卷二十：「文中子元經都是假的，中説内有幾條假的。」章太炎國學講演録：「元經一書，真僞不可知。」（華東師範大學出版社，一九九五年，第一四九頁）

〔二〕阮逸，字天隱，福建建陽人。逸平生著述，有易筌六卷、文中子注十卷、王制井田圖等。參見宋史職官志五、樂志、儒林傳二、方技傳下。

適，惟義所在，此中之大略也。『中説』者，如是而已。」清人汪縉在汪子遺書中稱：「亘古今、橫四海而無弗在焉者，中也；修之則吉，悖之則凶，此文中子指要也。」近人謝無量曰：「文中子學説，以執中爲要，故其書曰中説。」〔一〕

「中」之説既如上述，以下復論「文」之義。國語周語下記單襄公言：「忠，文之實也；信，文之孚也；仁，文之愛也；義，文之制也；……經緯不爽，文之象也。」可知文乃人之文，是爲人文。人文顯於三代，而大備於周。孔子曰：「周監於二代，郁郁乎文哉！吾從周。」（論語八佾）子畏於匡，曰：「文王既没，文不在兹乎？天之將喪斯文也，後死者不得與於斯文也；天之未喪斯文也，匡人其如予何？」（子罕）王通曰：「天下無賞罰三百載矣，……元經可得不興乎？」薛收曰：「聖人達而賞罰行，聖人窮而褒貶作。皇極所以復建而斯文不喪也。」出告董常，董常曰：「仲尼没而文在兹乎？」（王道篇）與孔子心意相通。按易説卦：「立人之道，曰仁與義。」禮記喪服四制：「仁義禮智，人道具矣。」是則人文與人道同義。人居天地之中，故人道又稱中道。易繫辭上：「天地設位，而易行乎其中矣。……乾坤，其易之緼邪？乾坤成列，而易立乎其中矣。」王通曰：「氣爲上，形爲下，識都其中，而三才備矣。」薛收問三才之藴，王通曰：「至哉乎問！夫天者，統元氣焉，非止蕩蕩蒼蒼之謂也；地者，統元形焉，非止山川丘陵之謂也；人者，統元識焉，非止圓首方足之謂也。」（立命篇）薛收問：「聖人與天地如何？」曰：「天生之，地長之，聖人成之，故天地立而易行乎其中矣。」問易，

〔一〕謝無量：中國哲學史，上海中華書局，一九一六年，第四六頁。

曰：「天地之中非他也，人也。」收退而歎曰：「乃今知人事修，天地之理得矣。」（魏相篇）所說本此。「聖人成之」，意同易賁卦彖傳「觀乎人文，以化成天下」；此聖王事業，即所謂王道。薛收曰：「皇極所以復建而斯文不喪也。」秉持斯文，所以建有皇極。尚書洪範：「皇極：皇建其有極。」孔安國傳：「太中之道，大立其有中。」蔡沈注：「極，猶北極之極，至極之名，標準之名，中立而四方之所取正焉者也。」是知皇極即中道，亦即王道。董常問：「子之十二策奚稟也？」曰：「有天道焉，有地道焉，有人道焉，此其稟也。」又曰：「十二策若行於時，則六經不續矣。」董常問：「何謂也？」曰：「仰以觀天文，俯以察地理，中以建人極，吾暇矣哉，其有不言之教行而與萬物息矣。」（述史篇）又曰：「所以然者，吾庶幾乎周公之事矣。」（關朗篇）所謂「周公之事」，即製作禮樂以化成天下，故人文根本在禮。王通曰：「禮得而道存矣。」（魏相篇）「王道盛則禮樂從而興焉。」（事君篇）居家不暫捨周禮，曰：「先師以王道極是也，如有用我，則執此以往。」（魏相篇）斯文在兹，故曰「文中」。王氏弟子，可謂善述人志矣！

三　中說之王道論

王通一生志行王道，其大端有五：曰封建，曰井田，曰世卿，曰肉刑，曰至公。

（一）封建。房玄齡問郡縣之治，王通曰：「宗周列國，八百餘年；皇漢雜建，四百餘載；魏晉已降，滅亡不暇。吾不知其用也。」「郡縣之政，其異列國之風乎？」（事君篇）又曰：「四民不分，五等不建，六官不職，九服不序，皇墳、帝典不得而識矣。不以三代之法統天下，終危邦也。」（關朗篇）此其提倡封建之例。

（二）井田。王通曰：「人不里居，地不井受，終苟道也，雖舜、禹不能理矣。」（關朗篇）又稱晁錯：「率井田之序，有心乎復古矣。」（周公篇）此其主張井田之例。

（三）世卿。王通自云：「吾於禮樂，正失而已；如其制作，以俟明哲。必也崇貴乎？」（禮樂篇）見牧守屢易，謂薛收曰：「三代之興，邦家有社稷焉；兩漢之盛，牧守有子孫焉。不如是之亟也。無定主而責之以忠，無定民而責之以化，雖曰能之，末由也已。」（事君篇）此其稱道世卿之例。

（四）肉刑。王通謂薛收曰：「夫廢肉刑害於義，損之可也；衣弋綈傷乎禮，中焉可也。雖然，以文、景之心爲之可也，不可格於後。」（事君篇）此其贊成肉刑之例。

章太炎嘗言：「總計三千年來，主張封建、世卿、肉刑、井田者，曹元首、王船山、王琨繩、李剛主、李德裕、鍾繇、陳羣、王莽、張子厚九人而已。」〔一〕似不知九人之外，尚有王通在。又李贄在藏書卷三十二儒臣傳德業儒臣中譏諷王通曰：「彼其區區欲以周公之禮樂治當時之天下，以井田、封建、肉刑爲後世之必當復，一步一趨，捨孔子無足法；然則使通而在，猶不能致治平，而況其徒乎！」按王通有心乎復古無疑，然即如太炎所説，主張封建者「除王莽外，或意有偏激，或別含作用，固不可盡斥爲

〔一〕章太炎學術史論集，傅傑編校，中國社會科學出版社，一九九七年，第二三頁。

頑固」〔一一〕，王通主封建、井田、世卿、肉刑，意在蕩除六代積弊，豈徒發好古之幽情也哉！何以知之？以其標舉至公。

（五）至公。王通曰：「議其盡天下之心乎？昔黄帝有合宫之聽，堯有衢室之問，舜有總章之訪，皆議之謂也。大哉乎，併天下之謀，兼天下之智，而理得矣。我何爲哉？恭己南面而已。」（問易篇）「議，天子所以兼采而博聽也，唯至公之主爲能擇焉。」（禮樂篇）又曰：「夫能遺其身，然後能無私；無私，然後能至公；至公，然後以天下爲心矣，道可行矣。」（魏相篇）此其標舉至公之例。

四　中說之教化論

王通復古，非唯古是尚，實以復古之名推行改進之實。易繫辭下：「通其變，使民不倦，神而化之，使民宜之。易窮則變，變則通，通則久。」王通曰：「通其變，天下無弊法；執其方，天下無善教。」（周公篇）理路一如。賈瓊問：「太平可致乎？」王通曰：「五常之典，三王之誥，兩漢之制，粲然可見矣。」（問易篇）又曰：「唐虞之道直以大，故以揖讓終焉，必也。有聖人承之，何必定法？其道甚闊，不可格於後。夏商之道直以簡，故以放弒終焉，必也。有聖人扶之，何必在我？其道亦曠，不可制於下。如有用我者，吾其爲周公所爲乎！」（天地篇）是知法無一定，雖三代之法，未必盡適用於今日，故折中於周

〔一一〕章太炎學術史論集，第二二二至二二三頁。

禮；然王道不可驟及，乃以兩漢之制爲階，循序漸進，一變至於兩漢，再一變至於三代。此亦孔子「齊一變至於魯，魯一變至於道」之意。故曰：「二帝、三王，吾不得而見也，捨兩漢將安之乎？……終之以禮樂，則三王之舉也。」（天地篇）「不以三代之法統天下，終危邦也。如不得已，其兩漢之制乎？」（關朗篇）三代之法，自是王道之正；兩漢之制，實爲帝制之變。薛收問：「帝制其出王道乎？」王通曰：「不能出也。後之帝者，非昔之帝也。……其雜百王之道，而取帝名乎？其心正，其跡譎，其乘秦之弊，不得已而稱之乎？政則苟簡，豈若唐、虞、三代之純懿乎？是以富人則可，典禮則未。」（問易篇）又曰：「君子之於帝制，并心一氣以待也，傾耳以聽，拭目而視，故假之以歲時。桓、靈之際，帝制遂亡矣；文、明之際，魏制其未成乎？太康之始，書同文，車同軌，君子曰『帝制可作矣』，而不克振。故永熙之後，君子息心焉，曰：『謂之何哉？』元經於是不得已而作也。」又曰：「元經興而帝制亡矣。」（問易篇）薛收問：「純懿遂亡乎？」曰：「人能弘道，焉知來者之不如昔也？」（問易篇）變今反正，名曰復古，實爲開新，此之謂「弘道」。

弘道由乎教化。賈瓊問：「『富而教之』，何謂也？」王通曰：「仁生於歉，義生於豐，故富而教之，斯易也。」問：「淳漓樸散，其可歸乎？」曰：「人能弘道，苟得其行，如反掌爾。……興衰資乎人，得失在乎教。其曰太古不可復，是未知先王之有化也，詩書禮樂復何爲哉？」（立命篇）按孔子適衛，曰：「庶矣哉！」冉有問：「既庶矣，又何加焉？」曰：「富之。」問：「既富矣，又何加焉？」曰：「教之。」（論語子路）此「富而教之」一語所本。王通以爲「仁生於歉，義生於豐，故富而教之，斯易也」，「仁生於歉」與「義生於豐」兩句互文，即「仁義生於豐歉」之意。按管子牧民：「倉廩實則知禮節，衣食足則知榮辱。」淮南子齊俗訓：「夫民有餘即讓，不足則争；讓則禮義生，争則暴亂起。」論衡治期：「讓生於有餘，争起於不足。穀足食多，禮義之心生；禮豐義重，平安之基立矣。……爲善惡之行，不在人質性，在於歲之饑穰。」王通「仁生於歉，義生於豐」之語本此。雖然，貧而樂道者有之，富而不仁者有之，豐歉固非善惡根本也。孟子以爲「明君制民之産，必使仰足以事父母，俯足以畜妻子，樂歲終身飽，凶年免於死亡，然後驅而之善」，否則「惟救死而恐不贍，奚暇治禮義哉」（孟子梁惠王上），此亦「富而教之」之意；然又曰「仁義禮智，非由外鑠我也，我固有之也」，「人性之善也，猶水之就下也」（告子上），則以「性善」爲教化根本，「富」但爲其助緣，所謂「不富無以養民情，不教無以理民性」（荀子大略）。王通雖稱仁義生於豐歉，然以性爲五常之本，故曰：「我未見欲仁好義而不得者也。如不得，斯無性者也。」（魏相篇）亦以「性善」爲教化之本，而以豐歉爲觸機。其曰「仁生於歉，義生於豐，故富而教之，斯易也」，不失儒家本色；「興衰資乎人，得失在乎教」、「其曰太古不可復，是未知先王之有化也」云云，亦由此轉出。

在王通，詩文爲教化之具，如禮樂然。薛收問續詩之義，王通曰：「有四名焉，有五志焉。何謂四名？一曰化，天子所以風天下也；二曰政，蕃臣所以移其俗也；三曰頌，以成功告於神明也；四曰歎，以陳誨立誡於家也。凡此四者，或美焉，或勉焉，或傷焉，或惡焉，或誡焉，是謂五志。」（事君篇）李百藥與論詩，子不答；百藥退謂薛收曰：「吾上陳應、劉，下述沈、謝，分四聲八病，剛柔清濁，各有端序，音若塤篪，而夫子不應我，其未達歟？」薛收曰：「吾嘗聞夫子之論詩矣：上明三綱，下達五常，於是徵存亡，辯得失；故小人歌之以貢其俗，君子賦之以見其志，聖人采之以觀其變。今子營營馳騁乎末流，是夫子之所痛也，不答則有由矣。」（天地篇）王通亦不滿六朝文章，以爲「古之文也約以達，今之文也繁以塞」（事君篇），曰：「文者，苟作云乎哉？必也濟乎義。」（天地篇）又曰：「言文而不及理，是天下無文也。」（王道篇）此後陳子昂、李白標榜風雅，元結、白居易推崇詩教，韓愈、柳宗元提倡古文，蓋皆乘此而來。後人謂王通開李唐一代文教（王夫之讀通鑑論卷十五宋文帝），不亦宜乎！

五　中説之聖賢論

主持教化者，惟聖與賢。然有道不必在位。王通絶意於當世君臣，於是稱説前代聖賢，以明治道所在。其稱魏孝文帝：「太和之主有心哉！」賈瓊曰：「信美矣。」曰：「未光也。」（述史篇）稱兩漢「七制之主」：「其以仁義公恕統天下乎？其役簡，其刑清，君子樂其道，小人懷其生，四百年間，天下無二志，其有以結人心乎？終之以禮樂，則三王之舉也。」（天地篇）但云其有大功而不言其德，且曰：「吏而登仕、勞而進官非古也，其秦之餘酷乎？」（事君篇）「婦人預事而漢道危乎……此非天也，人謀不臧咎矣夫！」（述史篇）「封禪之費非古也，徒以誇天下，其秦漢之侈心乎？」（王道篇）即使上古三代聖王，亦有不足：「唐虞之道直以大……其道甚闊，不可格於後。夏商之道直以簡……其道亦曠，不可制於下。」（天地篇）獨於周公、孔子拳拳服膺，略無間言：「卓哉，周孔之道！其神之所爲乎？順之則吉，逆之則凶。」（王道篇）「吾視千載已上，聖人在上者，未有若周公焉，其道則一而經制大備，後之爲政，有所持循。吾視千載而下，未有若仲尼焉，其道則一而述作大明，後之修文者，有所折中矣。」（天地篇）孔子以布衣而爲萬世師表，故王通尤鍾情於孔子。嘗遊孔子之廟，作歌曰：「大哉乎！君君臣臣，父父子子，兄兄弟弟，夫夫婦婦，夫子之力也。其與太極合德，神道並行乎？」王孝逸問：「夫子之道豈少是乎？」曰：「天地生我而不能鞠我，父母鞠我而不能成我，成我者夫子也。道不啻天地父母，通於夫子受罔極之恩。吾子汩彝倫乎？」（王道篇）及見天下沉濁，中國云亡，乃慨然以聖人自任，曰「千載而下，有紹宣尼之業者，吾不得而讓也」（天地篇），以九年之功，「續書以存漢晉之實，續詩以辯六代之俗，修元經以斷南北之疑，贊易道以申先師之旨，正禮、樂以旌後王之失」（禮樂篇）。聞隋煬遼東之敗，歸而善六經之本，曰：「以俟能者。」（問易篇）嘗歎：「仲尼之述，廣大悉備，歷千載而不用，悲夫！」仇璋問：「然夫子今何勤勤於述也？」曰：「先師之職也，不敢廢。焉知後之不能用也？」（關朗篇）繼往開來，此教化之大者。董常曰：「夫子自秦歸晉，宅居汾陽，然後三才五常各得其所。」（王道篇）王氏既殁，杜淹問王凝：「續經其行乎？」曰：「王公大人最急也，先王之道布在此矣。天下有道，聖人推而行之；天下無道，聖人述而藏之。」（關朗篇）可謂解人知言。

六　中說之經學論

王通有道無位，故述而不作，發明先人遺訓，續爲六經。事君篇王氏自稱：「吾於贊易也，述而不敢論；吾於禮、樂也，論而不敢辯；吾於詩、書也，辯而不敢議。」此其續經宗旨，亦其治經方略。王氏深於六經，如立命篇載：

門人有問姚義：「孔庭之法，曰詩曰禮，不及四經，何也？」姚義曰：「嘗聞諸夫子矣：春秋斷物，志定而後及也；樂以和，德全而後及也；書以制法，從事而後及也；易以窮理，知命而後及也。故不學春秋無以主斷，不學樂無以知和，不學書無以議制，不學易無以通理。四者非具體不能及，故聖人後之，豈養蒙之具耶？」或曰：「然則詩、禮何爲而先也？」義曰：「夫教之以詩，則出辭氣，斯遠暴慢矣；約之以禮，則動容貌，斯立威嚴矣。度其言，察其志，考其行，辯其德。志定則發之以春秋，於是乎斷而能變；德全則導之以樂，於是乎和而知節；可從事則達之以書，於是乎可以立制；知命則申之以易，於是乎可與盡性。若驟而語春秋，則蕩志輕義；驟而語樂，則喧德敗度；驟而語書，則狎法；驟而語易，則玩神。是以聖人知其必然，故立之以宗，列之以次。先成諸己，然後備諸物；先濟乎近，然後形乎遠。亶其深乎！亶其深乎！」

王通言六經旨趣與進學階次，與前人不盡相同，蓋其深造自得語。劉炫與之談六經，終日不竭，王通曰：「何其多也！」炫曰：「先儒異同，不可不述也。」通曰：「一以貫之可矣，爾以尼父爲多學而識之耶？」（周公篇）王氏自云「不雜學，故明」（魏相篇），又曰：「學者，博誦云乎哉？必也貫乎道。」（天地篇）道盡在六經，故以經爲本幹，而以傳注爲旁支，稱「史傳興而經道廢矣」（問易篇），曰「春秋之失，自歆、向始也，棄經而任傳」，謂范甯「有志於春秋，徵聖經而詰衆傳」（天地篇），又云：「蓋九師興而易道微，三傳作而春秋散。」賈瓊問：「何謂也？」曰：「白黑相渝，能無微乎？是非相擾，能無散乎？故齊、韓、毛、鄭，詩之末也；大戴、小戴，禮之衰也；書殘於古、今；論失於齊、魯。」賈瓊曰：「然則無師無傳可乎？」曰：「『神而明之，存乎其人』；『苟非其人，道不虛行』。必也傳又不可廢也。」（天地篇）

漢儒有棄經任傳，宋儒或捨傳求經，皆各執一邊，未能中道而行。傳以傳經，故經不可棄；經由傳傳，故傳不可廢：此王通之特見卓識。

王通之學以儒爲宗，然亦有取於老釋諸子，以佛道百家之言發明周孔大義。嘗謂司馬談「善述九流，知其不可廢而知其各有弊也」（周公篇），又曰：「安得圓機之士，與之共言九流哉？」（周公篇）或問佛，曰：「聖人也。」曰：「其教何如？」曰：「西方之教也，中國則泥。軒車不可以適越，冠冕不可以之胡，古之道也。」（周公篇）又曰：「齋戒修而梁國亡，非釋迦之罪也。」（周公篇）程元問：「三教何如？」曰：「政惡多門久矣。」曰：「廢之何如？」曰：「非爾所及也。真君、建德之事，適足推波助瀾、縱風止燎爾。」（問易篇）讀先祖皇極讜議，曰：「三教於是乎可一矣。」弟子問：「何謂也？」曰：「使民不倦。」（同前）按易繫辭下：「黄帝、堯、舜氏作，通其變，使民不倦，神而化之，使民宜之。」神而化之，使民不倦，此聖人之道。或問聖人之道，王通曰：「無所由，亦不至於彼。」問「彼」之説，曰：「彼，道之方也。必也無至乎！」（天地篇）又曰：「凝滯者，智之蟊也。」（魏相篇）按華嚴經如來現相品第二：「入佛所行，智無凝滯。」論語子罕：「子絕四：毋意，毋必，毋固，毋我。」是以佛典參證儒經。又如告賈瓊：「仁生於歉，義生於豐，故富而教之，斯易也。古者聖王在上，田里相距，雞犬相聞，人至老死不相往來，蓋自足也。是以至治之代，五典潛，五禮措，五服不章，人知飲食，不知蓋藏，人知羣居，不知愛敬，上如標枝，下如野鹿。何哉？蓋上無爲，下自足故也。」又曰：「其曰太古不可復，是未知先王之有化也，詩書禮樂復何爲哉？」（立命篇）則以老、莊、管、墨之言贊明儒門教化本旨。擇善而從，不失環中，斯可謂「圓機之士」矣。

七　中説之中國論

人能弘道，非道弘人；苟非其人，道不虚行。王通曰：「天下無道，聖人彰焉。」（述史篇）董常問：「大哉中國！五帝、三王所自立也，衣冠禮義所自出也，故聖賢景慕焉。中國有一，聖賢明之；中國有並，聖賢除之耶？」王通曰：「噫，非中國不敢以訓。」（同前）「非中國不敢以訓」，此言王道。王道所行，即爲中國；行王道者，即是中國之主；中國之主，不必中國之人；不行中國之道，則「中國亦新夷狄也」（公羊傳昭公二十三年）。舜東夷之人，文王西夷之人，得志行乎中國，孟子稱之；王通感家國之變，於此體會尤深。或曰苻秦逆，王通曰：「晉制命者之罪也，苻秦何逆？昔周制至公之命，故齊桓、管仲不得而背也；晉制至私之命，故苻秦、王猛不得而事也。其應天順命、安國濟民乎？是以武王不敢逆天命，背人而事紂；齊桓不敢逆天命，背人而黜周。故曰晉之罪也，苻秦何逆？三十餘年，中國士民，東西南北，自遠而至，猛之力也。」（周公篇）或問魏孝文，曰：「可與興化。」（天地篇）又曰：「太和之政近雅矣，一明中國之有法。」（問易篇）「中國之道不墜，孝文之力也。」（周公篇）闡明中國之道，此正王通著述之旨。如其自云：「吾於續書、元經也，其知天命而著乎！傷禮樂則述章志，正曆數則斷南北，感帝制而首太熙，尊中國而正皇始。」（關朗篇）「元經抗帝而尊中國，其以天命之所歸乎？」（魏相篇）又曰：「元經其正名乎！皇始之帝，徵天以授之也。晉、宋之王，近於正體，於是乎未忘中國，穆公之志也。齊、梁、陳之德，斥之於四夷也，以明中國之有代，太和之力也。」（問易篇）述元經皇始之事而歎，門人未達，王凝曰：「夫子之歎，蓋歎命矣。書云：天命不於常，惟歸乃有德。戎狄之德，黎民懷之，三才其捨諸？」王通聞之，曰：「凝，爾知命哉！」（王道篇）薛收問：「何爲命也？」曰：「稽之於天，合之於人，謂其有定於此而應於彼，吉凶曲折無所逃乎！」（問易篇）又曰：「命之立也，其稱人事乎？故君子畏之。無遠近高深而不應也，無洪纖曲直而不當也，故歸之於天。」（立命篇）董常問：「元經之帝元魏，何也？」王通曰：「亂離斯瘼，吾誰適歸？天地有奉，生民有庇，即吾君也。」（述史篇）此是沉痛語，亦是明達語，非知道者不能言，亦非俗儒所敢言。王通爲人君説法，以大中立言，胸懷超邁一代，無愧大儒之名矣。

以上所説，既爲中説全書總要，亦王通學説之大略。王氏自稱：「吾於天下，無去也，無就也，惟道之從。」（天地篇）惟道之從，文在其中；斯文在中，故曰「文中」。文中之道盡在是矣；後來學者，可不深惟斯義乎！

中説版本方面，北宋有阮逸注十卷本與龔鼎臣注本。阮本流傳至今；龔本已佚，僅存零星引述，與阮本頗有不同〔一〕。南宋有陳亮重編本〔二〕，今亦失傳。明人崔銑亦分類重編，作中説

〔一〕張淏雲谷雜記卷四：「蓋龔鼎臣得唐本於齊州李冠家，則以甲乙冠篇，而分篇始末皆不同，又本文多與阮逸異。」陳振孫直齋書録解題卷九：「中説注十卷，太常丞阮逸天隱撰。」「中説注十卷，正議大夫淄川龔鼎臣輔之撰。……李格非跋云：龔自謂明道間得唐本於齊州李冠，比阮本改正二百餘處。」

〔二〕陳亮集卷二十三類次文中子引：「此書類次無條目，故讀者多厭倦。余以暇日參取阮氏、龔氏本，正其本文，以類相從，次爲十六篇。其無條目可尋與凡可略者，往往不録，以爲王氏正書。」

考〔一〕，今尚存。今本中説均祖阮本，如江安傅氏雙鑒樓藏北宋刻本，上海涵芬樓影印，收入續古逸叢書，後收入叢書集成續編，此現存最早善本，刻印亦最精；常熟瞿氏鐵琴銅劍樓藏南宋取瑟堂刊本，上海涵芬樓影印，收入四部叢刊；重刻明世德堂六子本等〔二〕。

余以兩年之功撰成此書，欣幸之餘，自知才力駑鈍，舛誤必不在少。聞道遷善，固學者之所樂也，吾將拭目傾耳，敬候方家同仁教正。是爲序。

己丑年正月初稿

壬辰年四月上旬改訂

張沛於北大中關園

〔一〕崔銑中説考序：「中説十篇，醇駁相淆，又或依仿論語爲書，讀者厭之。銑爲别白其詞，權量其旨，類分爲三：曰内，曰外，曰雜。内篇九篇，義美文馴；外篇九篇，詞若誇張，義亦錯雜；其餘放言不倫，疑出後人所附潤，爲雜篇。削杜淹之誕，爲世家凡二十篇，間爲發蘊糾失曰釋。然後仲淹之書真贋粲列，可以羽翼孔子，傳諸其人。」（洹詞卷五）

〔二〕今人駱建人文中子研究（臺灣商務印書館，一九九〇年）丙編第一章記敘中説歷代版本甚詳，可參看。

凡例

一、此次整理，以續古逸叢書本爲底本，以四部叢刊本與六子本爲主要校本，同時借鑒前人成果，如俞樾諸子平議等。

二、中説正文十卷，正文前有文中子中説序一篇，正文後附叙篇、文中子世家、録唐太宗與房魏論禮樂事、東皐子答陳尚書書、録關子明事、王氏家書雜録等六篇。原文未分段，今分段點校，校注置於各段之後。

三、正文原收録阮逸注，本書亦加以整理，仍置於相應文字之下。阮注若有不足，或應注而未注，則另加注釋，列在每章之後的校注中。

四、底本「徵」、「玄」、「敬」、「弘」、「殷」、「竟」等字因避諱有缺筆，今皆補足，不再一一説明。

五、書後另附歷代評論輯要，按作者生活時代爲序排録，以便參考。

六、注釋涉及文獻，一九一一年以前著作僅列著作標題及卷數或章節名，如「易繫辭下」、「朱熹集卷六十七王氏續經説」；民國以後著作則提供出版信息，如「謝無量：中國哲學史，中華書局，一九一六年，第四五頁」，以便讀者查考。

文中子中説序

周公，聖人之治者也，後王不能舉，則仲尼述之，而周公之道明。仲尼，聖人之備者也，後儒不能達，則孟軻尊之，而仲尼之道明。文中子，聖人之修者也，孟軻之徒歟？非諸子流矣。蓋萬章、公孫丑不能極師之奥，盡録其言，故孟氏章句略而多闕。房、杜諸公不能臻師之美，大宣其教，故王氏續經抑而不振。

中説者，子之門人對問之書也，薛收、姚義集而名之。唐太宗貞觀〔一〕初，精修治具，文經武略，高出近古。若房、杜、李、魏、二温、王、陳輩，迭爲將相，實永三百年之業，斯門人之功過半矣。貞觀二年，御史大夫杜淹始序中説及文中子世家，未及進用，爲長孫無忌所抑，而淹尋卒。故王氏經書散在諸孤之家，代莫得聞焉。二十三年，太宗没，子之門人盡矣。惟福畤兄弟福畤，文中子幼子。傳授中説於仲父凝，始爲十卷。今世所傳本文多殘缺，誤以杜淹所撰世家爲中説之序。杜貞觀三年卒，今世所傳本乃貞觀二十三年序。又福畤於仲父凝得關子明傳，凝因言關氏卜筮之驗，且記房、魏與太宗論道之美，亦非中説後序也。蓋同藏緗帙，卷目相亂，遂誤爲序焉。

〔一〕「貞觀」原作「正觀」，據六子本改。下同。

逸家藏古編，尤得精備，亦列十篇，實無二序。以意詳測，文中子世家乃杜淹授與尚書陳叔達，編諸隋書而亡矣。叔達依遷史撰隋書，今亡。關子明事，具於裴晞先賢傳，今亦無存。故王氏諸孤，痛其將墜也，因附於中説兩間，且曰：「同志淪殂，帝閽悠邈，文中子之教鬱而不行。吁，可悲矣！」此有以知杜淹見抑而續經不傳，諸王自悲而遺事必録。後人責房、魏不能揚師之道，亦有由焉。

夫道之深者，固當年不能窮；功之遠者，必異代而後顯。方當聖時，人文復古，則周、孔至治大備，得以隆之。昔荀卿、揚雄〔一〕二書，尚有韓愈、柳宗元删定，李軌、楊倞注釋，況文中子非荀、揚比也，豈學者不能伸之乎？是用〔二〕覃研藴奥，引質同異，爲之注解，以翼斯文。

〔一〕「揚」原作「楊」，據四部叢刊本改。下同。

〔二〕「用」原作「月」，據四部叢刊本改。

夫前聖爲後聖之備，古文乃今文之修，未有離聖而異驅、捐古而近習而能格於治者也。皇宋御天下，尊儒尚文，道大淳矣；修王削霸，政無雜矣；抑又跨唐之盛，而使文中之徒遇焉。彼韓愈氏力排異端，儒之功者也，故稱孟子能拒楊、墨而功不在禹下。孟軻氏，儒之道者也，故稱顔回，謂與禹、稷同道。愈不稱文中子，其先功而後道歟？猶文中子不稱孟軻，道存而功在其中矣。唐末司空圖嗟功廢道衰，乃明文中子聖矣。五季經亂，逮乎削平，則柳仲塗宗之於前，孫漢公廣之於後，皆云聖人也，然未及盛行其教。

噫！知天之高，必辯其所以高也。子之道其天乎？天道則簡而功密矣。門人對問，如日星麗焉，雖環周萬變，不出乎天中。今推策揆影，庶髣髴其端乎？大哉，中之爲義！在易爲二五，在春秋爲權衡，在書爲皇極，在禮爲中庸。謂乎無形，非中也；謂乎有象，非中也。上不蕩於虚無，下不局於器用，惟變所適，惟義所在，此中之大略也。「中説」者，如是而已。李靖問聖人之道，子曰：「無所由，亦不至於彼。」又問彼之説，曰：「彼，道之方也。必也無至乎？」魏徵問聖人憂疑，子曰：「天下皆憂疑，吾獨不憂疑乎？」退謂董常曰：「樂天知命，吾何憂？窮理盡性，吾何疑？」舉是深趣，可以類知焉。或有執文昧理，以模範論語爲病，此皮膚之見，非心解也。

逸才微志勤，曷究其極！中存疑闕，庸俟後賢。仍其舊篇，分爲十卷。謹序。

中說卷第一

王道篇

文中子曰：「甚矣，王道難行也！吾家頃銅川六世〔一〕矣，上黨有銅堤縣。未嘗不篤於斯，斯文。然亦未嘗得宣其用，不遇時。退而咸有述〔二〕焉，則以志其道也。」志，記。蓋先生〔三〕之述曰時變論六篇，其言化俗推移〔四〕之理竭矣。江州府君〔五〕之述曰五經決録五篇，其言聖賢製述之意備矣。晉陽穆公〔六〕之述曰政大論八篇，其言帝王之道著矣。同州府君〔七〕之述曰政小論八篇，其言王霸之業盡矣。安康獻公〔八〕之述曰皇極讜義〔九〕九篇，其言三才之去就深矣。銅川府君〔一〇〕之述曰興衰要論七篇，其言六代之得失明矣。自先生至銅川，文中子世家言之備矣。時變論至興衰要論，今皆亡。六代：晉、宋、後魏、北齊、後周、隋也。余小子獲覩成訓，勤九載矣〔一一〕。大業九年〔一二〕自長安歸，著六經，至九年功畢。服先人之義，稽仲尼之心，天人之事，帝王之道，昭昭乎！因祖德考聖師而明。

〔一〕銅川：隋時屬樓煩郡秀容縣，今山西長治市沁縣故縣鎮一帶。此處代指王通之父王隆。六世：自王通六世祖玄則至王通父隆，凡六代。

〔二〕述：闡述，著述。論語述而：「述而不作，信而好古，竊比於我老彭。」禮記樂記：「作者之謂聖，述者之謂明。」論衡對作篇：「五經之興，可謂作矣。太史公書、劉子政序、班叔皮傳，可謂述矣。」

〔三〕先生：王通六世祖玄則。文中子世家：「秀生二子，長曰玄謨，次曰玄則；玄謨以將略升，玄則以儒術進。玄則字彥法，即文中子六代祖也。仕宋，歷太僕、國子博士。常歎曰：『先君所貴者禮樂，不學者軍旅，兄何爲哉？』遂究道德，考經籍，謂『功業不可以小成也』，故卒爲洪儒；『卿相不可以苟處也』，故終爲博士，曰『先師之職也，不可墜』，故江左號『王先生』，受其道曰『王先生業』。於是大稱儒門，世濟厥美。」

〔四〕推移：變化。淮南子齊俗訓：「是故不法其已成之法，而法其所以爲法。所以爲法者，與化推移者也。」

〔五〕江州府君：王通五世祖煥。文中子世家：「先生生江州府君煥，煥生虬。」

〔六〕晉陽穆公：王通四世祖虬。文中子世家：「虬始北事魏，太和中爲并州刺史，家河汾，曰晉陽穆公。」録關子明事：「先是穆公之在江左也，不平袁粲之死，恥食齊粟，故蕭氏受禪而穆公北奔，即齊建元元年，魏太和三年也，時穆公春秋五十二矣。奏事曰：大安四載，微臣始生。蓋宋大明二年也。……太和八年，徵爲秘書郎，遷給事黄門侍郎。……俄帝崩，穆公歸洛，踰年而薨。」

〔七〕同州府君：王通三世祖彥。文中子世家：「穆公生同州刺史彥，曰同州府君。」王績遊北山賦序：「同州悲永安之事，退居河曲。」

〔八〕安康獻公：王通祖王一。王績遊北山賦序：「始則晉陽開國，終乃安康受田。」文中子世家：「彦生濟州刺史一，曰安康獻公。」録關子明事：「開皇元年，安康獻公老於家。」一説名傑。司馬光文中子補傳：「彦生傑，官至濟州刺史。」見邵氏聞見後録卷四。

〔九〕亦稱洪範讜議。尚書洪範：「天乃錫禹洪範九疇，彝倫攸敘。……次五曰建用皇極。」孔穎達疏：「皇，大也；極，中也；施政教，治下民，當使大得其中，無有邪僻。」蔡沈書經集傳：「皇極者，君之所以建極也。」

〔一〇〕銅川府君：王通父王隆。文中子世家：「安康獻公生銅川府君，諱隆，字伯高，文中子之父也，傳先生之業，教授門人千餘。隋開皇初，以國子博士待詔雲龍門。時國家新有揖讓之事，方以恭儉定天下。帝從容謂府君曰：『朕何如主也？』府君曰：『陛下聰明神武，得之於天，發號施令，不盡稽古，雖負堯、舜之姿，終以不學爲累。』帝默然曰：『先生朕之陸賈也，何以教朕？』府君承詔著興衰要論七篇。每奏，帝稱善，然未甚達也。府君出爲昌樂令，遷猗氏銅川，所治著稱，秩滿退歸，遂不仕。」

〔一一〕文中子世家：「大業元年，一徵又不至，辭以疾。……乃續詩、書，正禮、樂，修元經，贊易道，九年而六經大就。」參見王績遊北山賦自注：「吾兄通，字仲淹，生於隋末，守道不仕。大業中隱於此溪，續孔子六經近百餘卷。」答程道士書：「昔者，吾家三兄命世特起，光宅一德，續明六經。」黄宗羲蘇州三峰漢月藏禪師塔銘：「古今學有大小，蓋未有無師而成者也。然儒者之學，孟軻之死，不得其傳，程明道以千四百年得之於遺經，董仲舒、王通顧亦未聞何所授受。」未得其情也。

〔三〕當爲「大業元年」（實爲仁壽三年）。參見前注。

子謂董常〔一〕曰：「吾欲修元經〔二〕，稽諸史論，不足徵也，董常，字履常，弟子亞聖者。元經，春秋異名也，義包五始，故曰元經。史論，謂歷代史臣於紀傳後贊論之類是也。吾得皇極讜義焉。去就適中，權衡褒貶。吾欲續詩〔三〕，考諸集記，不足徵也，前賢文集所記。吾得時變論焉。化俗推移，以正風雅。吾欲續書〔四〕，按諸載録，不足徵也，史官載言所録。吾得政大論焉。」王言大道，其制明白。董常曰：「夫子之得，蓋其志焉？」非以文體。子曰：「然。」

〔一〕董常：一名恒，字履常，王通門人，早卒。王績遊北山賦自注：「此溪之集門人常以百數，唯河南董恒、南陽程元、中山賈瓊、河南（按：當爲河東）薛收、太山姚義、太原温彦博、京兆杜淹等十餘人稱爲俊穎。」文中子世家：「河南董常、太山姚義、京兆杜淹、趙郡李靖、南陽程元、扶風竇威、河東薛收、中山賈瓊、清河房玄齡、鉅鹿魏徵、太原温大雅、潁川陳叔達等咸稱師北面，受王佐之道焉。」本書關朗篇末章記王凝語：「夫子得程、仇、董、薛而六經益明。對問之作，四生之力也。董、仇早殁，而程、薛繼殂；文中子之教，其未作矣。」

〔二〕元經：王通續六經之一，仿春秋而作，共五十篇，分爲十五卷，記述自晉惠帝永熙元年至隋開皇九年三百年間國史。書早亡佚，現存宋本元經係僞書。參見文中子世家：「開皇九年，江東平。銅川府君歎曰：『王道無叙，天下何爲而一乎？』文中子侍側，十歲（按：當爲六歲）矣，有憂色，曰：『通聞古之爲邦，有長久之策，故夏、殷以下數百年，四海常一統也。後之爲邦，行苟且之政，故魏晉以下數百年，九州無定主也。上失其道，民散久矣。一彼一此，何常之有？夫子之歎，蓋憂皇綱不振，生人勞於聚斂而天下將亂乎？』銅川府君異之曰：『其然乎？』遂告以元經之事，文中子再拜受之。」陳叔達答王績書：「恐後之筆削陷於繁碎，宏綱正典暗而不宣，乃興元經，以定真統。」

〔三〕續詩：王通續六經之一，凡三百六十篇，分爲十卷，收晉、宋、北魏、北齊、北周、隋六代之詩。王通自云續詩「有四名焉，有五志焉。何謂四名？一曰化，天子所以風天下也；二曰政，蕃臣所以移其俗也；三曰頌，以成功告於神明也；四曰歎，以陳誨立誡於家也。凡此四者，或美焉，或勉焉，或傷焉，或惡焉，或誡焉，是謂五志」（事君篇）。又云：「續詩可以諷，可以達，可以蕩，可以獨處；出則悌，入則孝；多見治亂之情。」（天地篇）楊炯王勃集序：「覩隋室之將微，知吾道之未行……甄正樂府，取其雅奥」。

〔四〕續書：王通續六經之一，凡一百五十篇，分爲二十五卷，收録漢、晉詔令，有皇帝之制、詔、志、策，大臣之命，訓以及事、問對、贊、議、誡、諫等。

子謂薛收〔二〕曰：「昔聖人述史三焉：薛收，字伯褒，隋内史道衡之子。昔聖，謂孔子。其述書也，帝王之制備矣，故索焉而皆獲；史有記言，求言則制度得矣。其述詩也，興衰之由顯，故究焉而皆得；史有明得失，窮政化則詩明矣。其述春秋也，邪正之跡明，故考焉而皆當。史有記事，稽邪正則法當矣。此三者，同出於史而不可雜也，故聖人分焉。」〔二〕載言、載事、明得失，皆史職也；職同體異，故曰分。

〔一〕薛收：字伯褒，蒲州汾陰人，隋內史侍郎薛道衡之子。大業末，房玄齡薦於李世民，授秦府主簿，判陝東道大行台金部郎中。收文思敏捷，時秦王專任征伐，檄書露布多出其手。隋亡，授天策府記室參軍，封汾陰縣男。武德六年以本官兼文學館學士，次年卒。參見舊唐書薛收傳。收與董常、仇璋、程元同爲王門高弟，王通嘗以仁許之。

〔二〕王應麟困學紀聞經説：「文中子言聖人述史三焉，書、詩、春秋三者，同出於一。陸魯望謂六籍之中，有經有史：禮、詩、易爲經，書、春秋實史耳。」翁元圻注：「舜、臯陶之賡歌，五子之歌，皆載於書，則詩與書一也。文中子之言當矣。」錢謙益牧齋初學集卷九十：「世之君子侈言古文，曰『遷、固以下無史』，又曰『歐陽氏之史，歐陽氏之文，而非史、漢之文也』。彼固不知文，又安知史？不知太史公，又安知歐陽氏哉？文中子不云乎：『昔聖人述史三焉。』六經，史之祖也；左氏、太史公，繼別之宗也；歐陽氏，繼禰之小宗也。等而上之，先河後海，則以六經爲原；等而下之，旁搜遠紹，則以歐陽氏爲止。此亦作史者之表識，而論史者之質的也。」章學誠文史通義方志立三書議亦曰：「或曰：『文中子曰：聖人述史有三，書、詩與春秋也。今論三史，則去書而加禮。文中之說，豈異指歟？』曰：『書與春秋，本一家之學也。』」

文中子曰：「吾視遷、固而下，述作何其紛紛乎〔一〕！史記、漢書而下，文體相模無經制。紛紛，多且亂。帝王之道，其暗而不明乎？天人之意，其否〔二〕而不交乎？制理者參而不一乎？陳事者亂而無緒乎？」四者由紛亂故。

〔一〕章學誠文史通義申鄭：「夫史遷絕學，春秋之後，一人而已。」「自遷、固而後，史家既無別識心裁，所求者徒在其事其文。」又答客問上：「史之大原，本乎春秋。春秋之義，昭乎筆削。筆削之義，不僅事具始末、文成規矩已也。以夫子『義則竊取』之旨觀之，固將綱紀天下，推明大道。」王通謂太史公書「記繁而志寡」，不知所謂，豈其自命孔子傳人，以元經繼配春秋，故有此說乎？

〔二〕否：易卦名，卦象坤下乾上，意示窒塞不通。

子不豫，屬疾。聞江都有變〔一〕，大業十三年，煬帝幸江都宮，宇文化及弒逆。泫然而興曰：「生民厭亂久矣，自漢末亂至隋。天其或者將啓堯、舜之運，吾不與焉，命也！」唐太宗行堯、舜之道而文中子已死。

〔一〕江都有變：阮逸注：「大業十三年，煬帝幸江都宮，宇文化及弒逆。」按弒逆事在隋義寧二年三月（即大業十四年三月），而王通病逝於大業十三年，顯然有誤。或云「江都有變」當爲「太原有變」，指大業十三年五月李淵太原起兵事（尹協理、魏明：王通論，中國社會科學出版社，一九八四年，第四九頁）。

文中子曰：「道之不勝時久矣，吾將若之何？」自孔子、孟軻已來不勝時，故曰久矣。董常曰：「夫子自秦歸晉〔一〕，宅居汾陽〔二〕，然後三才五常各得其所〔三〕。」秦長安，隋都也。晉汾陽，子鄉也。三才五常，謂續經。

〔一〕自秦歸晉：隋仁壽三年，王通自蜀郡還鄉，過長安見隋文帝，知事不可爲，遂歸隱故鄉。

〔二〕汾陽：王通家河東龍門郡，今山西河津縣。

〔三〕五常：仁義禮智信。董仲舒舉賢良對策一：「仁誼禮知信，五常之道，王者所當修飭也。」論語子罕記孔子語：「吾自衛反魯，然後樂正，雅、頌各得其所。」中説多處襲仿論語，本章即爲一例。

薛收曰：「敢問續書之始於漢，何也？」子曰：「六國之弊，亡秦之酷，吾不忍聞也，又焉取皇綱乎？」六國，燕王喜、魏王假、齊王建、楚王負芻、韓王安、趙王嘉也。亡秦，始皇也。秦竊皇之名，無綱紀之實。漢之統天下也，其除殘穢，與民更始而興其視聽〔一〕乎？」變民耳目，使知有王道興。薛收曰：「敢問續詩之備六代，何也？」六代，注見上。子曰：「其以仲尼三百〔二〕始終於周乎？」三百篇，周一代。收曰：「然。」子曰：「余安敢望仲尼！然至興衰之際，未嘗不再三焉。故具六代始終，所以告也。」告猶貢也，貢其俗於時君。

〔一〕興：振起。視聽：治理。尚書蔡仲之命：「詳乃視聽，罔以側言改厥度。」泰誓中：「天視自我民視，天聽自我民聽。」俞樾諸子平議補録卷十二：「『興』猶動也、發也……『興其視聽』，謂發動民之耳目也。」

〔二〕三百：即詩。詩三百零五篇，故名。

文中子曰：「天下無賞罰三百載矣，自晉惠帝永平元年至隋開皇十年，凡三百載。元經可得不興乎？」言必興。薛收曰：「始於晉惠，何也？」惠帝名衷，武帝子也。政由賈后，天下大亂，故元經起於此。子曰：「昔者明王在上，賞罰其有差乎？言不差。元經褒貶，所以代賞罰者也，其以天下無主而賞罰不明乎？」晉惠猶無王。薛收曰：「然則春秋之始周平、魯隱〔一〕，其志亦若斯乎？」周平王，幽王之子。王室衰微，東遷居洛。魯隱公，惠公之子〔二〕，平王同時。子曰：「其然乎！而人莫之知也。」後人不知代行衰周之法，謂東周始王讓國賢君，非也。

薛收曰：「今乃知天下之治，聖人斯在上矣；天下之亂，聖人斯在下矣。周公上，仲尼下。聖人達而賞罰行，聖人窮而褒貶作，皇極所以復建而斯文〔三〕不喪也。春秋無經行禮法之皇極。不其深乎？」再拜而出，以告董生。董生曰：「仲尼没而文在兹乎〔四〕？」前聖後聖一也。

〔一〕周平：周平王。魯隱：魯隱公，名息姑，魯惠公庶子，周平王四十九年繼位爲魯國第十三代國君，是年爲春秋之始。

〔二〕「子」原作「平」，據四部叢刊本改。

〔三〕斯文：禮樂制度，即人文之道。論語子罕：「子畏於匡，曰：『文王既没，文不在兹乎？天之將喪斯文也，後死者不得與於斯文也；天之未喪斯文也，匡人其如予何？』」

〔四〕薛收稱：「聖人達而賞罰行，聖人窮而褒貶作，皇極所以復建而斯文不喪也。」董常稱：「仲尼没而文在兹乎？」皆以王通爲祧周、孔人文道統之素王。王通謚曰「文中子」，所謂「文」，即此文也。

文中子曰：「卓哉，周、孔之道！其神之所爲乎〔一〕？孟子曰：「大而化之謂聖，聖而不可知之謂神。」順之則吉，逆之則凶。」神在易中。

〔一〕易繫辭上：「知變化之道者，其知神之所爲乎！」又曰：「利用出入，民咸用之謂之神。」是神道即人道也。

子述元經皇始之事〔一〕，歎焉。後魏初年。門人未達，叔恬〔二〕曰：王凝，字叔恬，子之弟也。爲御史，彈侯君集，爲長孫無忌所惡，出爲太原令。王氏家書稱「太原府君」。「夫子之歎，蓋歎命矣。書云：天命不於常，惟歸乃有德〔三〕。戎狄〔四〕之德，黎民懷之〔五〕，三才其捨諸〔六〕？」後魏德被黎民，亦天地命之也，人其捨之乎？子聞之曰：「凝，爾知命哉！」

〔一〕皇始：北魏道武帝拓跋珪年號。皇始二年拓跋珪滅後燕，統一黃河以北地區，次年建都平城，今山西大同。

〔二〕叔恬：即王凝，王通之弟，王績之兄。貞觀初年起爲監察御史，因彈劾侯君集貶爲胡蘇令，歸田鄉居。後起爲洛州録事，仕至太原縣令，子弟或稱太原府君。王凝從王通受元經，歸田後整理續經，並授中說於通子福畤等。

〔三〕尚書咸有一德：「天難諶，命靡常。常厥德，保厥位。……非天私我有商，惟天祐於一德；非商求於下民，惟民歸於一德。」

〔四〕戎狄：北方和西方少數民族，此指北魏鮮卑族拓跋氏統治者。詩魯頌閟宫：「戎狄是膺，荆舒是懲。」

〔五〕尚書大禹謨：「皋陶邁種德，德乃降，黎民懷之。」

〔六〕論語雍也：「犂牛之子騂且角，雖欲勿用，山川其捨諸？」

子在長安，楊素〔一〕、蘇夔〔二〕、李德林〔三〕皆請見。楊素，字處道，煬帝時爲司徒，專朝政。蘇夔，字伯尼，善鐘律，隋樂多從夔議。李德林，字公輔，佐命掌軍書，爲儀同，頗自負。三人知文中子賢，來請謁見。子與之言，歸而有憂色。門人問子，子曰：「素與吾言終日，言政而不及化。上正下曰政，下從上曰化。夔與吾言終日，言聲而不及雅。知音爲聲，知德爲雅。德林與吾言終日，言文而不及理〔四〕。」修詞爲文，知道爲理。門人曰：「然則何憂？」子曰：「非爾所知也。二三子皆朝之預議者也，預朝政。今言政而不及化，是天下無禮也；知正人，不知使人從。言聲而不及雅，是天下無樂也；知文音，不知和德。言文而不及理，是天下無文也。知華辭，不知實道。王道從何而興乎？吾所以憂也。」禮壞樂崩文喪，天下可憂。門人退。子援琴鼓蕩之什〔五〕，蕩，傷周室大壞之詩也。天下蕩蕩，無綱紀文章。門人皆霑襟焉。哀隋將亡。

〔一〕楊素：字處道，弘農華陰人。先仕周，爲車騎大將軍，儀同三司。入隋爲御史大夫，數進取陳之策。及伐陳，爲行軍元帥。江南平，與高熲專掌朝政。累加上柱國，封越國公。晉王廣爲太子，素之謀也。大業元年，遷尚書令，尋拜太子太師。明年，拜司徒，改封楚公，其年卒官。隋書楊素傳稱：「專以智詐自立，不由仁義之道，阿諛時主，高下其心。營構離宮，陷君於奢侈；謀廢冢嫡，致國於傾危。終使宗廟丘墟，市朝霜露，究其禍敗之源，實乃素之由也。」

〔二〕蘇夔：字伯尼，蘇威之子。以鐘律自命，著樂志十五篇。煬帝時歷任至鴻臚少卿。參見隋書蘇夔傳。

〔三〕李德林：字公輔，博陵安平人。入隋爲内史令，文帝禪代，詔策璽表璽書皆出其手。後與高熲同修律令。勑撰齊史未成。開皇十一年卒。見隋書李德林傳。按：李德林卒於開皇十一年，時王通虚齡八歲耳。通仁壽三年遊長安，其時德林已死多年，請見之事決不可信。參見晁公武郡齋讀書志卷十、葉大慶考古質疑卷五。其事或有（本章曰「歸而有憂色」，似爲王通謁見他人），其人則是僞託無疑。

〔四〕理：實理。申鑒俗嫌：「内有順實，外有順文。文實順，理也。」

〔五〕蕩：詩大雅篇名。毛詩序：「蕩，召穆公傷周室大壞也。厲王無道，天下蕩蕩，無綱紀文章，故作是詩也。」什：詩雅、頌之詩，多以十篇爲一什。車若水脚氣集：「自漢高祖自爲新樂，於是二南、雅、頌不復有人習，唯一制民能知雅音而不通其義，古音浸亡。魏武平劉表，得漢雅樂，即惟知鹿鳴、騶虞、伐檀、文王四篇。明帝太和末又亡其三，惟鹿鳴尚存；至晉而鹿鳴亡矣。祇有文在方策，無其聲矣。文中子援琴鼓蕩之什，蓋妄言也。」

子曰：「或安而行之，聖人安仁。或利而行之，賢人利仁。或畏而行之，中人強仁。及其成功一也，稽德則遠〔一〕。」功則同，而聖、賢、中人之德異。

〔一〕孟子公孫丑上：「以力假仁者霸，霸必有大國；以德行仁者王，王不待大。湯以七十里，文王以百里。以力服人者，非心服也，力不贍也；以德服人者，中心悦而誠服也，如七十子之服孔子也。」故曰：「成功一也，稽德則遠。」稽：考察。

賈瓊〔一〕門人，未見。習書，至桓榮之命〔二〕，續書有桓榮之命篇。榮，字春卿，漢光武太子傅。曰：「洋洋乎！光、明之業。光武、明帝。天實監〔三〕爾，能不以揖讓終乎〔四〕！」初，光武立東海王強爲太子，強讓其弟陽。陽立，是謂明帝。蓋天命授陽而使榮傅之，所以終讓成美也。

〔一〕賈瓊：中山人，王門高弟，從王通受禮學，曾仕楊玄感。

〔二〕桓榮爲太傅，以太子經學成畢，上疏辭曰：「臣幸得侍帷幄，執經連年，而智學淺短，無以補益萬分。今皇太子以聰睿之姿，通明經義，觀覽古今，儲君副主莫能專精博學若此者也。斯誠國家福祐，天下幸甚。臣師道已盡，皆在太子，謹使掾臣汜再拜歸道。」太子報書曰：「莊以童蒙，學道九載，而典訓不明，無所曉識。夫五經廣大，聖言幽遠，非天下之至精，豈能與於此！況以不才，敢承誨命。昔之先師謝弟子者有矣，上則通達經旨，分明章句，下則去家慕鄉，求謝師門。今蒙下列，不敢有辭，願君慎疾加餐，重愛玉體。」見後漢書桓榮丁鴻列傳。

〔三〕監：看顧。詩大雅烝民：「天監有周，昭假於下。」

〔四〕王夫之讀通鑑論卷七後漢明帝：「讓國之義，伯夷、泰伯爲昭矣。子臧、季札循是以爲節，而漢人多效之。……讀古人書，欲學之，而不因時以立義，鮮不失矣。」曹丕篡漢，效行禪讓之禮，禮畢謂近臣曰：「舜、禹之事，吾知之矣。」見三國志魏書文帝紀裴松之注引魏氏春秋。賈瓊稱道光武父子，以爲太子易位一事見堯、舜揖讓之美，其失也愚。

繁師玄〔一〕未見。**將著北齊録，以告子。**李德林父子俱有北齊書，王劭有北齊志，師玄撮其要爲録。**子曰：「無苟作也**〔二〕。」勿苟且表文詞而已。

〔一〕繁師玄：隋唐間人，曾任文林郎，以辭學聞名，「陳留八俊」之一。舊唐書卷七十格輔元傳：「格輔元者，汴州浚儀人也。伯父德仁，隋剡縣丞，與同郡人齊王文學王孝逸、文林郎繁師玄、羅川郡户曹靖君亮、司隷從事鄭祖咸、宣城縣長鄭師善、王世充中書舍人李行簡、處士盧協等八人，以辭學擅名，當時號爲『陳留八俊』。」

〔二〕論語子路：「君子於其言，無所苟而已矣。」

越公以食經〔一〕**遺子，子不受，曰：「羹藜**〔二〕**含糗，無所用也。」答之以酒誥及洪範「三**

德」〔三〕。越公，楊素也。食經，淮南王撰，盧仁宗、崔浩亦有之。酒誥云：「越小大邦用喪，亦罔非酒惟辜。」洪範「三德」云：「臣無有作福、作威、玉食，其害於而家，凶於而國。」時素專政，故因答食經以戒之。

〔一〕食經：隋書經籍志三醫方類載「崔氏食經四卷」，「食經十四卷。梁有食經二卷，又食經十九卷」，「食經三卷，馬琬撰」。又大業拾遺記記隋煬帝時尚食直長謝諷著有淮南玉食經，已亡；說郛宛委山堂本卷九十五中「略抄五十三種」，中有「北齊武威王生羊膾」、「連珠起肉」等名目。

〔二〕藜糗：代指粗陋之飲食。藜：野菜。糗：炒麵或乾糧。論語里仁：「士志於道而恥惡衣惡食者，未足與議也。」

〔三〕酒誥：尚書篇名，武王作也，告誡康叔「剛制於酒」云云。三德：尚書洪範曰：「一曰正直，二曰剛克，三曰柔克。平康，正直。强弗友，剛克。燮友，柔克。」

子曰：「小人不激不勵，不見利不勸〔一〕。」勵、勸，皆勉也。

〔一〕論語述而：「不憤不啓，不悱不發。」季氏：「生而知之者上也；學而知之者次也；困而學之，又其次也；困而不學，民斯爲下矣。」里仁：「君子喻於義，小人喻於利。」易繫辭下：「小人不恥不仁，不畏不義，不見利不勸，不威不懲。」

靖君亮〔一〕問辱，門人，未見。子曰：「言不中，不中節。行不謹，不謹密。辱也〔二〕。」言行，榮辱之主也。

〔一〕靖君亮：隋唐間人，曾任羅川郡户曹，「陳留八俊」之一。詳見前注。

〔二〕論語憲問：「君子恥其言而過其行。」學而：「恭近於禮，遠恥辱也。」

子曰：「化至九變〔一〕，王道其明乎？變，變於道也。孔子曰「三年有成」，九成二十七年，僅必世之仁矣，故曰「王道明」。故樂至九變〔二〕，而淳氣洽〔三〕矣。」樂，仁之聲也。裴晞〔四〕曰：「何謂也？」晞，子之舅，傳未見。子曰：「夫樂，象成〔五〕者也。象成莫大於形而流於聲，王化始終所可見也。象成功而形容其德，一而變九而成，見王化之然。故韶〔六〕之成也，虞氏〔七〕之恩被動植矣，烏鵲之巢可俯而窺也〔八〕，鳳皇何爲而藏乎？」引古驗今。

〔一〕九變：列子天瑞：「視之不見，聽之不聞，循之不得，故曰易也。易無形埒，易變而爲一，一變而爲七，七變而爲九。九變者，究也，乃復變而爲一。」俞樾諸子平議補録卷十二：「『化至九變』本作『化至九成』，故注引論語『三年有成』而以『九成二十七年』釋之也。」

〔二〕樂至九變：樂曲演奏九次。周禮春官大司樂：「若樂九變，則人鬼可得而禮矣。」鄭玄注：「變，猶更也。樂成則更奏也。」

〔三〕淳氣：中和之氣。荀子樂論：「故樂者，天下之大齊也，中和之紀也，人情之所必不免也。」禮記樂記：「樂者，天地之和也。」洽：周遍，融洽。

〔四〕裴晞：王通之舅。資治通鑑唐紀一載唐武德元年「六月，甲戌朔，以趙公世民爲尚書令……録事參軍裴晞爲尚書右丞」，新唐書高祖紀載武德四年八月，「深州人崔元遜殺其刺史裴晞，叛附於劉黑闥」，疑即此人。

〔五〕象：形容，模擬。象成：表現王化之成德。禮記樂記：「樂者所以象德也。」

〔六〕韶：舜時樂名。尚書舜典、益稷記舜命夔典樂，簫韶九成，鳳皇來儀，百獸率舞。

〔七〕虞氏：指舜帝。舜號有虞氏，故名。

〔八〕荀子哀公：「古之王者，有務而拘領者矣，其政好生而惡殺焉，是以鳳在列樹，麟在郊野，烏鵲之巢可俯而窺也。」

子曰：「封禪〔一〕**之費非古也，**費，費耗國用也，三代已前無此禮。齊桓公欲封太山、禪梁甫，管仲言：七十二君須得遠方珍貢，乃可封禪。特設詞諫止耳，非典禮所載之實。**徒以誇天下，其秦、漢之侈心乎**〔二〕**？」**始皇東巡，上太山，立石封祠，下，禪梁甫，以頌秦德。漢武帝用齊人公孫卿言，封禪登仙，遂升中嶽，又上太山封土，有玉牒，使方士求神仙千數，無驗而迴。此皆誇侈以欺天下，非事天致誠之本。

〔一〕封禪：古代帝王告成天地之禮，因封（封土爲壇）泰山、禪（除地而墠）梁甫（泰山旁小山）而得名。白虎通封禪：「始受命之時，改制應天；天下太平，功成封禪，以告太平也。」應劭風俗通義山澤五嶽：「王者受命易姓，改制應天，功成封禪，以告天地。」張説大唐封祀壇頌：「則封禪者，帝王受天命、告成功之爲也。」

〔二〕程頤曰：「文中子言：『封禪之費非古也，其秦、漢之侈心乎！』此言極好。古者封禪，非謂誇治平，乃依本分祭天地，後世便把來做一件矜誇底事。如周頌告成功，乃是陳先王功德，非謂誇自己功德。」王應麟困學紀聞卷十諸子：「『封禪，秦、漢之侈心』，此河汾篤論也。房、魏學於河汾，而議封禪之禮不以爲非，安在其爲守師説乎？」案：王氏之説失察。資治通鑑唐紀十記唐貞觀六年，百官復請封禪，太宗欲從之，魏徵獨以爲不可，會河南北數州大水，事遂寢。

子曰：「易樂者必多哀〔一〕，輕施者必好奪〔二〕。」家國皆然。

〔一〕禮記樂記：「樂極則憂。」淮南子道應訓：「樂極則悲。」

〔二〕老子三十六章：「將欲奪之，必固與之。」淮南子人間訓：「事或奪之而反與之，或與之而反取之。」

子曰：「無赦之國，其刑必平〔一〕；無幸免，則不深犯。多斂之國，其財必削〔二〕。」既富侈，則用益耗。

〔一〕管子法法：「赦出則民不敬，惠行則過日益。」「凡赦者，小利而大害者也，故久而不勝其禍。」荀悦漢紀孝元皇帝紀：「夫赦者，權時之宜，非常典也。」崔寔政論：「一歲再赦，好兒噫嗟！」王符潛夫論述赦：「賊良民之甚者，莫大於數赦。赦贖數，則惡人昌而善人傷矣！」晉文帝廷尉劉頌言：「周禮三赦三宥，施於老幼悼耄，黔黎不屬逮者，此非爲惡之所出，故刑法逆捨而宥之。至於自非此族，犯罪則必刑而無赦，此政之理也。暨至後世，以時險多難，因赦解結，權以行之，又不以寬罪人也。至今恒以罪積獄繁，赦以散之，是以赦愈數而獄愈塞，如此不已，將至不勝。原其所由，肉刑不用之故也。今行肉刑，非徒不積，且爲惡無具則奸息。去此二端，獄不得繁，故無取於數赦，於政體勝矣。」見晉書刑法志。又舊唐書太宗紀上記唐太宗謂侍臣曰：「天下愚人，好犯憲章，凡赦宥之恩，唯及不軌之輩。古語曰：『小人之幸，君子之不幸。』『一歲再赦，好人喑啞。』凡養稂莠者傷禾稼，惠奸宄者賊良人。昔文王作罰，刑茲無赦。又蜀先主嘗謂諸葛亮曰：『吾周旋陳元方、鄭康成間，每見啓告理亂之道備矣，曾不語赦也。』夫小人者，大人之賊，故朕有天下已來，不甚放赦。今四海安静，禮義興行，非常之恩，施不可數，將恐愚人常冀僥倖，唯欲犯法，不能改過。」

〔二〕史記魏世家記孟軻告梁惠王：「夫君欲利則大夫欲利，大夫欲利則庶人欲利，上下争利，國則危矣。爲人君，仁義而已矣，何以利爲！」

子曰：「廉者常樂無求，貪者常憂不足〔一〕。」

〔一〕老子四十六章：「罪莫大於可欲，禍莫大於不知足，咎莫大於欲得，故知足之足常足。」韓非子解老：「欲利之心不除，其身之憂也。……今不知足者之憂，終身不解。」

子曰：「杜如晦若逢其明王，於萬民其猶天乎〔一〕？」杜如晦，字克明。唐太宗時，朝政典章文物皆杜所定。董常、房玄齡〔二〕、賈瓊問曰：「何謂也？」疑稱「天」太過。子曰：「春生之，夏長之，秋成之，冬斂之〔三〕；父得其爲父，子得其爲子，君得其爲君，臣得其爲臣〔四〕；萬類咸宜，百姓日用而不知者〔五〕：杜氏之任，不謂其猶天乎？用無跡，物自化，天也。太宗治平，歲示斷死罪二十餘人，幾乎刑厝，粟斗三文，行道千里不齎糧，王道盛矣，非如天之效歟？吾察之久矣，目光〔六〕惚然，心神忽然。恍惚憂皃。此其識時運者，憂不逢真主以然哉！」知隋運亡，又未遇太宗，所以恍忽憂也。

〔一〕參見論語泰伯：「大哉堯之爲君也！巍巍乎！唯天爲大，唯堯則之。蕩蕩乎，民無能名焉。巍巍乎其有成功也，煥乎其有文章！」

〔二〕中説列房氏爲王通弟子，殆不可信。章太炎考訂王通門人，以爲「玄齡少時已知隋祚不長，而仲淹方獻太平策……其識不及玄齡遠甚，知房必不事王」（菿漢三言，虞雲國標點，上海書店出版社，二〇一一年，第一四二頁），又以王績上書房玄齡，而「績稱玄齡爲梁公，則玄齡非文中弟子可知」（國學講演録，傅傑編校，華東師範大學出版社，一九九五年，第一六三頁）。

〔三〕參見禮記樂記：「春作夏長，仁也；秋斂冬藏，義也。」

〔四〕參見論語顏淵：「齊景公問政於孔子，孔子對曰：『君君、臣臣、父父、子子。』」

〔五〕參見易繫辭上：「一陰一陽之謂道，繼之者善也，成之者性也。仁者見之謂之仁，知者見之謂之知，百姓日用而不知，故君子之道鮮矣。」

〔六〕「光」，六子本作「恍」。

叔恬〔一〕曰：「舜一歲而巡五嶽〔二〕，國不費而民不勞，何也？」書稱四嶽，此言五，舉成數歟？子曰：「無他道也，兵衛少而徵求寡也〔三〕。」簡則用省。

〔一〕叔恬：王通弟王凝。

〔二〕尚書舜典：「歲二月，東巡守，至於岱宗，柴。望秩於山川，肆覲東后。協時月正日，同律度量衡。修五禮、五玉、三帛、二生、一死贄。如五器，卒乃復。五月南巡守，至於南嶽，如岱禮。八月西巡守，至於西嶽，如初。十有一月朔巡守，至於北嶽，如西禮。歸，格於藝祖，用特。五載一巡守，羣后四朝。」按此則舜一歲巡四嶽。禮記王制：「天子五年一巡守。」

〔三〕史稱隋煬「頻出朔方，三駕遼左，旌旗萬里，徵稅百端」，「東西遊幸，靡有定居，每以供費不給，逆收數年之賦」，勞民傷財，以至於「喪身滅國」。見隋書煬帝紀下。此處稱舜「兵衛少而徵求寡」，「國不費而民不勞」，託古以諷今也。

子曰：「王國之有風〔一〕，天子與諸侯夷乎？黍離列於國風。夷，等也。**誰居乎？**居，音姬。禮記曰「何居」。**幽王之罪也。**幽王惑褒姒，廢申后，申侯弒之，周遂微。**故始之以黍離〔二〕，於是雅道息矣。」**王國十篇，黍離爲始。

〔一〕風：詩國風收録十五國風，其六曰王風。王：指周東都王城畿内之地，今河南洛陽一帶。

〔二〕黍離：王風首篇。毛詩正義：「黍離，閔宗周也。周大夫行役至於宗周，過故宗廟宮室，盡爲禾黍，閔周室之顛覆，彷徨不忍去，而作是詩也。」

子曰：「五行不相沴〔一〕，則王者可以制禮矣；治臻皇極，則五行各叙。故禮行，皇極也。**四靈〔二〕爲畜，則王者可以作樂矣。」**仁及飛走，則龜龍麟鳳在沼藪，故樂形仁聲也。

〔一〕沴：不和，妨害。蕭吉五行大義論相克：「至如山崩川竭，木石爲災，天火下流，人火上燎，水旱鬲並，風霜爲害，此並失政於人，天地作譴，爲五行相沴者。乖沴不和之義，以其氣沖相沴，不名克也。沴亦廢也。於木則南宮極震，於水則三川竭，於火則宮室災，於金則九鼎震，於土則齊楚山崩，木金水火俱沴土者，地動分拆是也。故五行氣沖而有六沴，大概如斯。」

〔三〕禮記禮運：「何謂四靈？麟鳳龜龍，謂之四靈。故龍以爲畜，故魚鮪不淰；鳳以爲畜，故鳥不獝；麟以爲畜，故獸不狘；龜以爲畜，故人情不失。」

子遊孔子之廟，漢已後，郡國立孔子祠。出而歌曰：「大哉乎！君君臣臣，父父子子，兄兄弟弟，夫夫婦婦〔一〕，夫子之力也。春秋行法，君父尊；詩序人倫，夫婦正。其與太極合德〔二〕，神道並行乎？」言無窮。王孝逸〔三〕曰：「夫子之道豈少是乎？」孝逸，未見。夫子，謂文中子也。子曰：「子未三復『白圭』〔四〕乎？責言玷。天地生我而不能鞠我，父母鞠我而不能成我〔五〕，成我者夫子也。道不啻天地父母，通於夫子受罔極之恩。詩云：「欲報之德，昊天罔極。」言孔子生民之師，大於生我鞠我者之恩。吾子汩彝倫〔六〕乎？」擬人必於其倫，不可汩亂，謙也。孝逸再拜謝之，終身不敢臧否。

〔一〕論語顏淵：「齊景公問政於孔子，孔子對曰：『君君、臣臣、父父、子子。』」易家人彖傳：「父父、子子、兄兄、弟弟、夫夫、婦婦，而家道正。正家而天下定矣。」

〔二〕易乾文言傳：「夫大人者，與天地合其德，與日月合其明，與四時合其序，與鬼神合其吉凶，先天而天弗違，後天而奉天時。」

〔三〕王孝逸：名貞，陳留人，少聰敏，善屬文詞，與繁師玄等號爲「陳留八俊」。開皇初爲汴州主簿，後舉秀才，授縣尉，謝病於家，爲齊王楊暕禮遇，未幾卒。見隋書王貞傳。中説稱其「白首北面」，乃以王通門人視之，不可信。

〔四〕詩大雅抑：「白圭之玷，尚可磨也；斯言之玷，不可爲也！」三復「白圭」：反復吟誦上述詩句，謂慎言也。論語先進：「南容三復『白圭』，孔子以其兄之子妻之。」

〔五〕鞠，養也。參見詩小雅蓼莪：「父兮生我，母兮鞠我。撫我畜我，長我育我，顧我復我，出入腹我。欲報之德，昊天罔極！」

〔六〕汩：擾亂，消滅。彝倫：倫常。尚書洪範：「我聞在昔，鯀堙洪水，汩陳其五行。帝乃震怒，不畀洪範九疇，彝倫攸斁。鯀則殛死，禹乃嗣興，大乃錫禹洪範九疇，彝倫攸敘。」

韋鼎〔一〕請見子，三見而三不語，恭恭若不足〔二〕。韋鼎，未見。不言，謂目擊道存。鼎出，謂門人曰：「夫子得志於朝廷，有不言之化〔三〕、不殺之嚴〔四〕矣。」不得其言，而得其志。

〔一〕韋鼎：字超盛，杜陵人。少通脱，博涉經史，明陰陽，善相術。仕梁，起家湘東王法曹參軍，累官至中書侍郎。入陳爲黄門郎，累官至太府卿。陳亡入隋，授任上儀同三司，除光州刺史，開皇十二年後卒。見隋書藝術傳。按：韋鼎於開皇十四年稍後卒，如有請見之事，當在此前，彼時王通不過十歲而已，尚未收徒講學，請見「夫子」之事決不可信。今人段熙仲王通王凝資料正僞一文辨此甚詳（唯誤記韋鼎卒年九十七），參見文史第二七輯，第三二三頁。

〔二〕論語鄉黨：「孔子於鄉黨，恂恂如也，似不能言者。……過位，色勃如也，足躩如也，其言似不足者。」

〔三〕參見論語陽貨：「天何言哉？四時行焉，百物生焉，天何言哉？」禮記中庸：「君子不動而敬，不言而信。……君子篤恭而天下平。」

〔四〕易繫辭上：「古之聰明睿知，神武而不殺者夫。」禮記中庸：「君子不賞而民勸，不怒而民威於鈇鉞。」莊子天地：「昔堯治天下，不賞而民勸，不罰而民畏。」韓詩外傳卷六第二十六章：「威有三術：有道德之威者，有暴察之威者，有狂妄之威者。」「不殺之嚴」即「道德之威」也。論語述而：「子溫而厲，威而不猛，恭而安。」

楊素謂子曰：「天子求善禦邊者，素聞惟賢知賢，敢問夫子。」子曰：「羊祜〔一〕、陸遜〔二〕仁人也，可使。」祜，字叔子，晉欲平吳，以祜督荆州，祜綏懷吳人，吳之降者欲去，則聽之。遜，字伯言，爲吳大將軍，攻晉襄陽，獲生口即還之。二賢皆仁。素曰：「已死矣，何可復使？」不悟諷己。子曰：「今公能爲羊、陸之事則可，如不能，廣求何益？」通聞：邇者悅，遠者來〔三〕。

折衝樽俎〔四〕可矣，何必臨邊也〔五〕？」折，横也；衝，直也。麾兵横直，猶辯縱横，晏子用此。

〔一〕晉書羊祜傳載羊祜出鎮南夏，開設庠序，綏懷遠近，甚得江漢之心，吴人翕然悦服，稱爲「羊公」，前後降者不絶。祜卒二歲而吴平，以克定之功，策告祜廟。王夫之讀通鑑論卷十一晉武帝：「三代以下，用兵以道而從容以收大功者，其唯羊叔子乎！」

〔二〕三國志吴書陸遜傳：謝景善劉廙先刑後禮之論，陸遜呵之曰：「禮之長於刑久矣。廙以細辯而詭先聖之教，皆非也。君今侍東宫，宜遵仁義以彰德音，若彼之談，不須講也。」又上疏陳時事曰：「夫峻法嚴刑，非帝王之隆業；有罰無恕，非懷遠之弘規也。」孫權欲取夷州及朱崖，遜上書曰：「臣聞治亂討逆，須兵爲威，農桑衣食，民之本業，而干戈未戢，民有飢寒。臣愚以爲宜養育士民，寬其租賦，衆克在和，義以勸勇，則河、渭可平，九有一統矣。」嘉禾五年，孫權北征，使陸遜與諸葛瑾攻襄陽。遜下石陽，其所生得，皆加營護，不令士兵干擾侵侮。若亡妻子者，即給衣糧，厚加慰勞，發遣令還，或有感慕相攜而歸者。

〔三〕論語子路：「近者説，遠者來。」

〔四〕折沖：折還敵人戰車，喻戰勝敵人。樽俎：古代盛酒肉之器，代指會盟外交場合。折沖樽俎：喻以外交手段克敵制勝。

〔五〕孫子謀攻篇：「不戰而屈人之兵，善之善者也。」孟子梁惠王上：「仁者無敵。」荀子王制：「仁眇天下，故天下莫不親也；義眇天下，故天下莫不貴也；威眇天下，故天下莫敢敵也。以不敵之威，輔服人之道，故不戰而勝，不攻而得，甲兵不勞而天下服。」淮南子兵略訓：「修政廟堂之上，而折沖千里之外，拱揖指撝，而天下響應，此用兵之上也。」宋人謝采伯密齋筆記卷四：「孔子謂晏子能折沖尊俎，即孫子所謂『上兵伐謀，其次交兵，其下攻城』。……文中子曰『折沖尊俎，不必臨邊』，亦孔子意也。」

子之家六經畢備，朝服祭器不假〔一〕。不假借。曰：「三綱五常〔二〕，自可出也〔三〕。」正家以正天下。

〔一〕禮記曲禮下：「問大夫之富，曰：有宰食力，祭器衣服不假。」

〔二〕三綱：君臣、父子、夫婦間之綱紀，白虎通三綱六紀總論綱紀：「君爲臣綱，父爲子綱，夫爲妻綱。」五常：仁義禮智信。

〔三〕自可出也：即「所自出也」。俞樾諸子平議補録卷十二：「『自可出也』，文不成義。本作『所自出也』，『所』、『自』二字傳寫誤倒，又草書相似，誤『所』爲『可』耳。下文曰：『大哉神乎！所自出也。』與此正同。」

子曰：「悠悠素餐者天下皆是〔一〕，王道從何而興乎？」隋多無功食禄。

〔一〕素餐：無功受禄，今有成語「尸位素餐」。詩魏風伐檀：「不稼不穡，胡取禾三百廛兮？不狩不獵，胡瞻爾庭有縣貆兮？彼君子兮，不素餐兮！」論語微子：「滔滔者天下皆是也，而誰以易之？」史記孔子世家：「悠悠者天下皆是也，而誰以易之？」

子曰：「七制之主〔一〕，其人〔二〕可以即戎〔三〕矣。」續書有七制，皆漢之賢君立文、武之功業者，高祖、孝文、孝武、孝宣、光武、孝明、孝章是也。

〔一〕後漢書楊震列傳：漢靈帝熹平二年，楊賜上書稱「陛下不顧二祖之勤止，追慕五宗之美蹤」云云。其中「二祖」謂高祖、光武，「五宗」謂文帝太宗、武帝世宗、宣帝中宗、明帝顯宗、章帝肅宗。王通所謂「七制之主」本此。

〔二〕人：即「民」，疑避唐太宗李世民諱改。

〔三〕論語子路：「善人教民七年，亦可以即戎矣。」中說天地篇七制之主「以仁義公恕統天下」，故其民可以即戎；而隋煬窮兵黷武，是所謂棄民、殃民者也。王通稱美七制之主，所以深譏隋煬。

董常死，子哭於寢門〔一〕之外，不可視猶子也，哭寢則太親；不可視猶朋友也，哭野則太踈，故折中於寢門之外。拜而受弔。知生者弔，彼弔我失其助，故拜之。

〔一〕寢門：内室門。

裴晞問曰：「衛玠稱『人有不及，可以情恕；非意相干，可以理遣』，何如？」玠，字叔寶，善談玄理，有「情恕」、「理遣」之論。子曰：「寬矣。」量寬而已。曰：「仁乎？」寬似仁。子曰：「不知也。」仁道至大，非但寬。「阮嗣宗與人談，則及玄遠，未嘗臧否人物，何如？」籍，字嗣宗，口不論人之過。子曰：「愼矣。」愼言而已。曰：「仁乎？」愼似仁。子曰：「不知也〔二〕。」仁非止愼。

〔二〕論語公冶長：「孟武伯問：『子路仁乎？』子曰：『不知也。』又問，子曰：『由也千乘之國可使治其賦也，不知其仁也。』『求也何如？』子曰：『求也千室之邑、百乘之家可使爲之宰也，不知其仁也。』『赤也何如？』子曰：『赤也束帶立於朝，可使與賓客言也，不知其仁也。』」王通所説，與孔子同義。

子曰：「恕哉，凌敬〔一〕！凌敬，未見。視人之孤猶己也。」以己心爲人之心曰恕。孟子曰「幼吾幼以及人之幼」，是恕也。

〔一〕凌敬：隋唐間人，曾爲竇建德國子祭酒。建德破趙州，執刺史張昂、邢州刺史陳君賓、大使張道源等，將戮之。凌敬進曰：「夫犬各吠非其主，今鄰人堅守，力屈就擒，此乃忠確士也。若加酷害，何以勸大王之臣乎？」建德盛怒曰：「我至城下，猶迷不降，勞我師旅，罪何可赦？」敬曰：「今大王使大將軍高士興於易水抗禦羅藝，兵才至，士興即降，大王之意復爲可不？」建德悟，即命釋之。見舊唐書竇建德傳。凌敬之恕，由此可知矣。「視人之孤猶己」一事不詳。

子曰：「仁者，吾不得而見也，得見智〔一〕者，斯可矣。智者，吾不得而見也，得見義〔二〕者，斯可矣。仁無爲而理智達於未亂之前，義制於已然之後。**如不得見，必也剛介〔三〕乎？剛者好斷，介者殊俗。」**〔四〕剛必果，介自異。

〔一〕孟子告子上：「是非之心，智也。」春秋繁露必仁且智：「其動中倫，其言當務，如是者謂之智。」

〔二〕義：正當，適宜。孟子離婁上：「仁，人之安宅也；義，人之正路也。」荀子强國：「夫義者，內節於人而外節於萬物者也。」

〔三〕剛：剛强。易中「剛」、「中」多處連用並舉，「剛中」出現凡十三次，它如「得中而應乎剛」（睽彖傳、鼎彖傳）、「剛遇中正，天下大行也」（姤彖傳）、「剛柔分而剛得中」（節彖傳）、「柔在內而剛得中」（中孚彖傳）等等，不一而足。介：同「砎」，堅硬之意，引申爲耿介、孤傲。參見易豫卦六二：「介於石，不終日，貞吉。」

〔四〕論語述而：「聖人吾不得而見之矣；得見君子者，斯可矣。善人吾不得而見之矣；得見有恒者，斯可矣。」子路：「不得中行而與之，必也狂狷乎？ 狂者進取，狷者有所不爲也。」

薛收問至德要道〔一〕，子曰：「至德，其道之本乎？ 要道，其德之行乎？ 行成德，德成道；德行成身，道施天下。禮不云乎：至德爲道本〔二〕。周禮「師氏三德」云。易不云乎：顯道神德行〔三〕。」繫辭云。

〔一〕孝經開宗明義：「先王有至德要道，以順天下，民用和睦，上下無怨。」廣要道：「安上治民，莫善於禮。禮者，敬而已矣。故敬其父，則子悦；敬其兄，則弟悦；敬其君，則臣悦；敬一人，而千萬人悦。所敬者寡而悦者衆，此之謂要道也。」

〔二〕周禮地官師氏：「以三德教國子：一曰至德，以爲道本；二曰敏德，以爲行本；三曰孝德，以知逆惡。」又中庸二十七章：「苟不至德，至道不凝焉。」

〔三〕顯道神德行：語出易繫辭上：「顯道神德行，是故可與酬酢，可與佑神矣。」此句諸家見解不一，如王弼以爲「顯，明也，由神以成其用」（周易注），程頤以爲「顯明於道，而見其功用之神」（易説），朱熹以爲「道因辭顯，行以數神」（周易本義）。王通之意，蓋德爲道之本體，而道爲德之發用。

子曰：「大哉神乎！ 所自出也〔一〕。本諸身，曰自出。至哉易也！ 其知神之所爲乎〔三〕？」無體則無方。

〔一〕「所自出」上似當有「萬物」或「天地萬物」等字。

〔二〕易繫辭上：「知變化之道者，其知神之所爲乎？」「易無思也，無爲也，寂然不動，感而遂通天下之故。非天下之至神，其孰能與於此！」

子曰：「我未見嗜義如嗜利者也〔一〕。」和而有宜曰義，反是曰利。

〔一〕論語子罕：「吾未見好德如好色者也。」里仁：「君子喻於義，小人喻於利。」

子登雲中〔一〕之城，漢雲中郡，唐延州。望龍門〔二〕之關。河中有龍門縣。曰：「壯哉，山河之固！」賈瓊曰：「既壯矣，又何加焉？」子曰：「守之以道〔三〕。」險不可恃。降而宿於禹廟，觀其碑首，曰：「先君〔四〕獻公之所作也，其文典〔五〕以達。」文未見。

〔一〕雲中：秦、漢雲中郡治雲中，今內蒙古託克託東北，東漢末郡廢。北魏雲中郡治盛樂，今內蒙古和林格爾西北土城子。唐雲中郡即雲州，治定襄，後改雲中，今山西大同。此處似指龍門，今山西河津縣。

〔二〕龍門：即黄河禹門，位於山西河津與陝西韓城交界處。

〔三〕史記孫子吳起列傳載：魏武侯浮西河而下，中流顧謂吳起曰：「美哉乎山河之固，此魏國之寶也！」吳起對曰：「在德不在險。……若君不修德，舟中之人盡爲敵國也。」天下「在德不在險」，故需「守之以道」。

〔四〕先君：先父或先祖父，此指後者。

〔五〕典：雅正。爾雅：「典，經也。」

子見劉孝標絕交論〔一〕，曰：「惜乎，舉任公而毀也。任公於是乎不可謂知人矣。」劉峻，字孝標，性率多毀。時任昉死，有子東里冬衣葛裘，孝標作絕交論，以譏任公之友，然又彰任公不知人耳。見辯命論，曰：「人道廢矣〔二〕。」峻又有辯命論，言管輅才高不遇，乃謂窮達由天，殊不由人。是不知命，廢人道也。

〔一〕絕交論：應爲廣絕交論。作絕交論者乃東漢朱穆。見後漢書朱樂何列傳李賢注。

〔二〕劉孝標辯命論曰：「死生焉，貴賤焉，貧富焉，理亂焉，禍福焉，此十者天之所賦也；愚智善惡，此四者人之所行也。」又曰：「爲善一，爲惡均，而禍福異其流，廢興殊其跡。」「然則君子居正體道，樂天知命，明其無可奈何，識其不由智力，逝而不召，來而不距，生而不喜，死而不慼。」見梁書任昉傳。所說近乎道家，故王通以爲「人道廢矣」。

子曰：「使諸葛亮而無死，禮樂其有興乎〔一〕？」孔明言「普天之下，莫非漢民」，志在天下，非蜀而已。亮未死，必可功成治定。

〔一〕程頤曰：「孔明有王佐之心，道則未盡。」又曰：「孔明庶幾禮樂。」（程氏遺書伊川先生語十）或問：「文中子謂：『諸葛亮無死，禮樂其有興乎！』諸葛亮可以當此否？」曰：「禮樂則未敢望他，只是諸葛亮已近王佐。」（伊川先生語五）陳亮曰：「孔明之治蜀，王者之治也。治者，實也；禮樂者，文也，焉有爲其實而不能爲其文者乎？」又曰：「孔明而無死，則仲達敗，關中平，魏可舉，吳可併，禮樂可興。」（陳亮集卷七酌古論三諸葛孔明上）邵伯温自云：「少時讀文中子，至『使諸葛武侯無死，禮樂其有興乎』，因著論，以謂武侯霸者之佐，恐於禮樂未能興也。康節先公見之，怒曰：『汝如武侯猶不可妄論，況萬萬相遠乎？以武侯之賢，安知不能興禮樂也？後生輒議先賢，亦不韙矣。』伯温自此於先達不敢妄論。」（邵氏聞見録卷二十）宋人推重諸葛如此，而王通實發其端也。

子讀樂毅論，曰：「仁哉，樂毅！善藏其用。智哉，太初！善發其藴。」〔一〕夏侯玄，字太初，著樂毅論，言不拔即墨及莒二城者，其志以天下爲心，非兼併齊國而已。「仁哉」，夫毅不屠城，善藏用也，「智哉」，美太初能發明毅之仁也。

〔一〕胡應麟少室山房筆叢史書占畢三：「樂毅不拔二城，夏侯玄以爲庶幾湯、武，何其陋哉！河汾氏從而訕之，眉山氏又從而駁之，是皆有疑於毅之不取，而未嘗熟察古今攻守之大勢也。以吾論之，即墨之守不必智如田單而後全，而二城之拔非特毅有所不能，即力與材倍蓰於毅者未可必也。」

子讀無鬼論，曰：「未知人，焉知鬼〔一〕？」阮瞻作無鬼論，謂可以辯幽明，蓋不知聖人不語之旨。

〔一〕參見論語先進：季路問事鬼神，子曰：「未能事人，焉能事鬼？」曰：「敢問死。」曰：「未知生，焉知死？」

中說卷第二

天地篇

子曰：「圓者動，方者静〔一〕，其見天地之心乎〔二〕！」天圓動，地方静，人動静之中也。中也者，心可見矣。

〔一〕易說卦：「乾爲天，爲圓。」淮南子天文訓：「天圓地方。」

〔二〕易復卦彖傳：「復，其見天地之心乎！」復：循環往復。

子曰：「智者樂，其存物之所爲乎？物之所存，我從而利之，故樂。仁者壽〔一〕，其忘我之所爲乎？」我忘厥功，物將自化，故壽。

〔一〕論語雍也：「知者動，仁者静；知者樂，仁者壽。」

子曰：「義也清而莊，姚義，傳未見，清絜而端莊。靖也惠而斷，李靖，本名藥師，其舅韓擒虎伏其善論兵，惠物而勇斷。威也和而博〔一〕，竇威，字文蔚，竇后從兄也，和容而博識。收也曠而肅，薛收，體曠而志肅。瓊也明而毅，賈瓊，通明而果毅。淹也誠而厲，杜淹，字執禮，隋隱太白山，來學於子，誠慤而威厲。玄齡志而密〔二〕，房喬，字玄齡，隋彥謙之子也，志精而用密。徵也直而遂，魏徵，字玄成，直道而遂行。大雅深而弘，温大雅，字彥弘，量深而寬弘。叔達簡而正。陳叔達，字子聰，陳宣帝之幼子也，簡静中正。若逢其時，不減卿相，然禮樂則未備。」〔三〕靖、彥博皆爲僕射，威爲内史令，淹爲御史大夫，玄齡爲司空，徵爲太師，大雅、叔達皆爲尚書，是皆卿相也，然各有一德而未成全才，故曰「禮樂未備」。

〔一〕竇威：字文蔚，扶風平陸人，竇皇后從父兄。性耽文史，諸史謂爲「書癡」。隋内史令李德林舉秀異，射策甲科，拜秘書郎。後蜀王楊秀辟爲記室，稱疾還鄉。大業四年，累遷内史舍人，轉考功郎中，後坐事免。高祖入關，召補大丞相府司録參軍。武德元年，拜内史令，尋卒。見舊唐書卷六十一。

〔二〕俞樾諸子平議補録卷十二：「本作『精而密』，故注以『志精而用密』釋之。」

〔三〕參見唐太宗與房魏論禮樂事。又司空圖三賢贊序：「隋大業間，房公、李公、魏公同師文中子，嘗謂其徒曰：『玄齡也志而密，靖也惠而斷，徵也直而遂。俾其遭時致力，必濟謨庸。』」

或曰：「董常何人也？」子曰：「其動也權，權變，才也。其静也至，至極，性也。其顔氏〔一〕之流乎？」動之微者，其庶幾乎？靜之極者，其屢空乎？

〔一〕顔氏：顔回。

叔恬曰：「山濤爲吏部，拔賢進善，時無知者。身殁之後，天子出其奏於朝，然後知羣才皆濤所進〔一〕。如何？」子曰：「密矣。」山濤，字巨源，爲吏部，典選十餘年，天下稱爲得士，然吏非吏，隱非隱，是密而已。曰：「仁乎？」似忘所爲。子曰：「吾不知也。」

〔一〕晉書山濤傳：山濤爲冀州刺史，甄拔隱屈，搜訪賢才，旌命三十餘人，皆顯名當時。後爲吏部尚書，前後選舉，周遍内外，並得其才。再居選職十有餘年，每一官缺，輒啓擬數人，然後顯奏，隨帝意所欲爲先；所奏甄拔人物，各爲題目，時稱「山公啓事」。

李密〔一〕見子而論兵〔二〕，密，字法主，襲爵爲公，與楊玄感謀亂，自謂能兵。子曰：「禮信仁義，則吾論之；孤〔三〕虚詐力，吾不與也。」孤虚，兵家之術。

〔一〕李密：字玄邃，本遼東襄平人，徙爲京兆長安人，數代公卿。大業九年，煬帝伐高麗，天下騷動，楊玄感舉兵，以密爲謀主。玄感敗，密數度逃脱，歸翟讓。後殺讓，統其衆，又破王世充，東至海岱，南至江、淮，郡縣莫不遣使歸密。密據倉而無府庫，兵數戰皆不獲賞，又厚撫初附之兵，由是衆心漸怨。武德元年，密爲世充所敗，入關歸唐，拜光禄卿，封邢國公。尋復叛走，追殺之，時年三十七。見舊唐書李密傳。

〔二〕李密見王通論兵，其事未必有，疑是假託附會。胡應麟少室山房筆叢卷二八九流緒論中：「莊氏稱寓言十九，重言十七。文中子與莊絶不同，然其中所列諸弟子及老儒宿將問答之言，皆當以莊子重言觀之，取其議論而弗計其人有亡可也。」

〔三〕孤：背恩負義。

李伯藥見子而論詩〔一〕，伯藥，字重規，德林子也。論南朝詩。子不答。伯藥退謂薛收曰：「吾上陳應、劉〔二〕，下述沈、謝〔三〕，魏應璩、劉公幹，梁沈約，謝靈運。分四聲八病〔四〕，四聲韻起自沈約，八病未詳。剛柔清濁，各有端序，語健爲剛，旨婉爲柔；飄逸則清，質實則濁。音若塤篪〔五〕。塤，土音，剛而濁；篪，竹音，柔而清。周禮：小師掌塤。鋭上平底，六竅。篪，横吹，七孔。而夫子不應我，其未達歟？」薛收曰：「吾嘗聞夫子之論詩矣：上明三綱，下達五常，風化夫婦，三綱之首也；吟詠情性，五常之本也。於是徵存亡，辯得失；故小人歌之以貢其俗，君子賦之以見其志，貢，告也。歌「緑竹」則知衛風，歌「板屋」則知秦俗。鄭六卿餞韓宣子，宣子曰：「吾以知鄭志。」聖人采之以觀其變〔六〕。設采詩官。今子營營馳騁乎末流〔七〕，齊梁文，弊之末也。是夫子之所痛也，不答則有由矣。」

〔一〕李伯樂：即李百樂，李德林子，字重規，定州安平人。藻思沈鬱，長於五言。初仕隋，因忤煬帝，出爲桂州司馬。時值兵亂，輾轉沈法興、李子通、杜伏威等處。入唐，人譖於高祖，配流涇州。貞觀元年，召拜中書舍人，受詔修定五禮及律令，撰齊書。貞觀二十二年卒，年八十四。見舊唐書卷七十二。

〔二〕應瑒：字德璉，汝南人，應劭從子。曾任曹丕五官將文學，與孔融、王粲、徐幹、陳琳、阮瑀、劉楨友善，號「建安七子」。見三國志魏書王粲傳。劉楨，字公幹。曹丕與吳質書：「昔年疾疫，親故多離其災，徐、陳、應、劉，一時俱逝……德璉常斐然有述作之意，其才學足以著書，美志不遂，良可痛惜。……公幹有逸氣，但未遒耳。」典論：「應瑒和而不壯，劉楨壯而不密」。

〔三〕沈、謝：沈約、謝朓。梁書武帝本紀上、沈約傳：齊竟陵王蕭子良好文學，沈約、蕭衍、謝朓、王融、蕭琛、范雲、任昉、陸倕並遊門下，號「竟陵八友」。

〔四〕南史陸澄陸慧曉傳：「時盛爲文章，吳興沈約、陳郡謝朓、琅邪王融以氣類相推轂，汝南周顒善識聲韻。約等文皆用宮商，將平、上、去、入四聲，以此制韻，有『平頭』、『上尾』、『蜂腰』、『鶴膝』，五字之中音韻悉異，兩句之内角徵不同，不可增減，世呼爲『永明體』。」按：所謂「四聲八病」，即「平頭」（五言詩上下兩句第一、二字聲調相同）、「上尾」（出句與對句末字聲調相同）、「蜂腰」（一句内第二、四字聲調相同，或同爲濁音聲母，而第三字是清音聲母）、「鶴膝」（五言詩第三、五句末字聲調相同）、「大韻」（兩句中有與韻脚同韻部之字）、「小韻」（兩句中有同韻部之字）、「旁紐」（兩句中有同聲母之字）、「正紐」（兩句中有同音字）。

〔五〕塤篪：喻聲音和諧。詩大雅板：「天之牖民，如塤如篪。」

〔六〕毛詩序：「故正得失，動天地，感鬼神，莫近於詩。先王以是經夫婦，成孝敬，厚人倫，美教化，易風俗。」漢書藝文志：「書曰：『詩言志，歌詠言。』故哀樂之心感而歌詠之聲發。誦其言謂之詩，詠其聲謂之歌。故古有采詩之官，王者所以觀風俗、知得失、自考正也。」

〔七〕參見禮記樂記：「聲音之道，與政通矣。……凡音者，生於人心者也；樂者，通倫理者也。是故知聲而不知音者，禽獸是也；知音而不知樂者，衆庶是也。唯君子爲能知樂。」李諤上隋高祖革文華書：「降及後代，風教漸落。魏之三祖，更尚文詞，忽君人之大道，好雕蟲之小藝。下之從上，有同影響，競騁文華，遂成風俗。江左齊、梁，其弊彌甚，貴賤賢愚，唯務吟詠。」章學誠文史通義詩教下：「學者惟拘聲韻爲之詩，而不知言情達志、敷陳諷諭、抑揚涵泳之文皆本於詩教。」

子曰：「學者，博誦云乎哉？必也貫乎道。文者，苟作云乎哉？必也濟乎義。」〔一〕

學文本爲道義。

〔一〕孔子謂子貢：「賜也，女以予爲多學而識之者與？」曰：「然，非與？」子曰：「非也，予一以貫之。」（論語衛靈公）又告曾子：「參乎！吾道一以貫之。」（里仁）韓愈送陳秀才彤序：「讀書以爲學，纘言以爲文，非以誇多而鬥靡也，蓋學所以爲道，文所以爲理耳。」謝無量中國哲學史

第二編下第六章：「文中子之所言，固純然祖述儒家，然亦慨然有制作之意。……蓋實欲興素王之業、大禮樂之效以濟當世，故曰：『學者，博誦云乎哉？必也貫乎道。文者，苟作云乎哉？必也濟乎義。』則文中子經綸之懷，非與缺缺抱訓詁校文字者同矣。」（中國哲學史，上海中華書局，一九一六年，第四八頁）

內史薛公見子於長安〔一〕，退謂子收曰：「河圖、洛書盡在是矣〔二〕。汝往事之，無失也。」薛道衡時爲內史侍郎，知文中子聖人，謂八卦、九疇盡則之矣。

〔一〕晁公武郡齋讀書志卷十謂薛道衡仁壽二年出襄州，王通仁壽四年始到長安，二人無由相見。按：文中子世家載王通仁壽三年西遊長安，非在仁壽四年。又隋書高祖紀下載仁壽二年九月襄州總管周摇卒，閏十月甲申詔楊素等修定五禮，道衡亦在其中，出任襄州當更後，或此時見王通於長安。史載薛收初生即出繼族父薛孺，「至於長成，殆不識本生」（隋書薛道衡傳）；如是則「退謂子收」云云不足深信，但可作寓言看爾（參見尹協理、魏明：王通論，中國社會科學出版社，一九八四年，第五一至五二頁。徐朔方：王通門人辯疑，浙江大學學報，一九九九年第四期，第七頁）。

〔二〕易繫辭上：「河出圖，洛出書，聖人則之。」史記孔子世家记孔子語：「河不出圖，雒不出書，吾已矣夫！」謂「河圖、洛書盡在是」，是以聖人視之矣。

子曰：「士有靡衣鮮食而樂道者，吾未之見也〔一〕。」奢罕德。

〔一〕論語里仁：「士志於道而恥惡衣惡食者，未足與議也。」

子謂魏徵曰：「汝與凝皆天之直人也。徵也遂，凝也挺。遂，果行也。挺，謂挺特。若並行於時，有用捨〔一〕焉。」遂行，挺執。

〔一〕用捨：猶云出處。論語述而：「用之則行，捨之則藏，唯我與爾有是夫！」

子謂李靖曰：「凝也若容於時〔一〕，則王法不撓矣。」不撓曲。

〔一〕王凝於貞觀初任監察御史，因彈劾侯君集而被貶，是未容於時矣。

李靖問任智如何，子曰：「仁以爲己任〔一〕。小人任智而背仁爲賊，盜亦有道。君子任智而背仁爲亂〔二〕。」攻異端，害也。

〔一〕論語泰伯：「士不可以不弘毅，任重而道遠。仁以爲己任，不亦重乎？死而後已，不亦遠乎？」

〔二〕論語泰伯：「人而不仁，疾之已甚，亂也。」衛靈公：「知及之，仁不能守之，雖得之，必失之。」

薛收問：「仲長子光〔一〕何人也？」子光，字不耀，遊於河東，人問者，書「老」、「易」二字爲對。王績有仲長先生傳。子曰：「天人〔二〕也。」收曰：「何謂天人？」子曰：「眇然小乎，所以屬於人；曠〔三〕哉大乎，獨能成其天〔四〕。」以形言之則人，以道言之則天。禮曰：「安則久，久則天。」

〔一〕新唐書隱逸傳：「仲長子光者，亦隱者也，無妻子，結廬北渚，凡三十年，非其力不食。績愛其真，徙與相近。子光瘖，未嘗交語，與對酌酒歡甚。」參見王績仲長先生傳及祭處士仲長子光文。

〔二〕莊子天地：「忘乎物，忘乎天，其名爲忘己。忘己之人，是之謂入於天。」

〔三〕曠：開闊。莊子天地：「上神乘光，與形滅亡，此謂昭曠。」

〔四〕莊子德充符：「有人之形，無人之情。有人之形，故羣於人；無人之情，故是非不得於身。眇乎小哉，所以屬於人也；謷乎大哉，獨成其天。」

賈瓊問君子之道，子曰：「必先恕〔一〕乎！」曰：「敢問恕之說。」子曰：「爲人子者，以其父之心爲心；孝則知父之慈。爲人弟者，以其兄之心爲心。悌則知兄之友。推而達於天下〔二〕，斯可矣。」至孝近王，至悌近霸；推王〔三〕道於天下，可謂君子。

〔一〕論語衛靈公：「子貢問曰：『有一言而可以終身行之者乎？』子曰：『其恕乎！己所不欲，勿施於人。』」里仁：曾子曰：「夫子之道，忠恕而已矣！」孟子盡心上：「强恕而行，求仁莫近焉。」

〔二〕「達」下，四部叢刊本有「之」字。孟子梁惠王上：「老吾老，以及人之老，幼吾幼，以及人之幼，天下可運於掌。」

〔三〕「王」原作「三」，據四部叢刊本改。

子曰：「君子之學進於道，濟天下。小人之學進於利〔一〕。」營一身。

〔一〕論語里仁：「君子喻於義，小人喻於利。」衛靈公：「君子憂道不憂貧。」

楚難〔一〕作，使使召子。子不往，謂使者曰：「爲我謝楚公。楊玄感襲封楚國公，舉黎陽叛，故曰「難作」。天下崩亂，非至公血誠〔二〕不能安。苟非其道，無爲禍先〔三〕。」非應天順人，則禍而已。

〔一〕楚難：大業九年六月，楊玄感於黎陽起兵叛隋。

〔二〕至公：大公無私。呂氏春秋孟春紀去私：「堯有子十人，不與其子而授舜；舜有子九人，不與其子而授禹：至公也。」血誠：赤誠。

〔三〕淮南子精神訓：「與道爲際，與德爲鄰；不爲福始，不爲禍先。」

李密問王霸之略，子曰：「不以天下易一民之命〔一〕。」易爲輕易之易。一民至細也，不可以天下之大輕小民之命。李密出，子謂賈瓊曰：「亂天下者必是夫也。幸災而念禍，愛强而願勝，神明不與也〔二〕。」竟叛，伏誅。

〔一〕孟子公孫丑上：「殺一不辜而得天下，皆不爲也。」荀子王霸：「行一不義、殺一無罪而得天下，仁者不爲也。」

〔二〕李光地榕村語録卷四：「凡人無事時，要得天下有事，風塵中才好見己之長，是謂幸災樂禍。子路率爾而對之言，意思便不好。夫子與顏子説用捨行藏，他忽然插一句『子行三軍則誰與』，故夫子斷以『不得其死』。胸次氣象間著不得此種，最是要緊。文中子論李密曰：『幸災而樂禍，愛强而願勝，神明不與也。』亦是此意。」

子居家，雖孩孺必狎〔一〕，不威。其使人也，雖童仆必斂容。不慢。

〔一〕狎：親近。俞樾諸子平議補録卷十二疑「必狎」爲「不狎」之誤。斂容：肅容。

子曰：「我未見知命者也〔一〕。」命，天命也。德合於天而心復於性，是謂知命。孔子五十而知天命。孟子曰：「盡其心則知性，知性則知天。」易曰：「窮理盡性以至於命。」是則命非性無能知者。文中子歎知性者尚少，故曰「未見知命者也」。

〔一〕論語堯曰：「不知命，無以爲君子也。」

子曰：「不就利，不違害〔一〕，**不强交，不苟絶，**四者惟義所在。**惟有道者能之。」**有道義。

〔一〕違，避也。莊子齊物論：「聖人不從事於務，不就利，不違害，不喜求，不緣道。」

子躬耕。或問曰：「不亦勞乎？」子曰：「一夫不耕，或受其飢〔一〕；**且庶人之職也，**舜在畎畝，志存天下；聖賢躬耕，蓋職其俗。**亡職者罪無所逃天地之間**〔二〕，**吾得逃乎？」**不仕即農，四民何逃。

〔一〕呂氏春秋開春論愛類：「士有當年而不耕者，則天下或受其飢矣；女有當年而不績者，則天下或受其寒矣。」新書無蓄：「一夫不耕，或爲之飢；一婦不織，或爲之寒。」淮南子齊俗訓：「丈夫丁壯而不耕，天下有受其飢者；婦人當年而不織，天下有受其寒者。」

〔三〕參見莊子人間世：「子之愛親，命也，不可解於心；臣之事君，義也，無適而非君也，無所逃於天地之間。」

子藝黍登場〔一〕，歲不過數石，以供祭祀、冠婚、賓客之酒也，成禮則止。子之室，酒不絶。用有節，禮不闕〔二〕。

〔一〕藝：種植穀物。登場：收秋運糧於場。

〔二〕呂本中童蒙訓卷下記其先祖榜文中子數語於家中壁上，「子之室，酒不絶」一句下注云：「用有節，禮不缺也。」蓋用阮逸語。

薛方士〔一〕問葬，方士，未見。子曰：「貧者斂手足，富者具棺槨。孔子謂子路曰：「斂手足形而葬。」顔回有棺無槨。封域之制無廣也，古不封不樹。孔子謂「不可不誌也」，故封之。後代因有丈尺之制。不居良田。妨農。古者不以死傷生，不以厚爲禮。」帝王陵惟漢文及唐太宗無珍寶，盜不發。

〔一〕薛方士：其人不詳，或即下文所説薛知仁。關朗篇謂其嘗從王通學詩。

陳叔達問事鬼神之道，子曰：「敬而遠之〔一〕。」敬，謂不敢無之；遠，謂不敢有之。問祭，子曰：「何獨祭也，亦有祀焉，有祭焉，有享焉〔二〕。三者不同，古先聖人所以接三才之奧也。周禮：祭天曰祀，祭地曰祭，祭宗廟曰享。異其名，言神道幽奧，禮宜分也；分而接之，則配天而天人統和。達茲三者之説，則無不至矣。」祭多名，不出三才之奧耳。叔達俛其首。因問祭得天人之道，故俛首，思之甚。

〔一〕論語雍也：「敬鬼神而遠之。」

〔二〕周禮大宗伯鄭玄注：「立天神、地祇、人鬼之禮者，謂祀之、祭之、享之。」

子曰：「王猛有君子之德三焉：其事上也密，其接下也温，其臨事也斷〔一〕。」猛，字景略，爲苻堅〔二〕相。議赦而青蠅泄之〔三〕，密矣；兵至鄴，而遠近恬然，温矣；先黜尸素，然後舉賢，斷矣。或問蘇綽，子曰：「俊人也。」曰：「其道何如？」子曰：「行於戰國可以强，行於太平則亂矣。」蘇綽，字令綽。後周文帝時爲尚書，掌機密，長於筭術、申韓之學，俊於用法，非正道，故云「太平則亂」。問牛弘，子曰：「厚人也。」牛弘，字里仁。隋文時作相，宣敕而口不能言，時稱其質重，故曰「厚人」。

〔一〕論語公冶長：「子產有君子之道四焉：其行己也恭，其事上也敬，其養民也惠，其使民也義。」

王通論王猛，一如孔子之論子産。

〔二〕「苻」原作「符」，四部叢刊本同，據六子本改。下同。

〔三〕晉書苻堅載記上：「堅之將爲赦也，與王猛、苻融密議於露堂，悉屏左右。堅親爲赦文，猛、融供進紙墨。有一大蒼蠅入自牖間，鳴聲甚大，集於筆端，驅而復來。俄而長安街巷市里人相告曰：『官今大赦。』」

子觀田，魏徵、杜淹、董常至。子曰：「各言志乎？」徵曰：「願事明王，進思盡忠，退思補過〔一〕。」直而遂，好諫。淹曰：「願執明王之法，使天下無冤人〔二〕。」誠而厲，常好平刑。常曰：「願聖人之道行於時，其動權。常也無事於出處〔三〕。」其静至。子曰：「大哉！吾與常也。」〔四〕可與權，可與至，其道入性命矣。

〔一〕孝經事君：「君子之事上也，進思盡忠，退思補過，將順其美，匡救其惡，故上下能相親也。」

〔二〕淮南子泰族訓：「聖主在上，廓然無形，寂然無聲，官府若無事，朝廷若無人。無隱士，無軼民，無勞役，無冤刑。」

〔三〕淮南子詮言訓：「道勝，則人無事矣。」出處：出仕和退隱。易繫辭上：「君子之道，或出或處，或默或語。」

〔四〕參見論語先進「子路、曾晳、冉有、公西華侍坐」章。孔子問：「如或知爾，則何以哉？」曾晳曰：「莫春者，春服既成，冠者五六人，童子六七人，浴乎沂，風乎舞雩，詠而歸。」夫子喟然歎曰：「吾與點也！」董常之説似曾點，王通「與常」，亦即孔子「與點」之意也。

子在長安，曰：「歸來乎！今之好異輕進者，率然而作，無所取焉〔一〕。」仁壽四年，在長安，謁文帝，見公卿異端，輕率文辭，不根道義，苟媚其主，使無所取治焉，遂歸。

〔一〕文中子世家：「仁壽三年，文中子冠矣，慨然有濟蒼生之心，西遊長安，見隋文帝。帝坐太極殿召見，因奏太平策十有二，策尊王道，推霸略，稽今驗古，恢恢乎運天下於指掌矣。帝大悦曰：『得生幾晚矣，天以生賜朕也。』下其議於公卿，公卿不悦。時將有蕭牆之釁，文中子知謀之不用也，作東征之歌而歸，曰：『我思國家兮遠遊京畿，忽逢帝王兮降禮布衣，遂懷古人之心兮將興太平之基，時異事變兮志乖願違。吁嗟！道之不行兮垂翅東歸，皇之不斷兮勞身西飛。』」李光地榕村語録卷三十：「騷體甚難作，屈子後，惟漢武帝瓠子、秋風可以步武。文中子東征歌，非大有意思人不能作。」

子在絳，絳州。程元者因薛收而來。元，門人，未見。子與之言六經，元退謂收曰：「夫子載造彝倫，一匡皇極。微夫子，吾其失道左見矣〔一〕。」晉尚虛言，至南朝淫靡，左道變雅，天下遂亂。續經既造，人文乃正。

〔一〕論語憲問：「微管仲，吾其被髮左衽矣！」

子曰：「蓋有慕名而作者，吾不爲也。」虚名失實。

叔恬曰：「文中子之教興，其當隋之季世，皇家〔一〕之未造乎？將敗者，吾傷其不得用；隋敗。將興者，吾惜其不得見。唐興。其志勤，其言徵，其事以蒼生爲心〔二〕乎？」時門人千數，至卿相者十餘人，蓋蒼生受賜多矣。

〔一〕皇家：謂唐室。

〔二〕老子四十九章：「聖人無常心，以百姓心爲心。」

文中子曰：「二帝、三王〔一〕，吾不得而見也，捨兩漢將安之乎？之，往也。大哉，七制之主！其以仁義公恕統天下乎？仁若文帝感緹縈去肉刑，義若武帝殺鉤弋防后族之亂，公若明帝不許管陶求郎，恕若章帝赦楚王徙者是也。其役簡，仁也。其刑清，義也。君子樂其道，公也。小人懷其生〔二〕，恕也。四百年間，高祖至獻帝，四百一十六年。天下無二志，其有以結人心乎？終之以禮樂〔三〕，則三王之舉也〔四〕。」禮樂者，王道淳則舉。漢雜霸道，故不及三代。

〔一〕二帝：堯、舜。三王：禹、商湯、周文王。

〔二〕論語里仁：「君子懷德，小人懷土。」

〔三〕法言淵騫：「若張子房之智，陳平之無悟，絳侯勃之果，霍將軍之勇，終之以禮樂，則可謂社稷之臣矣。」

〔四〕朱熹答陳同甫：「帝王本無異道，王通分作兩三等，已非知道之言。且其爲道，行之則是，今莫之禦而不爲，乃謂不得已而用兩漢之制，此皆鄙陋之説，不足援以爲據。」葉適水心別集卷八王通：「舉三代而不遺兩漢，道上古而不忽方來」，「其能以聖人之心處後世之變乎」！李光地榕村語録卷二十七：「文中子曰：『唐、虞、三代不可復見，捨兩漢吾何之？』先儒或笑其陋。其實三代之流風善政，惟漢猶近。」

子曰：「王道之駁久矣，駁雜。禮樂可以不正乎？禮論、樂論，所以正之。大義〔一〕之蕪甚矣，荒蕪。詩書可以不續乎？」續詩、續書，所以明之。

〔一〕大義：春秋大義。史記太史公自序：「夫春秋，上明三王之道，下辨人事之紀，別嫌疑，明是非，定猶豫，善善惡惡，賢賢賤不肖，存亡國，繼絶世，補敝起廢，王道之大者也。」

子曰：「唐虞之道直以大，故以揖讓終焉，堯直讓舜，大也。必也。有聖人承之，何必定法？以聖承聖，何其常法之有？其道甚闊，不可格於後。後若無聖，安能格及？夏商之道直以簡，故以放弑終焉，湯直伐桀，簡也。必也。有聖人扶之，何必在我？我謂我君。其道亦曠，不可制於下。下若有奸臣，則無君之心難制矣。如有用我者，吾其爲周公所爲乎？」可以承則承，可以扶則扶，此周公之爲。

子燕居〔一〕，董常、竇威侍。子曰：「吾視千載已上，聖人在上者，未有若周公焉，其道則一而經制大備，一，謂堯、舜、湯、武一歸於道也。公羊傳曰：「周公何以不之魯？欲天下之一乎周也。」大備，謂設官分職、制禮作樂也。禮曰：「樂器，是謂大備。大備，盛德也。」後之爲政，有所持循〔二〕。一本作「脩」，漢史作「循」。吾視千載而下，未有若仲尼焉〔三〕，其道則一而述作大明，謂「吾道一以貫之」是也。述詩、書，作春秋，所以明周公也。禮曰：「述者之謂明。」後之修文者，有所折中〔四〕矣。無位則修，而取中焉。千載而下，有申周公之事者，吾不得而見也；時異事殊。千載而下，有紹宣尼之業者，吾不得而讓也。」當仁。

〔一〕燕居：閑居。詩小雅北山：「或燕燕居息，或盡瘁事國。」

〔二〕持循：遵循。史記太史公自序：「幽、厲之後，王道缺，禮樂衰，孔子修舊起廢，論詩、書，作春秋，則學者至今則之。」

〔三〕俞樾諸子平議補録卷十二：「此本作『吾視千載已上，聖人在下者，未有若仲尼焉』，與上文『吾視千載已上，聖人在上者，未有若周公焉』，兩文一律。」

〔四〕折中：取正，以爲準則。史記孔子世家：「自天子王侯，中國言六藝者折中於夫子，可謂至聖矣！」

子曰：「常也其殆坐忘〔一〕乎？顔子坐忘遺照。靜不證理而足用焉，靜則本性也，本性則不待外徵物理而後致用也；如此則當其無，有證之用。思則或妙〔二〕。」妙，謂幾微也。知幾其神，神妙萬物。不思而得，坐忘是也。董生雖不證理而未能無思，故曰「思則或妙」，以解上文「其殆」之義。

〔一〕莊子大宗師：「曰：『回坐忘矣。』仲尼蹴然曰：『何謂坐忘？』顔回曰：『墮肢體，黜聰明，離形去智，同於大通，此謂坐忘。』仲尼曰：『同則無好也，化則無常也。而果其賢乎！丘也請從而後也。』」

〔二〕尚書洪範：「思曰睿，睿作聖。」妙：神妙。老子第一章：「常無，欲觀其妙；常有，欲觀其徼。」莊子齊物論：「夫子以爲孟浪之言，而我以爲妙道之行也。」淮南子齊俗訓：「樸至大者無形狀，道至妙者無度量。」

李靖問聖人之道，子曰：「無所由，亦不至於彼。」門人曰：「徵也至。」或曰「未也」，門人惑。子曰：「徵也去此矣，而未至於彼。」已離中賢之見，然未至上哲之性。或問彼之說，子曰：「彼，道之方也。」達者無方，未達者迷焉，故設之以方，使趨於彼也。「必也無至乎？」待至彼然後見道，亦未爲達者也。猶一隅以知三隅，是亦有隅也。大方無隅而神無方。聖人與神道並行，無所至，無不至。董常聞之，悦。知道自至。門人不達，若房、魏尚未至彼，安能無至，故不達。董常曰：「夫子之道，與物而來，與物而去，致知在格物，物格然後知至。是以來則應之，若與俱來；去則忘之，若與俱去。道之應物如是。無方非至賾，惟幾妙乎？萬物則安能通其去來哉！來無所從，去無所視〔一〕。」去來既通，則何有來，何有去。薛收曰：「大哉，夫子之道！一而已矣。」無所來去，混然圓神，若大衍之一，不可得而見。

〔一〕易繫辭下：「爲道也屢遷，變動不居，周流六虛，上下無常，剛柔相易，不可爲典要，唯變所適。」老子第十四章：「迎之不見其首，隨之不見其後。執古之道，以御今之有；能知古始，是謂道紀。」莊子應帝王：「體盡無窮，而遊無朕。」庚桑楚：「行不知所之，居不知所爲，與物委蛇而同其波。」又道行般若經：「空本無所從來，去亦無所至，佛亦如是。」大智度論釋含受品第二十三：「須菩提！汝所言是摩訶衍，不見來處，不見去處，不見住處。……一切諸法不動相故。是法無來處，無去處，無住處。」王通以佛、老之言證孔子之道，已開宋儒釋經風氣。

子謂程元曰：「汝與董常何如？」程元曰：「不敢企常〔一〕。常也遺道德，遺，猶忘也。道大而無所道，德高而無所德，是忘也。元也志仁義〔二〕。」志求仁則仁，志求義則義，無志則無得，是志矣。子曰：「常則然矣，而汝於仁義，未數數然也〔三〕。數數，頻也。其於彼有所至乎？」由專至一隅故也。

〔一〕論語公冶長：「子謂子貢曰：『女與回也孰愈？』對曰：『賜也何敢望回？回也聞一以知十，賜也聞一以知二。』」

〔二〕論語述而：「志於道，據於德，依於仁，遊於藝。」里仁：「苟志於仁矣，無惡也。」

〔三〕莊子逍遥遊：「彼其於世，未數數然也。」

子曰：「董常時有慮焉，時，謂時中也。雖未能不思而得、不勉而中，然思則或妙，慮必時中。其餘則動静〔一〕慮矣。」其餘，程、薛、房、魏輩。慮未時中，然會其有，動静則慮之耳，猶顏回三月不違仁，其餘日月至焉而已〔二〕。

〔一〕動静：行爲舉動。韓非子解老：「聰明睿智，天也；動静思慮，人也。」

〔二〕論語雍也：「回也，其心三月不違仁，其餘則日月至焉而已矣。」

子曰：「孝哉，薛收！行無負於幽明〔一〕。」收父道衡非辜見戮，收遁於首陽山以免，此行全幽明矣。

〔一〕幽明：人鬼神，生死。

子於是日弔祭，則終日不笑〔一〕。哀未忘。

〔一〕論語述而：「子於是日哭，則不歌。」

或問王隱，隱，字處叔，多知西都舊章，撰晉書，文體混漫，義不可解，世不甚傳。子曰：「敏人也。其器明，其才富，其學贍。」或問其道，子曰：「述作多而經制〔一〕淺，其道不足稱也。」器，謂才學而已。若加之識，則三長具，可以知道矣。

〔一〕經制：大政方略。新書五美：「經制一定，宗室子孫慮莫不王。」俗激：「豈如今定經制，令主主臣臣上下有差，父子六親各得其宜，奸人無所冀幸，羣衆信上而不疑惑哉！」

子謂陳壽「有志於史，依大義而削異端」；壽，字永祚，著三國志，善叙事。初，王沈撰魏書，韋耀續成之，壽乃具吳、蜀二國，變「史」稱「志」，大抵簡略存其大義。謂范甯「有志於春秋，徵聖經而詁衆傳〔一〕。范甯，字武子，爲穀梁集解，謂左氏失誣，公羊失俗，穀梁失短，皆詁正於道耳。子曰：「使陳壽不美於史，遷、固之罪也；史記雜黄老之道，壯姦雄之辭，漢書又模範紀傳，愈加文飾，是史筆之罪也。使范甯不盡美於春秋，歆、向之罪也。」劉向理穀梁，劉歆好左氏，各守一家而不能貫聖經之本，是古學之罪也。裴晞曰：「何謂也？」子曰：「史之失，自遷、固始也，記繁而志寡〔二〕；但務廣記，而不原聖人教化之志。春秋之失，自歆、向始也，棄經而任傳。」但争衆傳，而不原聖人權衡之法。

〔一〕詁衆傳：范甯春秋穀梁傳集解序：「左氏豔而富，其失也巫。穀梁清而婉，其失也短。公羊辯而裁，其失也俗。」

〔二〕洪邁容齋四筆卷第十一譏議遷史：「大儒立言著論，要當使後人無復擬議，乃爲至當，如王氏中説謂：『陳壽有志於史，依大議（按：當作「義」）而削異端，使壽不美於史，遷、固之罪也。』又曰：『史之失自遷、固始也，記繁而志寡。』王氏之意，直以壽之書過於漢、史矣，豈其然乎？元經、續詩、書猶有存者，不知能出遷、固之右乎？」

子曰：「蓋九師〔一〕興而易道微，淮南王聘九人明易者，撰道訓二十篇，號「九師易」。三傳作而春秋散。」公羊高、穀梁喜、左丘明，皆孔子門人。賈瓊曰：「何謂也？」子曰：「白黑相渝，能

無徵乎？白黑渝正色。**是非相擾，能無散乎？**是非擾正道。**故齊、韓、毛、鄭〔二〕，詩之末也；**后蒼所傳爲齊詩，韓嬰所傳爲韓詩〔三〕。毛鄭詩，毛萇注，鄭玄箋也。**大戴、小戴〔四〕，禮之衰也；**二戴因曲臺記論於石渠，成禮記；戴德號大戴，戴聖號小戴。**書殘於古、今；**孔安國家藏科斗尚書，以今文易之。劉歆別得古本，奏立古文尚書。**詩失於齊、魯〔五〕。**齊轅固生治詩，爲博士，齊人宗之；魯申公漢初爲儒學，魯人宗之。於是有齊、魯詩。**汝知之乎？」賈瓊曰：「然則無師無傳可乎？」子曰：「『神而明之，存乎其人』；**聖性神授，天縱無師。**『苟非其人，道不虛行』〔六〕。**人能弘道。**必也傳又不可廢也。」**傳之在師，得之在己；所傳有限，所得無窮。故周公師天下，仲尼自得之；仲尼師萬世，仲淹自得之，皆神契其道，不盡由師明矣。孟子曰：「君子之深造於道也，欲其自得之；自得之，則居之安；居之安，則取諸左右逢其原。」然學不可無師，而得之不由師也。

〔一〕漢書藝文志：「淮南道訓二篇。淮南王安聘明易者九人，號九師說。」

〔二〕史記儒林列傳：「及今上即位，趙綰、王臧之屬明儒學，而上亦向之，於是招方正賢良文學之士。自是之後，言詩於魯則申培公，於齊則轅固生，於燕則韓太傅。」漢書藝文志：「漢興，魯申公爲詩訓詁，而齊轅固、燕韓生皆爲之傳。或取春秋，採雜說，咸非其本義。與不得已，魯最爲近之。三家皆列於學官。又有毛公之學，自謂子夏所傳，而河間獻王好之，未得立。」後漢書鄭玄傳：「凡玄所注周易、尚書、毛詩、儀禮、禮記、論語、孝經、尚書大傳、中候、乾象曆，又著天文七政論、魯禮祫禘義、六藝論、毛詩譜、駁許慎五經異義、答臨孝存周禮難，凡百餘萬言。」

〔三〕「韓詩」原誤作「轉詩」，據四部叢刊本改。

〔四〕漢書藝文志：「漢興，魯高堂生傳士禮十七篇。迄孝宣世，后倉最明。戴德、戴聖、慶普皆其弟子，三家立於學官。」

〔五〕據龔鼎臣本，當作「論失於齊、魯」。王應麟困學紀聞卷十諸子：「『詩失於齊、魯』當從龔氏本云『論失於齊、魯』，謂論語也。上文已言『齊、韓、毛、鄭，詩之末也』，不當重出。」齊、魯：論語有古論、齊論、魯論三家，其中古論二十篇，齊論二十一篇，魯論二十二篇；漢武帝之後，三論漸合爲今論之二十篇。

〔六〕語見易繫辭上、繫辭下。黄宗羲蘇州三峰漢月藏禪師塔銘：「古今學有大小，蓋未有無師而成者也。然儒者之學，孟軻之死，不得其傳，程明道以千四百年得之於遺經。董仲舒、王通顧亦未聞何所授受。」鍾泰中國哲學史：「抑仲淹雖用經，而不取傳。……以神契爲自得。斯傳記者，糟粕視之矣。是則上結六朝談玄之局，下開宋儒心學之端。」（中國哲學史，東方出版社，二〇〇八年，第一六九頁、一七〇頁）

子謂叔恬曰：「汝不爲續詩乎？則其視七代損益，終懣然也。」七代，注見上。懣，昏也。

子謂續詩可以諷，可以達，諷時政，達下情。可以蕩〔一〕，可以獨處；蕩滌鬱結，獨處無邪。出則悌，入則孝〔二〕；上四德備矣，則孝悌動天地、感鬼神。多見治亂之情〔三〕。治之情樂，亂之情哀。

〔一〕蕩：譴責，抨擊。按詩大雅有蕩之詩，文心雕龍時序稱「幽、厲昏而板、蕩怒」。

〔二〕論語學而：「弟子入則孝，出則悌，謹而信，汎愛衆，而親仁。」孝經廣至德：「教以孝，所以敬天下之爲人父者也。教以悌，所以敬天下之爲人兄者也。」

〔三〕葉適水心別集卷八：「『續詩可以諷，可以達，可以蕩，可以獨處；出則悌，入則孝；多見治亂之情。』淵乎哉，其明於道者之言乎！」

文中子曰：「吾師也，詞達而已矣〔一〕。」聖人不繁文，惟達意而已。

〔一〕論語衛靈公：「子曰：『辭達而已矣。』」

或問揚雄〔一〕、張衡，子曰：「古之振奇人也，其思苦，其言艱。」揚雄作太玄經及倉頡訓纂，沈默精思，好學奇字。張衡行渾天及地動儀，如揚雄之學，大抵好奇，多艱苦。曰：「其道何如？」子曰：「靖〔二〕矣。」艱苦而奇，未足適變，蓋守靖而已。

〔一〕「揚」，原作「楊」，據四部叢刊本改。此段下「揚」字同。

〔二〕靖：安寧，清靜。漢書揚雄傳：「默而好深湛之思，清靜亡爲，少耆欲，不汲汲於富貴，不戚戚於貧賤，不修廉隅以徼名當世。」後漢書張衡列傳：「常從容澹静，不好交接俗人。」

子曰：「過而不文〔一〕，不文過。犯而不校〔二〕，有功而不伐〔三〕，君子人哉！」

〔一〕文：掩飾。論語子張：「小人之過也必文。」

〔二〕犯：冒犯。校：計較。論語泰伯：「以能問於不能，以多問於寡；有若無，實若虚，犯而不校。」

〔三〕伐：誇耀。論語公冶長：「願無伐善，無施勞。」莊子山木：「自伐者無功，功成者墮，名成者虧。」

子曰：「我未見見謗而喜〔一〕、聞譽而懼者。」

〔一〕謗：指責。孟子公孫丑上：「子路，人告之以有過則喜。」

子曰：「富觀其所與，與貧則仁，與姦則賊。貧觀其所取，取於義則安，取於利則危。達觀其所好，好賢則治，好佞則亂。窮觀其所爲，爲善則生，爲惡則死。可也〔一〕。」四者可以知，人不須多察。

〔一〕淮南子氾論訓：「論人之道，貴則觀其所舉，富則觀其所施，窮則觀其所不受，賤則觀其所不爲，貧則觀其所不取。視其更難，以知其勇；動以喜樂，以觀其守；委以財貨，以論其仁；振以恐懼，以知其節；則人情備矣。」

或問魏孝文，子曰：「可與興化〔一〕。」後魏元氏，名宏，始都洛陽，修文物制度，太和詔册，帝自爲之，斯可與興文化矣。

〔一〕魏書魏孝文紀下：「欽明稽古，協御天人，帝王制作，朝野軌度，斟酌用舍，焕乎其有文章，海内生民咸受耳目之賜。加以雄才大略，愛奇好士，視下如傷，役己利物，亦無得而稱之。」

銅川夫人好藥，子之母。子始述方，伎術非事親，不暇爲也。芮城府君〔一〕重陰陽，子之兄也，爲芮城令，陜州縣名〔二〕。子始著曆日，且曰：「吾懼覽者或費日也。」聖人與天地合德，安在推步陰陽？蓋以事兄之心，始著星曆，恐門人拘忌，妄習災福，故特云「懼費日」而已。

〔一〕芮城府君：王通長兄王度，曾任芮城縣令，故名。

〔二〕四部叢刊本此下另有小字注文：「芮，而鋭反。」

子謂薛知仁善處俗〔一〕，知仁，未見。處俗，謂能隨俗而處。以芮城之子妻之。

〔一〕薛知仁：不詳，或即上文所謂薛方士。另見問易篇、魏相篇、關朗篇等處。處俗：與世俗相處。莊子天下：「獨與天地精神往來，而不敖倪於萬物，不譴是非，以與世俗處。」

子曰：「内難而能正其志〔一〕，引明夷彖辭。同州府君以之〔二〕。」文中子高祖，名彥，爲同州刺史。内難，未詳。

〔一〕内難而能正其志：國中發生患亂而能堅持操守。易明夷彖傳：「『利艱貞』，晦其明也；内難而能正其志，箕子以之。」魏永安三年九月，孝莊帝誅權臣尒朱榮，尒朱氏作亂。十二月，尒朱兆等襲京城，帝出雲龍門。兆逼帝幸永寧佛寺，殺皇子。旋遷帝於晉陽，害帝於城内三級寺。見魏書孝莊紀。所謂「内難」指此。

〔二〕以：似。王績遊北山賦序：「同州悲永安之事，退居河曲。」

子曰：「吾於天下，無去也，無就也，惟道之從〔一〕。」從中道。

〔一〕論語里仁：「君子之於天下也，無適也，無莫也，義之與比。」老子二十一章：「孔德之容，唯道是從。」鍾泰曰：「無適無莫，與時爲變。嗚呼！此中説之所以爲中説也。」（中國哲學史，東方出版社，二〇〇八年，第一七〇頁）

中說卷第三

事君篇

房玄齡問事君之道，子曰：「無私〔一〕。」問使人之道，曰：「無偏〔二〕。」曰：「敢問化人之道。」子曰：「正其心〔三〕。」問禮樂，子曰：「王道盛則禮樂從而興焉，非爾所及也〔四〕。」

仁義著則王道盛也。樂者，仁之聲也；禮者，義之容也。必待明王乃可興，非今爾所及。

〔一〕左傳成公九年：「無私，忠也。」韓非子愛臣：「人臣處國無私朝，居軍無私交，其府庫不得私貸於家。」

〔二〕尚書洪範：「無偏無党，王道蕩蕩；無党無偏，王道平平。」

〔三〕禮記大學：「古之欲明明德於天下者，先治其國；欲治其國者，先齊其家；欲齊其家者，先修其身；欲修其身者，先正其心；欲正其心者，先誠其意；欲誠其意者，先致其知；致知在格物。」

〔四〕參見本書録唐太宗與房魏論禮樂事。

或問楊素，子曰：「作福、作威、玉食〔一〕，不知其他也。」驕且吝，餘不足觀。

〔一〕尚書洪範：「臣無有作福、作威、玉食。」

房玄齡問郡縣之治〔一〕，秦罷侯置守，郡縣始於此。子曰：「宗周列國，八百餘年〔二〕；列國，謂封建五等諸侯。皇漢雜建，四百餘載；漢監秦亡之勢，雖無五等，而雜封功臣宗室子弟。魏、晉已降，滅亡不暇。魏、晉亦有封爵，然虛名無實，故滅於權臣之手。吾不知其用也〔三〕。」觀周、漢之永，魏、晉之促，其用可知矣。

〔一〕史記秦始皇本紀：秦統一六國，用李斯議，分天下以爲三十六郡，郡置守、尉、監。

〔二〕周制：天子以下，分封公、侯、伯、子、男五等。天子之制地方千里，公侯皆方百里，伯七十里，子、男五十里。參見孟子萬章下、禮記王制。

〔三〕劉咸炘謂王通論封建「尤精當，爲前儒所不及」（舊書別録卷四文中子鈔）。按：前人論封建者並不在少，如賈誼曰：「欲天下之治安，莫如衆建諸侯而少其力。」（漢書賈誼傳）荀悅曰：「封建諸侯，各世其位，欲使親民如子，愛國如家。於是爲置賢卿大夫，考績黜陟，使有分土而無分民，而王者總其一統，以御其政。……秦承其弊，不能正其制以求其中，而遂廢諸侯，改爲郡縣，以一威權，以專天下。……此民主俱害，上下兩危。漢興，承周、秦之弊，故兼而用之。六王七國之難作者，誠失之於强大，非諸侯治國之咎。其後遂皆郡縣治民，而絶諸侯之權矣。當時之制，未必百王之法也。」（漢紀孝惠皇帝紀六年十月）曹冏曰：「古之王者，必建同姓以明親親，必樹異姓以明賢賢。」（六代論）劉頌曰：「郡縣之察，小政理而大勢危；諸侯爲邦，近多違而遠慮固」；「若乃兼建諸侯而樹藩屏，深根固蒂，則祚延無窮，可以比跡三代。」（晉書劉頌傳）其後陸機、崔浩等等，論者繼起，絡繹如也。王通見「魏、晉已降，滅亡不暇」而鼓吹封建，非僅「信而好古」也，其憂患之思乎？是則「固不可盡斥爲頑固」（章太炎：論讀經有利而無弊，章太炎學術史論集，傅傑編校，中國社會科學出版社，一九九七年，第二三三頁）。

楊素使謂子曰：「盍仕乎？」子曰：「疏屬〔一〕之南，疏屬，山名。山海經云：枕汾水，名管岑。汾水之曲，有先人之弊廬在，可以避風雨，有田，可以具饘粥，彈琴著書，講道勸義，自樂也。願君侯正身以統天下，素驕，故以正規之。時和歲豐，則通也受賜多矣，不願仕也〔二〕。」終巽詞以拒之。

〔一〕疏屬：山名，見於山海經海内北經，阮逸以爲即管岑（涔）山。按：山海經北山經載管涔山「在河之東，其首枕汾……汾水出焉，而西流注於河」，是則疏屬、管涔分别爲兩山。據實地考察，疏屬山在今山西省河津縣東南吴村一帶。

〔二〕參見莊子讓王：孔子謂顔回曰：「回，來！家貧居卑，胡不仕乎？」顔回對曰：「不願仕。回有郭外之田五十畝，足以給飦粥；郭内之田十畝，足以爲絲麻；鼓琴足以自娱；所學夫子之道者足以自樂也。回不願仕。」又陳寅恪晚年詩云：「招魂楚澤心雖在，續命河汾夢亦休。」（葉遐庵自香港寄詩詢近狀賦此答之）「疏屬汾南何等事，衰殘無命敢追攀。」（壬寅小雪夜病榻作）「河汾洛社同邱貉，此恨綿綿死未休！」（甲辰四月贈蔣秉南教授。上見陳寅恪詩集，三聯書店，二〇〇九年，第七十頁、第一四三頁、第一五一頁）又曰：「於若追蹤先賢，幽居疏屬之南，汾水之曲，守先哲之遺範，託末契於後生者，則有如蓬萊方丈，渺不可即，徒寄之夢寐，存乎遐想而已。」（贈蔣秉南序。見陳寅恪寒柳堂集，上海古籍出版社，一九八〇年，第一六二頁）亦可謂異代同情而悵望千秋矣。

子曰：「古之爲政者，先德而後刑，故其人悦以恕；悦，謂知德及我。恕，謂知刑不得已而行。今之爲政者，任刑而棄德，故其人怨以詐〔一〕。」怨，謂不教我而致我犯。詐，謂矯求苟免。

〔一〕論語爲政：「道之以政，齊之以刑，民免而無恥。道之以德，齊之以禮，有恥且格。」戰國策書録劉向論秦：「無道德之教、仁義之化，以綴天下之心。任刑罰以爲治，信小術以爲道。……撫天下十四歲，天下大潰，詐僞之弊也。」

子曰：「古之從仕者養人，今之從仕者養己〔一〕。」歎反古。

〔一〕陳全之蓬窗日録卷六先哲遺言：「古之保姓受氏者，太上立德，其次立功，其次立言。以富貴而大族者，世俗之論也。處富貴而非其道，適污蔑其祖而已。文中子曰：『古之仕者養人，今之仕者養己。』養人而不養己，有志於德與功者也。二三君子志於養人，不志於養己也明矣。」

子曰：「甚矣！齊文宣之虐也。」北齊高洋，以峻法御下。姚義曰：「何謂克終〔一〕？」子曰：「有楊遵彦者，寔掌國命〔二〕，楊愔，字遵彦，文宣時爲尚書，本史稱「朝章國命，一人而已」。視民如傷〔三〕，奚爲不終〔四〕？」言有賢臣，故不亡。

〔一〕終：善終。禮記檀弓上：「子張病，召申祥而語之，曰：『君子曰終，小人曰死，吾今日其庶幾乎！』」程頤曰：「君子保其身以没，爲終其事也，故曾子以全歸爲免矣。」（河南程氏經説論語解）

〔二〕「寔掌國命」，四部叢刊本作「寔國掌命」。寔：實。

〔三〕左傳哀公元年：「臣聞國之興也，視民如傷，是其福也；其亡也，以民爲土芥，是其禍也。」

〔四〕論語憲問：「孔子言衛靈公無道，康子問：『夫如是，奚而不喪？』曰：『仲叔圉治賓客，祝鮀治宗廟，王孫賈治軍旅。夫如是，奚其喪！』」王通論齊文宣，一如孔子論衛靈。

竇威好議禮，子曰：「威也賢乎哉？我則不敢〔一〕。」威所好者，禮之文耳；文中子不敢者，禮之情也。夫知禮樂之情者能作，識禮樂之文者能述。隋室禮壞，賢威有心，大抵治定而後議，今非其時，故曰「不敢」。

〔一〕論語憲問：「子貢方人，子曰：『賜也賢乎哉？夫我則不暇。』」

北山丈人山海經云：北山之首曰單狐。丈人無名氏〔一〕。**謂文中子曰：「何謂遑遑者，無乃急歟**〔二〕**？」子曰：「非敢急，傷時怠也**〔三〕**。」**怠而不修，斯文喪矣。

〔一〕「丈人」，原作「夫人」，據四部叢刊本改。

〔二〕「乃」字，四部叢刊本無。

〔三〕論語憲問：「微生畝謂孔子曰：『丘，何爲是棲棲者與？無乃爲佞乎？』孔子曰：『非敢爲佞也，疾固也。』」淮南子原道訓：「禹之趨時也，履遺而弗取，冠掛而弗顧，非争其先也，而争其得時也。」修務訓：「且夫聖人者，不耻身之賤，而愧道之不行；不憂命之短，而憂百姓之窮。……孔子無黔突，墨子無暖席。」

子曰：「吾不度不執〔一〕，度德執用。**不常不遂**〔二〕**。」**得常遂行。

〔一〕度：尺度，權衡。執：把握，主張。孟子梁惠王上：「權，然後知輕重；度，然後知長短。」

〔二〕常：典常，常道。易繫辭下：「初率其辭而揆其方，既有典常。」遂：行，往。易大壯上六：「羝羊觸藩，不能退，不能遂。」

房玄齡曰：「書云霍光廢帝舉帝，何謂也？」續書有霍光之命，言廢帝舉帝之事。光，字子孟。先是武帝畫周公相成王圖以賜光，光盡忠輔之。昭帝崩，立昌邑王賀，賀有罪三千餘，光廢之，而立宣帝。續書云：大臣之義載於業者有七，其一曰「命」。文中子曰：「書有命邃矣，其有成敗於其間，天下懸之，不得已而臨之乎？」子曰：「何必霍光？古之大臣廢昏舉明，所以康天下也〔一〕。」古若伊尹。

〔一〕漢書霍光傳：昌邑王既立，行淫亂。霍光憂懣，問於田延年。延年曰：「將軍爲國柱石，審此人不可，何不建白太后，更選賢而立之？」光曰：「今欲如是，於古嘗有此不？」延年曰：「伊尹相殷，廢太甲以安宗廟，後世稱其忠。將軍若能行此，亦漢之伊尹也。」光意乃決。

子遊河間之渚。隋河間郡連涿水渚，今深州。河上丈人曰：「何居〔二〕乎，斯人也？丈人，無名氏。居，音姬，發語之端。心若醉六經，目若營四海〔三〕。何居乎，斯人也？」文中子去之。薛收曰：「何人也？」子曰：「隱者也。」收曰：「盍從之乎？」訝子去之。子曰：「吾與彼不相從久矣。」吾，吾道也。吾道自仲尼與荷蓧丈人已來不相從也，故曰「久矣」。「至人〔四〕相從乎？」收問至人無名，還從隱乎？ 子曰：「否也〔五〕。」言至人有名而難名者也。今之隱者異於是，獨善一身，不以天下爲道。

〔一〕河間之渚：今山西河津一帶。渚：水中小洲。

〔二〕居：緣故。莊子齊物論：「何居乎？ 形固可使如槁木，而心固可使如死灰乎？」

〔三〕莊子外物：「老萊子之弟子出薪，遇仲尼，反以告，曰：『有人於彼，修上而趨下，末僂而後耳，視若營四海，不知誰氏之子。』」

〔四〕莊子天下：「不離於宗，謂之天人；不離於精，謂之神人；不離於真，謂之至人。」

〔五〕論語衛靈公：「子曰：『道不同，不相爲謀。』」

子在河上曰：「滔滔乎！ 昔吾願止焉而不可得也，今吾得之止乎〔一〕？」聖人時行則行，時止則止。昔常欲止而心猶有爲，故獻策於長安；今道之不行，得以止矣，故退居於河曲。

〔一〕論語子罕：「子在川上曰：『逝者如斯夫，不舍晝夜！』」

子見牧守屢易，曰：「堯、舜三載考績〔一〕，仲尼三年有成〔二〕。今旬月而易，吾不知其道。」痛隋行秦苟且之政。薛收曰：「如何？」子曰：「三代之興，邦家有社稷焉；諸侯稱邦，卿大夫稱家，立社稷，世奉其祀。兩漢之盛，牧守有子孫焉。襲爵，通侯無罪國不除。不如是之亟也。亟，猶遽也。無定主而責之以忠，無定民而責之以化，雖曰能之，末由也已〔三〕。」末，莫也。

〔一〕尚書舜典：「三載考績，三考，黜陟幽明，庶績咸熙。」

〔二〕論語子路：「苟有用我者，期月而已可也，三年有成。」

〔三〕末由：無從。論語子罕：「雖欲從之，末由也已。」

賀若弼請射於子，發必中。弼，字輔伯，平陳有武功，爲揔管。隋主宴突厥人使，命之射，一發中的；命弼射，一發亦中的。弼自矜善射，故請子觀。子曰：「美哉乎藝也！六藝次三曰射。古君子志於道，據於德，依於仁，而後藝可遊也〔一〕。」言藝成而下，君子遊之而已。弼不悅而退。子謂門人曰：「矜而愎，難乎免於今之世矣〔二〕。」弼竟誅死。

〔一〕論語述而：「志於道，據於德，依於仁，遊於藝。」

〔二〕論語雍也：「不有祝鮀之佞，而有宋朝之美，難乎免於今之世矣。」

子謂荀悅「史乎！史乎！」悅，字仲豫，漢獻帝時侍講禁中，依編年體著前漢紀三十篇，詞約事詳，申明制度。重言，美之也。**謂陸機「文乎！文乎！」**機，字士衡，作文賦及辯亡論，蓋有述作之志、復祖之風。**「皆思過半矣**〔一〕**。」**

〔一〕易繫辭下：「知者觀其彖辭，則思過半矣。」王弼注：「夫彖者，舉立象之統，論中爻之義，約以存博，簡以兼衆，雜物撰德，而一以貫之。形之所宗者道，衆之所歸者一。其事彌繁，則愈滯乎形；其理彌約，則轉近乎道。」據此，「思過半」即「近乎道」之意也。

子謂文士之行可見：「謝靈運，小人哉！其文傲〔一〕**，君子則謹。**靈運，玄之孫，襲爵康樂公。性奢豪，曾爲永嘉太守，多遊山，不聽民訟；召爲侍中，稱疾不朝。此傲可見也。**沈休文，小人哉！其文冶**〔二〕**，君子則典。**沈約，字休文，始制音韻，好艷冶之辭，梁朝士人宗之，益務妍侈。此冶可見矣。**鮑昭、江淹**〔三〕**，古之狷者也**〔四〕**，其文急以怨。**昭，字明遠，爲宋臨江王參軍，有虛詞而官不達，故多怨刺。淹，字文通，爲宋建平王從事，有罪下獄上書，其言急。皆狷可見矣。**吴筠、孔珪**〔五〕**，古之狂者也，其文怪以怒。**南史無吴筠，疑是「吴均」，文之誤也。均，字叔庠，文體古怪。又疑是王筠，字元禮，爲文好押强韻，多而不精，一官一集。孔稚珪，字德章，與江淹對掌文翰，而不肯伏淹。皆狂可見矣。**謝莊、王融**〔六〕**，古之纖人也，其文碎。**莊，字希逸，善詞賦，歌詩傳於樂府。嘗作殷妃誄，使堯門故事，宋帝深銜之。融，字元長，文詞辯捷，長於屬綴，後坐罪誅。此纖碎可見矣。**徐**

陵、庾信，古之夸人也，其文誕〔七〕。」陵，字孝穆，陳後主詔册皆陵爲之，好裁緝新意，自成文體。信，字子山，與徐陵同爲學士，文體相夸，時稱「徐庾」。此誕可見矣。或問孝綽兄弟，子曰：「鄙人也，其文淫。」劉綽，字孝綽，兄弟孝威、孝儀俱以才名顯。其舅王筠常稱孝綽，云：「天下文章，若無我，當歸阿士。」阿士，孝綽小名，蓋淫詞類舅。此鄙可見矣。或問湘東王兄弟，子曰：「貪人也，其文繁。」南齊世祖之子，湘東王名子建，與兄竟陵王子良及隋郡王子隆皆好文章，有集傳世，然志貪富貴，繁可見矣。「謝朓〔八〕，淺人也，其文捷〔九〕。朓，字玄暉〔一〇〕，爲齊新安王記室，牋詞敏捷。此淺可見矣。江揔，詭人也，其文虛〔一一〕。揔，字揔持，與陳後主爲長夜之飲，相和爲詩，不持政事。此詭佞可見矣。皆古之不利人也。」或喪身，或亂國。子謂顔延之、王儉、任昉〔一二〕「有君子之心焉，其文約以則〔一三〕」。詞簡約而理有法則，是君子用心也。延之，字延年，宋時爲侍郎，常言「天下之務，當與天下共之」。平生不拘小節，不營財利。儉，字仲寶，南齊時爲尚書令，好禮學，文詞風流，自比謝安。上宴，命羣臣作樂，儉獨念封禪文。昉，字彦昇，梁時掌文誥，累爲太守，凡饋遺與親戚，以俸米散荒民，當世士進無不歷其門者，昉接引之，常言「憂人之憂，樂人之樂」。此心可見矣。

〔一〕南史謝靈運傳：「靈運才名，江左獨振；而猖獗不已，自致覆亡。」鍾嶸詩品卷上：「其源出於陳思，雜有景陽之體，故尚巧似，而逸蕩過之，頗以繁蕪爲累。」

〔二〕鍾嶸詩品卷中謂約詩不無「淫雜」，「詞密於范，意淺於江」。

〔三〕鮑昭，即鮑照。鍾嶸詩品卷中謂鮑照詩「貴尚巧似，不避危仄，頗傷清雅之調。故言險俗者，多以附照」；謂江淹「诗體總雜，善於摹拟」。

〔四〕狷：孤僻，固執。論語子路：「不得中行而與之，必也狂狷乎？狂者進取，狷者有所不爲也。」

〔五〕吴筠，即吴均，字叔庠，吴興故鄣人。文體清拔有古氣，時謂「吴均體」。嘗撰齊春秋，梁武帝以其書不實，使詰問數條，支離無對，敕付省焚之。見梁書文學傳上。孔珪，即孔稚珪。鍾嶸詩品卷下謂其「文爲雕飾」。

〔六〕鍾嶸詩品卷下謂謝莊詩「氣候清雅」、「興屬閒長」；謂王融詩「詞美英净」。

〔七〕陳書徐陵傳：「其文頗變舊體，緝裁巧密，多有新意。」周書庾信傳：「子山之文，發源於宋末，盛行於梁季。其體以淫放爲本，其詞以輕險爲宗。」

〔八〕「朓」原作「眺」，據六子本改，注同。

〔九〕捷：旁出。左傳成公二十六年：「待我，不如捷之速也。」鍾嶸詩品卷中稱謝朓詩「微傷細密，頗在不倫」，「意鋭而才弱」。

〔一〇〕「暉」原作「輝」，據晉書改。

〔一一〕陳書江總傳：「於五言、七言尤善，然傷於浮豔。」

〔一二〕宋書顔延之傳：「延之與陳郡謝靈運俱以詞彩齊名，自潘岳、陸機之後，文士莫及也，江左稱『顔謝』焉。」鍾嶸詩品曰：「顔延、謝莊，尤爲繁密」；「近任昉、王元長等，詞不貴奇，競須新事」；「昉既博物，動輒用事」。

〔三〕龐塏詩義固説卷下節録古人論詩：「文中子云：（引文從略）最可玩。言之邪正，心術關焉，故觀其詩可以知其人。」錢鍾書談藝録：「所言之物，實而可徵；言之詞氣，虚而難捉。世人遂多顧此而忽彼耳。作文中子者，其解此矣。故事君篇曰『文人之行可見』，而所引以爲證，如：『謝莊、王融，纖人也，其文碎。徐陵、庾信，詩人也，其文誕。』餘仿此。莫非以風格詞氣爲斷，不究議論之是非也。」（中華書局，一九八四年，第一六三頁）

尚書召子仕〔一〕，隋尚書署天下吏。子使姚義往辭焉，曰：「必不得已，署我於蜀。」寧僻遠以藏用。或曰「僻」，子曰：「吾得從嚴〔二〕、揚游泳以卒世，何患乎僻？」嚴君平、揚雄。

〔一〕其事在大業十年。文中子世家：「大業元年，一徵又不至，辭以疾。……大業十年，尚書召署蜀郡司户，不就。十一年，以著作郎、國子博士徵，並不至。」參見天地篇、事君篇、述史篇及魏相篇等處記載。

〔二〕嚴：嚴君平，漢時隱者，卜筮於成都市，依老子、莊周之旨，著書十餘萬言，年九十餘，以其業終。揚雄少時從遊學，數爲朝廷在位賢者稱其德，又著書曰：「蜀嚴湛冥，不作苟見，不治苟得，久幽而不改其操，雖隨、和何以加諸？」見漢書王貢兩龔鮑傳。漢書地理志、華陽國志亦載其事跡。

子曰：「吾惡夫佞者〔一〕，必也愚乎？愚者不妄動。吾惡夫豪者，必也悋乎？悋者不妄散。」佞惑主，豪誘衆，不若愚、悋守其分。

〔一〕佞：巧言善辯。論語先進：「是故惡夫佞者。」

子曰：「達人哉，山濤也！多可而少怪。」宏達。或曰：「王戎賢乎？」戎，字濬沖，晉司徒。子曰：「戎而賢，天下無不賢矣。」戎典選，未嘗進寒素，近虛名，天下目爲膏肓之疾，及愍懷之廢，又無一言以諫，但苟且簡静容身而已，實非賢。

子曰：「陳思王可謂達理者也，以天下讓〔一〕，時人莫之知也。」曹植，字子建，魏祖欲立爲太子，植不自雕礪，飲酒晦跡；兄文帝矯情自飾，以求爲嗣，人不知子建讓兄耳。

〔一〕三國志魏書陳思王植傳稱植「不能克讓遠防，終致攜隙」。王通謂植「以天下讓」，真迂談也。

子曰：「君子哉，思王也！其文深以典〔一〕。」親親表，典矣；出師表，深矣。

〔一〕王通論文以德，疾小人之文而美君子之文（見事君篇）；曹植「達理君子」，故其文也深以典。

房玄齡問史，子曰：「古之史也辯道，約理明變。今之史也耀文〔一〕。」空事詞語。問文，子曰：「古之文也約以達，今之文也繁以塞。」不通理曰塞。

〔一〕王通曰：「昔聖人述史三焉：其述書也，帝王之制備矣，故索焉而皆獲；其述詩也，興衰之由顯，故究焉而皆得；其述春秋也，邪正之跡明，故考焉而皆當。」又曰：「吾視遷、固而下，述作何其紛紛乎！帝王之道其暗而不明乎！天人之意其否而不交乎！制理者參而不一乎！陳事者亂而無緒乎！」（王道篇）所謂「古之史」，尚書、詩、春秋是也；所謂「今之史」，史記、漢書以下著作皆是，唯漢紀不與焉。備帝王之制，顯興衰之由，明邪正之跡，是謂「辯道」。記繁而志寡，致使帝王之道暗而不明，天人之意否而不交，制理者參而不一，陳事者亂而無緒，是謂「耀文」。

薛收問續詩，子曰：「有四名焉，有五志焉。何謂四名？一曰化，續大雅也。天子所以風天下也；形天下之風。二曰政，續國風。蕃臣〔二〕所以移其俗也；蕃臣比古諸侯。移俗，猶易俗也。三曰頌，續周、殷、魯頌。以成功告於神明也；歌之樂府，享于宗廟。四曰歎，續變風、變雅。以陳誨立誡於家也。國異政，家殊俗，詩人哀之歎之，所以吟詠於家，諷刺其上，使達此變，以懷舊俗也。凡此四者，或美焉，嘉美之。或勉焉，無足嘉，則勉之。或傷焉，勉不得，則傷之。或惡焉，不足傷，則惡之。或誠焉，語他事，使聞之自誠。是謂五志。」皆志所之。

〔一〕蕃臣：諸侯或地方大員。

子謂叔恬曰：「汝爲春秋、元經乎？春秋、元經於王道，是輕重之權衡、曲直之繩墨〔一〕也，失則無所取衷矣。」衷，中也。過則抑之，不及則勸之，皆約歸中道。

〔一〕繩墨：標準。荀子王霸：「禮之所以正國也，譬之猶衡之於輕重也，猶繩墨之於曲直也，猶規矩之於方圓也，既錯之，而人莫之能誣也。」

子謂：「續詩之有化，其猶先王之有雅乎？續詩之有政，其猶列國之有風乎？」雅合天下而言也，風分郡縣而言也。

子曰：「郡縣之政，其異列國〔一〕之風乎？列國變則懷其舊俗，郡縣變則惟新是圖。列國之風深以固，其人篤，世修政教，故俗亦深厚。曰：『我君不卒求我也。』其上下相安乎？曰者假列國之人爲言也。我君，謂天子也。言天子封建列國，本求治也，上安其下，則下亦安其上，故云「相安」。及其變也，變風。勞而散，其人盖傷君恩之薄也，而不敢怨。薄，謂不安其下。郡縣之政悅以幸，其人慕，苟悅其民，幸於成功，故民亦擇善而慕之。曰：『我君不卒撫我也。』其臣主屢遷乎？此假郡縣之人爲言也。言我君不終撫吾民，使善政不久居而屢易之乎？及其變也，變政。苟而迫，其人蓋怨吏心之酷也，而無所傷焉。吏苟一時急功，則政酷民怨。雖有善政，未及行也。」魏徵曰：「敢問列國之風變傷而不怨，郡縣之政變怨而不傷，何謂也？」子曰：「傷而不怨，則不〔二〕曰猶吾君也，民君本國，諸侯亦猶諸侯君天子。吾得逃乎？何敢怨？可逃避，不敢怨。怨而不傷，則不〔三〕曰彼下矣，彼，謂郡縣長。下，猶去也，言終替去。吾將賊之！賊害之。又何傷？故曰三代之末，尚有仁義存焉；邦家有社稷故。六代之季，仁義盡矣。牧守無子孫故。何則？導人者非其路也。」不以王路使人由之。

〔一〕列國：周天子分封諸國，是爲列國。此云封建之制，與「郡縣之政」相對。

〔二〕據上下文義，「不」字似衍。

〔三〕據上下文義，「不」字似衍。

子曰：「變風、變雅〔一〕作而王澤竭矣，周先王之澤。變化、變政作而帝制〔二〕衰矣。」漢諸帝之制。

〔一〕詩譜序：「孔子録懿王、夷王時詩，訖於陳靈公淫亂之事，謂之變風、變雅。」

〔三〕帝制：如漢七主之制（七制之主注見上）。

子曰：「言取而行違，温彦博〔一〕惡之；彦博，大雅弟，貞觀中爲御史大夫，有才辯，官終僕射。面譽而背毀，魏徵惡之。」二子正直同。

〔一〕温彦博：太原祁人，温大雅之弟。隋開皇末任文林郎，唐高祖時任中書侍郎。時突厥入寇，没於虜庭，太宗即位，征還朝。貞觀四年任中書令。彦博自掌機務，杜絶賓客，國之利害，知無不言。十年，遷尚書右僕射。明年薨，年六十四。見舊唐書温彦博傳。

子曰：「愛生而敗仁者，其下愚〔一〕之行歟？觸情亡性。殺身而成仁者，其中人〔二〕之行歟？强仁非安行。遊仲尼之門，未有不迨〔三〕中者也。」殺身若子路結纓，蓋其中賢也。

〔一〕論語陽貨：「唯上知與下愚不移。」

〔二〕中人：常人。論語雍也：「中人以上，可以語上也；中人以下，不可以語上也。」

〔三〕「迨」，四部叢刊本作「治」。

陳叔達爲絳郡守，下捕賊之令，曰：「無急也，請自新者原之，以觀其後。」容其改過，刑之未遲。子聞之曰：「陳守可與言政矣。上失其道，民散久矣；隋季如周衰。苟非君子，焉能固窮〔一〕？小民窮則盜。導之以德〔二〕，懸之以信，且觀其後，不亦善乎？」容在德，刑在信。

〔一〕固窮：安於困窘。論語衛靈公：「君子固窮，小人窮斯濫矣。」禮記中庸：「故君子居易以俟命，小人行險以徼幸。」

〔二〕論語爲政：「道之以政，齊之以刑，民免而無恥。道之以德，齊之以禮，有恥且格。」

薛收問：「恩不害義，儉不傷禮，何如？」子曰：「此文、景尚病其難行也。夫廢肉刑〔一〕害於義，義象秋也，天不以人惡寒而變肅殺之令。損之可也；刑不濫，則損。衣弋綈〔二〕傷乎禮，禮象夏也，君不以小善卑當陽之義。中焉可也。不傴下則中。雖然，以文、景之心爲之可也，不可格於後〔三〕。」本心在愛民節用，不意其害義傷禮，後王必稽中道。

〔一〕肉刑：斷趾、黥、劓、大辟、宫刑。史記孝文本紀：漢文帝時，淳于公有罪當刑，其少女緹縈上書陳情。帝憐悲之，下詔曰：「今人有過，教未施而刑加焉，或欲改行爲善而道毋由也。朕甚憐之。夫刑至斷支體，刻肌膚，終身不息，何其楚痛而不德也，豈稱爲民父母之意哉！其除肉刑。」

〔二〕弋：黑色。綈：粗絲織物。漢書文帝紀：漢文帝儉樸，身衣弋綈，所幸慎夫人衣不曳地，幃帳無文繡，以示敦樸，爲天下先。

〔三〕章太炎曰：「總計三千年來，主張封建、世卿、肉刑、井田者，曹元首、王船山、王琨繩、李剛主、李德裕、鍾繇、陳羣、王莽、張子厚九人而已。」又曰：此九人「除王莽外，或意有偏激，或別含作用，固不可盡斥爲頑固」云云（論讀經有利而無弊，章太炎學術史論集，傅傑編校，中國社會科學出版社，一九九七年，第二二至二三頁）。若不知此九人之外，尚有一王通在。參見事君篇、禮樂篇、關朗篇。通主封建、世卿、肉刑、井田，意在匡除三百年來積弊，實有所見，非徒發好古之幽情也。

子曰：「古之事君也以道，不可則止；直道。今之事君也以佞，枉道。無所不至。」所至皆佞。

子曰：「吾於讚易〔一〕也，述而不敢論；述，謂修之。論，謂別立理。吾於禮、樂也，論而不敢辯；論沿革而已，不敢辯興衰之極。吾於詩、書也，辯而不敢議。」辯治亂之事，不敢議其得失之由。或問其故，子曰：「有可有不可〔二〕。」聖人立言，或微而顯，或蓋而彰，或曲而中，或肆而隱，各有奧義，不可槩窺，是故有可以述則述，可以論則論，辯、議皆然。曰：「夫子有可有不可乎？」子曰：「可不可〔三〕，天下之所存也，我則存之者也〔四〕。」夫經，天下之公言也，故我續而存之者耳，非我自〔五〕可否也。

〔一〕讚易：易經及其傳解，所謂「十翼」。史記孔子世家：「孔子晚而喜易，序彖、繫、象、説卦、文言。」漢書藝文志：「孔氏爲彖、象、繫辭、文言、序卦之屬十篇。」

〔二〕莊子天下：「知萬物皆有所可，有所不可。」

〔三〕可不可：指道。

〔四〕王夫之讀通鑑論卷十五宋文帝：「以人存道，而道可不亡。」

〔五〕「自」原作「目」，據四部叢刊本改。

子閑居儼然：其動也徐，若有所慮；貌敦。其行也方〔一〕，矩步也。若有所畏；禮恭。其接長者，恭恭然如不足；接幼者，温温然如有就。〔二〕敬愛得中。

〔一〕方：小心狀。

〔二〕參見論語子張：「君子有三變：望之儼然，即之也温，聽其言也厲。」

子之服儉以潔〔一〕，無長物〔二〕焉，長，剩也。綺羅錦繡不入於室，曰：「君子非黄白不御，黄白，取自然絲色。婦人則有青碧〔三〕。」染之易者。

〔一〕「潔」原作「絜」，據六子本改。

〔二〕長物：餘物。世説新語德行：「恭作人無長物。」

〔三〕論語鄉黨：「君子不以紺緅飾，紅紫不以爲褻服。」

子宴賓無貳饌〔一〕。不重味。食必去生，味必適。適中。果菜非其時不食，曰「非天道也」；非其土不食，曰「非地道也」。皆保真性者也。

〔一〕貳饌：第二道菜肴。

鄉人有窮而索者，索，求。曰：「爾於我乎取，無擾爾鄰里鄉黨〔一〕爲也，周禮：五家爲鄰，五鄰爲里，五州爲鄉，五族爲黨。我則不厭。」鄉人有喪，子必先往，匍匐救之。反必後。未忘哀。子之言應而不唱〔二〕，問則應，不唱始。唱必有大端。人言所不及，則唱之。子之鄉無爭者。近易化。或問人善，子知其善則稱之，不善則曰「未嘗與久也」。

〔一〕鄉黨：鄉里。周禮大司徒：五家爲比，五比爲閭，四閭爲族，五族爲黨，五黨爲州，五州爲鄉。

〔二〕唱：大聲言之。

子濟大川，有風則止。不登高，不履危；不乘悍，悍馬。不奔馭。鄉人有水土之役，則具畚鍤以往，曰：「吾非從大夫也。」畚，草器。鍤，鍬也。非大夫，則徒行。

銅川府君之喪，父喪。勺飲不入口者三日。營葬具，曰：「必儉也，吾家有制焉：棺槨無飾，衣衾而舉，帷車而載，飾，謂漆飾也。衾帷，亡者生所御物。塗車芻靈〔一〕則不從五世矣。」禮曰：「涂車芻靈，自古有之。孔子謂芻靈者善，謂俑者不仁，不殆於用人乎！」既葬之，曰：「自仲尼已來，未嘗無誌也。」於是立墳，高四尺，不樹焉。孔子曰：「我東西南北之人，不可弗識也。」封之，崇四尺。

〔一〕塗車：陪葬用泥車。芻靈：陪葬用草人。禮記檀弓下：「塗車、芻靈，自古有之，明器之道也。」

子之他鄉，舍人之家，舍於主人。出入必告，既而曰：「奚適而無稟？」言人動有所稟。

萬春鄉社，所居鄉名。社祀句龍。子必與執事，翼如也〔一〕。執俎豆之事。翼如，恭貌。

〔一〕論語鄉黨：「君召使擯……趨進，翼如也。」朱熹論語集注：「張拱端好，如鳥舒翼。」

芮城府君〔一〕起家除服被起。爲御史，將行，謂文中子曰：「何以贈我？」子曰：「清而無介，清極則介。直而無執。」直甚則執。曰：「何以加乎？」子曰：「太和〔二〕爲之表，清而外和。至心爲之内，直而内至。行之以恭，守之以道。」恭外道内。退而謂董常曰：「大廈將顛，非一木所支也。」言隋將顛，非御史可救。

〔一〕芮城府君：王通兄王度。隋大業時曾爲御史。七年，罷官歸河東。八年，在台直兼著作郎。九年，出兼芮城令，持節河北道，賑陝東。大業末年，欲撰隋書，未成。唐武德初年卒。見太平廣記卷二三〇古鏡記、陳叔達答王績書。

〔二〕太和：祥和。莊子天運：「夫至樂者，先應之以人事，順之以天理，行之以五德，應之以自然，然後調理四時，太和萬物。」太平經乙部名爲神訣書：「太陰、太陽、中和三氣共爲理……三氣以悦喜，共爲太和。」

子曰：「昏〔一〕娶而論財，夷虜〔二〕之道也，君子不入其鄉。古者男女之族各擇德焉，不以財爲禮〔三〕。」引古正今。子之族昏嫁必具六禮，納采、問名、納吉、納徵、請期、親迎。曰：「斯道也，今亡矣。三綱之首〔四〕不可廢，吾從古。」夫爲婦之綱。

〔一〕「昏」，四部叢刊本作「婚」。下句「子之族昏」之「昏」，四部叢刊本亦作「婚」。

〔二〕夷：東南少數民族，如「島夷」。虜：西北少數民族，如「索虜」。

〔三〕于邑花燭閑談：「昏嫁所以爲親戚也，而當其事者幾成敵國，財之於人甚矣哉！女家必以男家爲吝惜，男家必以女家爲多索，其實易地則皆然。文中子曰：『昏娶而論財，君子不入其鄉。』然則今之君子，直無鄉可入矣。」姜泣羣朝野新譚：「文中子曰：『古者男女之族，各擇德焉，不以財爲禮。』其曰不以財而擇德者，即今之以品行學問相吸引，以道德文章相切磋也。可見文明結婚，乃婚姻之正軌也無疑。」（上海光華社，一九一四年，第一〇三至一〇四頁）越南漢文小説雨中隨筆亦云：「我國自王公卿相，至於士庶之家，惟行問名、納聘、親迎三禮，大概以銀幣爲主，儀服次之，而擇配論德之意，罕有存者。文中子曰：『婚娶而論財，夷虜之道也，君子不入其鄉。』吁，可慨矣！」（陳慶浩、鄭阿財、陳義主編：越南漢文小説叢刊第二輯第五册，臺灣學生書局，一九九二年，第三八頁）

〔四〕三綱之首：夫婦之道。易序卦：「有天地然後有萬物，有萬物然後有男女，有男女然後有夫婦，有夫婦然後有父子，有父子然後有君臣，有君臣然後有上下，有上下然後禮義有所錯。」禮記昏義：「男女有别，而後夫婦有義；夫婦有義，而後父子有親；父子有親，而後君臣有正。故曰昏禮者，禮之本也。」

子曰：「惡衣薄食，少思寡欲，今人以爲詐，我則好詐焉〔一〕。不爲誇衒，若愚似鄙，今人以爲恥，我則不恥也。」

〔一〕張湛矜嚴好禮，動止有則。或謂湛僞詐，湛聞而笑曰：「我誠詐也。人皆詐惡，我獨詐善，不亦可乎？」見後漢書張湛傳。王通自云「好詐」，立意相同。

子曰：「古之仕也，以行其道〔一〕；道行於人。今之仕也，以逞其欲。厚己所欲。難矣乎！」難致太平。

〔一〕論語微子：「君子之仕也，行其義也。」

子曰：「吏〔一〕而登仕，勞而進官，非古也，其秦之餘酷乎？周禮：胥吏〔二〕執事而已，非委之以政教也。春秋：有功賞邑而已，非假之以名器也。秦政酷，故用吏，才而官，不授德。古者士登乎仕，士謂俊造也，後王命爲仕。吏執乎役，力役。禄以報勞，官以授德。」禄及勞者，一身而已；官則爲天下設也。

〔一〕韓非子外儲說左下：「吏者，平法者也。」

〔二〕「吏」原作「史」，據四部叢刊本改。

子曰：「美哉，公旦之爲周也！外不屑天下之謗而私其跡〔一〕，曰：「必使我子孫相承，而宗祀不絶也。」不屑，不介意也。跡，謂攝位也。曰者，假周公爲言也。內實達天下之道而公其心，曰：「必使我君臣相安，而禍亂不作。」達道，制禮作樂也。公，謂終復子明辟也。深乎！深乎！安家者，所以寧天下也；存我者，所以厚蒼生也〔二〕。奉文武業，必存我身，所以寧國厚民。故遷都之義曰：洛邑之地，四達而平，使有德易以興，無德易以衰〔三〕。」曰者，周公云也。卜洛相宅，義不恃險〔四〕而在修德。

〔一〕私其跡：周公嘗爲武王祈禱，願以身代，納册於金縢之匱，對人秘而不宣。

〔二〕李光地榕村語録卷二十：「文中子説『公旦爲周』一段甚精。周公之風雨綢繆，似欲使子孫相繼，天下永遠屬之我家，跡近於私。不知世無賢聖，既不可行堯、舜之事，若子孫之世及者，又不爲啓沃輔翼，使稱其位，則害及於人矣。故曰：『安家者，所以寧天下也；存我者，所以厚蒼生也。』」

〔三〕史記婁敬叔孫通列傳記婁敬謂漢高祖：「成王即位，周公之屬傅相焉，乃營成周洛邑，以此爲天下之中也，諸侯四方納貢職，道里均矣，有德則易以王，無德則易以亡。凡居此者，欲令周務以德致人，不欲依阻險，令後世驕奢以虐民也。」

〔四〕「險」原作「儉」，據四部叢刊本改。

無功作五斗先生傳〔一〕，王績字無功，子之弟也，不遇時則縱酒，一飲五斗，自作五斗先生傳以見志。子曰：「汝忘天下乎？言未能忘天下。縱心敗矩〔二〕，吾不與也。」責其敗人倫之法。

〔一〕王績五斗先生傳：「有五斗先生者，以酒德遊於人間。有以酒請者，無貴賤皆往，往必醉，醉則不擇地斯寢矣，醒則復起飲也。常一飲五斗，因以爲號焉。先生絕思慮，寡言語，不知天下之有仁義厚薄也。忽焉而去，倏然而來，其動也天，其静也地，故萬物不能縈心焉。嘗言曰：『天下大抵可見矣。生何足養，而嵇康著論；途何爲窮，而阮籍慟哭。故昏昏默默，聖人之所居也。』遂行其志，不知所如。」（全唐文卷一三二）又其醉鄉記云：「醉之鄉，去中國不知其幾千里也。其土曠然無涯，無邱陵阪險。其氣和平一揆，無晦明寒暑。其俗大同，無邑居聚落。其人甚精，無愛憎喜怒。吸風飲露，不食五穀，其寢于于，其行徐徐。與鳥獸魚鱉雜處，不知有舟車器械之用。昔者黄帝氏嘗獲遊其都，歸而杳然喪其天下，以爲結繩之政已薄矣。降及堯、舜，作爲千鍾百壺之獻，因姑射神人以假道，蓋至其邊鄙，終身太平。禹、湯立法，禮繁樂雜，數十代與醉鄉隔。其臣羲和，棄甲子而逃，冀臻其鄉，失路而道夭，故天下遂不寧。至乎末孫桀、紂，怒而昇其糟邱，階級千仞，南向而望，卒不見醉鄉。武王得志於世，乃命公旦立酒人氏之職，典司五齊，拓土七千里，僅與醉鄉達焉，故四十年刑措不用。下逮幽、厲，迄乎秦、漢，中國喪亂，遂與醉鄉絕，而臣下之愛道者，亦往往竊至焉。阮嗣宗、陶淵明等十數人，並遊於醉鄉，没身不返，死葬其壤，中國以爲酒仙云。嗟乎，醉鄉氏之俗，豈古華胥氏之國乎？其何以淳寂也如是？今予將遊焉，故爲之記。」（全唐文卷一三二）

〔二〕矩：畫方之具，代指道德法則。論語爲政：「七十而從心所欲，不逾矩。」禮記大學：「所謂平天下在治其國者，上老老而民興孝，上長長而民興弟，上恤孤而民不倍，是以君子有絜矩之道也。」

中說卷第四

周公篇

子謂周公之道：「曲而當，私而恕〔一〕，攝政誅管蔡，曲而當也；代武王答伯禽，私而恕也。其窮理盡性以至於命〔二〕乎？」曲而當，於理窮矣；私而恕，於性盡矣。理則性，性則天，天則命，此所以爲聖也。

〔一〕曲而當，私而恕：指周公輔成王、封同姓、誅管蔡、營洛邑之事。曲：周遍，詳盡。易繫辭上：「曲成萬物而不遺。」

〔二〕語見易說卦，謂周公究極人情事理而達於天命。

子曰：「聖人之道，其昌也潛，其弊也寖，潛、寖，皆漸也。亹亹〔一〕焉若寒暑進退，物莫不從之而不知其由也。」亹亹，循環不絶貌。顯諸仁則民從之，藏諸用則民不知。

〔一〕亹亹：勤勉不倦。詩大雅文王：「亹亹文王，令聞不已。」

温彦博問：「嵇康、阮籍何人也？」嵇康，字叔夜，山濤舉之自代，康絶交，其介局如此。阮籍，字嗣宗，居喪用琴酒，且曰：「禮豈爲〔一〕我輩設！」其放曠如此。子曰：「古之名理者而不能窮也。」談名理不窮其變，或失於介，或失於放。曰：「何謂也？」子曰：「道不足而器有餘。」道不通則介，故不足；器不執則放，故曰有餘。曰：「敢問道器。」子曰：「通變〔二〕之謂道，可以變則變。執方之謂器。」可以方則方。曰：「劉靈〔三〕何人也？」劉靈，字伯倫，性〔四〕淡默，不交遊，以酒自樂，常携壺，使人荷鍤隨行，曰：「死即埋之。」子曰：「古之閉關〔五〕人也。」閉關，喻藏身也，此世人所不能窺其閫閾。曰：「可乎？」曰：「兼忘天下〔六〕，不亦可乎？」一身可忘也，天下不可兼忘。曰：「道足乎？」子曰：「足則吾不知也。」靈亦放而已，非中道。

〔一〕「爲」，原作「謂」，疑訛。世説新語任誕：「阮籍嫂嘗還家，籍見與别。或譏之，籍曰：『禮豈爲我輩設也？』」據此，似以「爲」字爲是。

〔二〕通變：通乎變化。易繫辭上：「闔户謂之坤，闢户謂之乾。一闔一闢謂之變，往來不窮謂之通」；「化而裁之謂之變，推而行之謂之通」。

〔三〕「劉靈」，六子本作「劉伶」。

〔四〕「性」，原作「姓」，據四部叢刊本改。

〔五〕閉關：原指關閉城門，易復卦象傳：「先王以至日閉關。」此處喻退守内心，與世隔絶。

〔六〕莊子天運：「使親忘我易，兼忘天下難；兼忘天下易，使天下兼忘我難。」

陳守謂薛生曰：「吾行令於郡縣而盜不止，夫子居於鄉里而争者息，何也？」陳守，叔達也。薛生，收也。夫子，謂文中子。薛生曰：「此以言化，行令示法。彼以心化〔一〕。」行道感人。陳守曰：「吾過矣。」退而静居，思行其道。三月盜賊出境。子聞之曰：「收善言，叔達善聽〔二〕。」二子同志。

〔一〕論語顏淵：「克己復禮爲仁。一日克己復禮，天下歸仁焉。爲仁由己，而由人乎哉？」子路：「其身正，不令而行；其身不正，雖令不從。」

〔二〕「聽」，四部叢刊本作「德」。

房玄齡問：「田疇何人也？」子曰：「古之義人也〔一〕。」田疇，字子泰。幽州牧劉虞使疇奉使於天子，及迴，虞爲公孫瓚所害，疇哭虞墓而去，魏祖欲封疇，疇不受。此節義人也。

〔一〕三國志魏書田疇傳：建安十二年，曹操北征烏丸，遣使辟疇。疇隨使者到軍，引見諮議。軍還入塞，論功封疇亭侯，邑五百户。疇固讓，操許而不奪。疇盡將其屬三百餘家居鄴，曹操賜車馬穀帛，疇皆散之宗族知舊。後從征荆州還，曹操復以前爵封疇。疇以死自誓，終不受。操知不可屈，乃拜爲議郎。陶淵明擬古詩云：「聞有田子泰，節義爲士雄。」

子謂武德之舞「勞而決，其發謀動慮經天下乎」？漢高祖廟奏武德舞，狀干戈勤勞決取以經營天下也。謂昭德之舞「閑而泰，其和神定氣綏天下乎」？漢文帝廟奏昭德舞，狀修文物以綏安天下也。太原府君曰：「何如？」子曰：「或決而成之，或泰而守之，吾不知其變也。凡帝道，有成之者，有守之者，樂舞象焉，其變在文武相須。噫！武德則功存焉，不如昭德之善也。功立一時而已，德必常守於萬世。且武〔一〕之未盡善久矣。其時乎！其時乎！」湯、武革命，一時之功；周行典禮，萬世之道。

〔一〕武：周武王時樂舞。左傳宣公十二年記楚莊王語：「武王克商，作頌曰：『載戢干戈，載櫜弓矢。我求懿德，肆於時夏，允王保之。』又作武，其卒章曰：『耆定爾功。』其三曰：『鋪時繹思，我徂惟求定。』其六曰：『綏萬邦，屢豐年。』夫武，禁暴、戢兵、保大、定功、安民、和衆、豐財者也，故使子孫無忘其章。」論語八佾：「子謂韶：『盡美矣，又盡善也。』謂武：『盡美矣，未盡善也。』」

子謂：「史談善述九流〔一〕，司馬談爲太史，故曰「史談」。九流：一儒家，二道家，三陰陽家，四法家，五名家，六墨家，七縱横家，八雜家，九農家。知其不可廢而知其各有弊也，安得長者之言哉〔二〕？」逸謂：九流異道，猶五方殊俗，在致治者因而利之、器而使之，故不廢而同歸於儒矣。長者，言殊道無不容、無不通也。不廢則容之，有弊則排之。非真儒變通〔三〕不能極此。

〔一〕司馬談撰文論六家要指，述九流者乃班固。漢書藝文志：「序六藝爲九種。」

〔二〕漢書循吏列傳：王生告龔遂：「天子即問君何以治渤海，君不可有所陳對，宜曰：『皆聖主之德，非小臣之力也。』」遂受其言。既至前，宣帝果問以治狀，遂對如王生言。天子悅其有讓，笑曰：「君安得長者之言而稱之？」

〔三〕「變通」，四部叢刊本作「通變」。

子曰：「通其變〔一〕，天下無弊法；何常之有？法弊則革。執其方，天下無善教。偏執一隅，有時作泥。故曰：『存乎其人〔二〕。』」人，謂真儒。

〔一〕易繫辭下：「爲道也屢遷，變動不居，周流六虛，上下無常，剛柔相易，不可爲典要，唯變所適。」

〔二〕易繫辭上：「化而裁之存乎變，推而行之存乎通，神而明之存乎其人。」

子曰：「安得圓機〔一〕之士，與之共言九流哉？圓無執，張機發必中。安得皇極之主，與之共叙九疇〔二〕哉？」九疇：一五行，二五事，三八政，四五紀，五皇極，六三德，七稽疑，八庶徵，九五福。皇極居九數之中，當主位也。

〔一〕莊子齊物論：「樞始得其環中，以應無窮。」盜跖：「若枉若直，相而天極；面觀四方，與時消息。若是若非，執而圓機；獨成而意，與道徘徊。」

〔三〕尚書洪範：「初一曰五行，次二曰敬用五事，次三曰農用八政，次四曰協用五紀，次五曰建用皇極，次六曰乂用三德，次七曰明用稽疑，次八曰念用庶徵，次九曰嚮用五福、威用六極。」

杜淹問：「崔浩〔一〕何人也？」子曰：「迫人也。執小道，亂大經〔二〕。」崔浩，字伯淵，好星曆及真君長生之術，蓋迫小不知通儒之道。

〔一〕崔浩：字伯淵，清河人。魏太宗初，拜博士祭酒。太武帝即位，左右排毁，浩以公歸第。始光中，拜太常卿，後爲司徒。軍國大計，皆先諮浩，然後施行。始光二年，詔集諸文人撰録國書，浩及弟覽等共參著作，叙成國書三十卷。浩盡述國事，備而不典，郄標等立石銘刊，往來行者咸以爲言。事聞發，太平真君十一年六月誅浩，盡夷其族。見魏書崔浩列傳。

〔二〕王夫之讀通鑑論第七卷東晉安帝：「浩之見知於拓拔嗣也，以洪範，以天文。其洪範非洪範也，非以相協厥居者也；其天文非天文也，非以敬授民時者也。及其後與寇謙之比，崇淫祀以徼福於妖妄而已矣。故浩之時，非開治之時也，而浩不知；吉凶者，民之聰明所察，民之明威所利用者也，而浩不知；嗣非高帝，己非子房，自以其占星媢鬼之小慧，逢迎僞主，因而予智焉，此所謂驅之阱而莫避也，不智孰甚焉？」

程元曰：「敢問豳風〔一〕何也？」子曰：「變風〔二〕也。」豳，今爲邠，周始興之地也。變風，自鄶至王黍離。元曰：「周公之際亦有變風乎？」子曰：「君臣相誚，其能正乎？成王聽流言之誚，非正風也。成王終疑，則風遂變矣。儻金縢〔三〕未開，則終疑周公。非周公至誠，孰能卒正之哉〔四〕？」發乎情，是至誠也；止乎禮義，是卒正之也。元曰：「豳居變風之末，何也？」删詩何以豳在列國之後？子曰：「夷王〔五〕已下，變風不復正矣。夷王下堂而是諸侯，周始衰微，國風遂變，不復雅正矣。夫子蓋傷之者也，傷周。故終之以豳風；言變之可正也，唯周公能之，故繫之以正〔六〕，周已變而以豳正之者，周公也。歌豳曰周之本〔七〕也。七月陳王業，后稷、公劉之本。嗚呼，非周公孰知其艱哉〔八〕？王業艱難。變而克正，危而克扶〔九〕，始終不失於本，其惟周公乎？繫之豳，遠矣哉！」周公之詩不繫周而繫豳者，正其本，存乎遠也。

〔一〕豳風：詩國風之十五，收録七月、鴟鴞、東山、破斧、伐柯、九罭、狼跋等七詩。陸德明經典釋文曰：「豳者，戎狄之地名也。夏道衰，后稷之曾孫公劉自邰而出居焉。」朱熹詩集傳：「武王崩，成王立，年幼不能涖阼，周公旦以冢宰攝政，乃述后稷、公劉之化，作詩一篇以戒成王，謂之豳風。而後人又取周公所作，及凡爲周公而作之詩以附焉。」

〔二〕變風：舊以邶風至豳風十三國風爲變風。

〔三〕「縢」原作「滕」，據四部叢刊本改。

〔四〕經典釋文：「周公遭流言之難，居東都，思公劉、大王爲豳公，憂勞民事，以比叙己志而作七月、鴟鴞之詩，成王悟而迎之，以致太平，故大師述其詩爲豳國之風焉。」

〔五〕夷王：周夷王，名燮，孝王之子，厲王之父。禮記郊特牲：「覲禮，天子不下堂而見諸侯。下堂而見諸侯，天子之失禮也，由夷王以下。」毛詩正義：「夷王時詩，邶風是也。」

〔六〕繫之以正：繼之以雅。

〔七〕「本」原作「末」，據四部叢刊本改。

〔八〕毛詩小序：「七月，陳王業也。周公遭變，故陳后稷先公風化之所由，致王業之艱難也。」

〔九〕論語季氏：「危而不持，顛而不扶，則將焉用彼相矣？」

子曰：「齊桓尊王室而諸侯服〔一〕，惟管仲知之；管仲，字夷吾。齊桓公伯諸侯，仲之力也，故曰「知之」。苻秦〔二〕舉大號而中原靜，惟王猛知之。」前秦苻堅得天下三分之二，故曰「中原靜」也，亦其相王猛之力。或曰苻秦逆，東晉在而堅僭號，是逆。子曰：「晉制命者之罪也，晉不能命方伯，使征不庭。苻秦何逆？上順下違曰逆，上亂下抗非逆也。義在下文。昔周制至公之命，若策命曰：「五侯、九伯，汝實征之。」是至公也。故齊桓、管仲不得而背也；上順故。晉制至私之命，命，惠帝已後，賄賂大行天下，謂之「互市」。故苻秦、王猛不得而事也。晉東遷，中國無主，秦乃抗號。其應天順命、安國濟民乎？是以武王不敢逆天命，背人而事紂；齊桓不敢逆天命，背人而黜周。故曰晉之罪也，苻秦何逆。三十餘年〔三〕，中國士民，東西南北，自遠而至，猛之力也〔四〕。」

〔一〕國語齊語：「即位數年，東南多有淫亂者，萊、莒、徐夷、吴、越，一戰帥服三十一國。遂南征伐楚，濟汝，踰方城，望汶山，使貢絲於周而反，荆州諸侯莫敢不來服。遂北伐山戎，刜令支、斬孤竹而南歸，海濱諸侯莫敢不來服。與諸侯飾牲爲載，以約誓於上下庶神，與諸侯戮力同心。西征，攘白狄之地，至於西河，方舟設泭，乘桴濟河，至於石枕，懸車束馬，逾大行與辟耳之谿拘夏，西服流沙、西吴。南城周，反胙於絳。嶽濱諸侯莫不來服，而大朝諸侯於陽穀。兵車之屬六，乘車之會三，諸侯甲不解纍，兵不解翳，弢無弓，服無矢。隱武事，行文道，帥諸侯而朝天子。」

〔二〕苻秦：前秦苻堅，字永固，一名文玉，苻雄之子。苻健入關，拜堅爲龍驤將軍。苻生嗣位，衆心未服，堅遂弑生，稱大秦天王，改元永興。任用王猛，風化大行。又攻滅前燕、前涼、代國。建元十九年伐晉，敗於淝水。慕容氏擁兵自立，破長安。堅入五將山，爲姚萇所執，縊殺於新平佛寺。見晉書苻堅載記。

〔三〕三十餘年：前秦自苻洪立國，至建元十九年苻堅兵敗被殺，凡三十三年。

〔四〕子路問孔子：「桓公殺公子糾，召忽死之，管仲不死，未仁乎？」子曰：「桓公九合諸侯，不以兵車，管仲之力也。如其仁！如其仁！」子貢問：「管仲非仁者與？桓公殺公子糾，不能死，又相之。」子曰：「管仲相桓公，霸諸侯，一匡天下，民到於今受其賜。微管仲，吾其被髮左衽矣。」見論語憲問。王通之稱王猛，猶孔子之稱管仲也。

子曰：「苻秦之有臣，其王猛之所爲乎？見王猛功業，知秦有臣。元魏〔一〕之有主，其孝文之所爲乎？觀孝文治具，知魏有主。中國之道不墜，孝文之力也〔二〕。」都洛邑，興文物。

〔一〕元魏：魏孝文帝改革，拓跋氏改姓元，故稱。

〔二〕胡翰慎習論：「魏、晉之衰，天下之亂極矣。元魏起代北，其先土託后跋之裔也，其人民被旃控弦之屬也，與漢不侔矣，宜未易以禮法理也；而孝文遷都洛邑，挈其人民而居之，均田別里，崇祀建學，國人莫不有忤心焉，獨排衆議，而諮之王肅、李安世之流，釋胡服而爲冠帶，絕北俗以事詩、書。王通氏曰：『中國之道不墜，孝文之力也。』豈不信乎！」

太原府君曰：「温子昇〔一〕何人也？」子曰：「險人也，智小謀大〔二〕。永安之事〔三〕，同州府君常切齒焉，則有由也。」温子昇，字鵬舉，掌魏國文翰，性似靜而實深險，其後與元瑾謀逆坐誅。永安，莊帝年號也，時魏國大亂。切齒未詳。

〔一〕溫子昇：字鵬舉，自云太原人，世居江左。北魏熙平初，東平王匡博召辭人，子昇等二十四人爲高第，遂補御史，台中文筆皆子昇爲之。正光末，廣陽王淵召爲郎中，軍國文翰皆出其手。孝莊帝殺尒朱榮，子昇預謀焉。尒朱兆入洛，子昇懼禍逃匿。永熙中，齊文襄王高澄引爲大將軍府諮議參軍。及元瑾、荀濟等作亂，高澄疑子昇知其謀，乃餓諸晉陽獄，食敝襦而死，棄屍路隅。見魏書文苑列傳。

〔二〕易繫辭上：「德薄而位尊，知小而謀大，力少而任重，鮮不及矣。」

〔三〕永安三年，孝莊帝誅殺權臣尒朱榮，尒朱氏遂作亂。十二月，尒朱兆、尒朱度律襲京城，帝出雲龍門。兆逼帝幸永寧佛寺，後遷帝於晉陽，害帝於城内三級寺。見魏書孝莊紀。

子讀三祖上〔一〕事，讀魏書也。曰：「勤哉而不補也！見同州府君勤王事跡也。無謂魏、周無人，吾家適不用爾。」魏帝寶炬入關依宇文泰，泰子覺建號稱周。

〔一〕王通祖同州府君王彥及曾祖晉陽穆公王虬。

子之家廟，座必東南向，自穆公始也，曰「未忘先人之國〔一〕」。穆公虬自宋奔魏，自是廟座向東南。

〔一〕先人之國：謂東晉與南朝宋。王通祖上隨晉室南遷，居江東三世，至穆公奔魏北歸，始家河汾，故云。問易篇：「未忘中國，穆公之志也。」

遼東之役，子聞之曰：「禍自此始矣。煬帝大業八年征遼，二百萬衆並陷；九年又征之，山東始亂；十年又征，天下遂喪。天子不見伯益讚禹之詞，益讚于禹曰：「惟德動天，無遠弗届。」禹乃班師振旅，七旬苗格。公卿不用魏相〔一〕諷宣帝〔二〕之事。」漢宣帝使趙充國擊匈奴，魏相諫曰：「臣聞恃大威者爲驕兵，兵驕者滅，非但人事，乃天道也。」

〔一〕魏相：字弱翁，濟陰定陶人。漢宣帝時爲丞相。元康中，匈奴遣兵擊漢屯田車師者，不能下，帝與後將軍趙充國等議，欲擊匈奴，相上書諫止。相以爲古今異制，方今務在奉行故事而已。數條漢興已來國家便宜行事，及賢臣賈誼、鼂錯、董仲舒等所言，奏請施行之。神爵三年薨。見漢書魏相丙吉傳。

〔二〕漢書魏相丙吉傳：魏相上漢宣表曰：「臣聞之：救亂誅暴，謂之義兵，兵義者王；敵加於己，不得已而起者，謂之應兵，兵應者勝；争恨小故，不忍憤怒者，謂之忿兵，兵忿者敗；利人土地貨寶者，謂之貪兵，兵貪者破；恃國家之大，矜民人之衆，欲見威於敵者，謂之驕兵，兵驕者滅。此五者，非但人事，乃天道也。間者匈奴嘗有善意，所得漢民輒奉歸之，未有犯於邊境，雖争屯田車師，不足致意中。今聞諸將軍欲興兵入其地，臣愚不知此兵何名者也。今邊郡困乏，父子共犬羊之裘，食草萊之實，常恐不能自存，難以動兵。『軍旅之後，必有凶年』，言民以其愁苦之氣，傷陰陽之和也。出兵雖勝，猶有後憂，恐災害之變因此以生。今郡國守、相多不實選，風俗尤薄，水旱不時。案今年計，子弟殺父兄、妻殺夫者，凡二百二十二人，臣愚以爲此非小變也。今左右不憂此，乃欲發兵報纖介之忿於遠夷，殆孔子所謂『吾恐季孫之憂不在顓臾，而在蕭牆之内』也。願陛下與平昌侯、樂昌侯、平恩侯及有識者詳議乃可。」

王孝逸謂子曰：「天下皆争利棄義，吾獨若之何？」利己曰利，利物曰義。子曰：「捨其所争，取其所棄〔二〕，不亦君子乎？」

〔二〕孟子告子上：「生亦我所欲也，義亦我所欲也；二者不可得兼，捨生而取義者也。非獨賢者有是心也，人皆有之，賢者能勿喪耳。」

子謂賈瓊、王孝逸、凌敬曰：「諸生何樂？」賈瓊曰：「樂閑居。」退静。子曰：「静以思道，可矣。」王孝逸曰：「樂聞過。」思益。子曰：「過而屢聞，益矣。」凌敬曰：「樂逢善人。」好賢。子曰：「多賢，不亦樂乎〔一〕？」

〔一〕論語學而：「有朋自遠方來，不亦樂乎？」季氏：「樂多賢友，益矣。」

薛收遊於館陶，魏有館陶縣。適與魏徵歸。告子曰：「徵，顔、冉之器也。」徵宿子之家，言六經〔一〕，踰月不出。及去，謂薛收曰：「明王不出而夫子生，是三才九疇屬布衣也。」道兼天地，理通皇極。

〔一〕六經：謂續六經。

劉炫〔一〕見子，談六經，唱其端，終日不竭。炫，字伯光，開皇中表乞興學校，然好自矜伐，爲執政所抑。著五經正名十二卷，行於世。子曰：「何其多也！」炫曰：「先儒異同，不可不述也。」注傳異同。子曰：「一以貫之可矣，爾以尼父爲多學而識之耶〔二〕？」天下何思何慮，殊途而同歸，百慮而一致，此尼父之學也。炫退，子謂門人曰：「榮華其言，小成其道〔三〕，難矣哉！」難入尼父之門矣。

〔一〕劉炫：字光伯，河間景城人，隋代名儒，與劉焯並稱「二劉」。隋初嘗奉敕參修國史及天文律曆。時牛弘奏請購求遺逸之書，炫僞造古書百餘卷，題爲連山易、魯史記等，送官取賞，事發除名。太子勇敕令事蜀王秀，炫遷延不往，枷送益州。及蜀王廢，與諸儒修定五禮。煬帝即位，牛弘引炫修律令。除太學博士，歲餘去任，奉敕追詣行在所。或言其無行，乃罷歸河間。時羣盜蜂起，凍餒而死。見隋書儒林傳。

〔二〕論語衛靈公：「子曰：『賜也，女以予爲多學而識之者與？』對曰：『然，非與？』曰：『非也，予一以貫之。』」

〔三〕莊子齊物論：「道隱於小成，言隱於榮華。」

凌敬問禮樂之本，子曰：「無邪〔一〕。」禮樂本乎情，情無邪則貌恭而氣和。恭，禮也；和，樂也。凌敬退，子曰：「賢哉，儒也！以禮樂爲問。」賢其學王道。

〔一〕無邪：純正。論語爲政：「詩三百，一言以蔽之，曰：『思無邪。』」

子曰：「大風〔一〕安不忘危，其霸心之存乎？」漢高祖歌云：「安得猛士兮守四方？」此不忘武備而心在雜霸也。秋風〔二〕樂極哀來，其悔志之萌乎？」漢武歌云：「歡樂極兮哀情多。」此悔悟前過，志形哀痛之詔也。

〔一〕史記高祖本紀：漢高祖擊黥布，還歸過沛，召故人父老子弟縱酒，酒酣擊筑作歌曰：「大風起兮雲飛揚，威加海内兮歸故鄉，安得猛士兮守四方？」

〔二〕其辭曰：「秋風起兮白雲飛，草木黄落兮雁南歸。蘭有秀兮菊有芳，懷佳人兮不能忘。泛樓船兮濟汾河，横中流兮揚素波。簫鼓鳴兮發棹歌，歡樂極兮哀情多，少壯幾時兮奈老何。」

子曰：「詩、書盛而秦〔一〕世滅，非仲尼之罪也；秦不用詩、書故。虛玄長而晉室亂〔二〕，非老、莊之罪也；老、莊存太古之教，非適時之典，晉賢蕩焉，故亂。齋戒修而梁國亡〔三〕，非釋迦之罪也〔四〕。釋氏本空寂之法，非化俗之原，梁主惑焉，故亡。易不云乎：『苟非其人，道不虛行。』」聖人非不知太古之樸、空寂之性，然而應物致理必有制焉；晉賢蕩，梁主惑，非立人之制也，故虛行者爾。

〔一〕「秦」當爲「周」之誤，説見尹協理、魏明：王通論（中國社會科學出版社，一九八四年，第三三頁）。

〔二〕晉書應詹傳：應詹上書晉元帝曰：「元康以來，賤經尚道，以玄虛宏放爲夷達，以儒術清儉爲鄙俗。永嘉之弊，未必不由此也。」晉書儒林傳：「有晉始自中朝，迄於江左，莫不崇飾華競，祖述虛玄，擯闕里之典經，習正始之餘論，指禮法爲流俗，目縱誕以清高，遂使憲章弛廢，名教頹毀，五胡乘間而競逐，二京繼踵以淪胥，運極道消，可爲長歎息者矣。」

〔三〕史稱梁武帝「篤信正法，尤長釋典，制涅盤、大品、浄名、三慧諸經義記，復數百卷。聽覽餘閑，即於重雲殿及同泰寺講説，名僧碩學，四部聽衆，常萬餘人」，大造佛寺，並多次捨身。見梁書武帝本紀下。

〔四〕錢鍾書管錐編全梁文卷一：「中説周公篇曰：『虛玄長而晉室亂，非老、莊之罪也；齋戒修而梁國亡，非釋迦之罪也。』語出於希聖繼孔之文中子，緇流如聞肆赦之恩音，志磐佛祖統紀卷三九法運通塞志隋仁壽三年下亟載焉；他如契嵩鐔津文集卷二廣原教稱文中子『見聖人之心』，卷一二文中子碑、卷一三書文中子傳後，或元常佛祖統載卷一〇特記文中子行事，亦所以報其爲佛開脱之大惠耳。馬令南唐書浮屠傳謂『淺見』者『昧』於『浮圖之道』，如『梁武、齊襄之徒，所以得罪於天下後世也。……齋戒修而梁國亡，非釋迦之罪也；然則浮圖之法，豈固爲後世患哉』，正摭取中說語。」（中華書局，一九七九年，第一三七一至一三七二頁）按：佛法金湯編卷五亦引之。

或問佛，子曰：「聖人也。」聖人之寂滅者。曰：「其教何如？」曰：「西方之教也，西方化外可行，非中國禮義之俗可習。中國則泥〔一〕。泥，猶溺也。軒車不可以適越，冠冕不可以之胡，古之道也〔二〕。」越舟而不車，胡髮而不冠。古者夷不亂華。

〔一〕泥：阻滯不通。「中國則泥」，佛祖統紀卷第三十九法運通塞志第十七之六仁壽三年作「守國則泥」。雖一字之改，而意味懸殊，其間心理甚可玩味。

〔二〕焦竑澹園集卷四十七崇正堂答問：「佛言心性，與孔、孟何異？其不同者教也。文中子有言：『佛，聖人也，其教西方之教也，中國則泥。軒車不可以適越，冠冕不可以之胡，古之道也。』古今論佛者，惟此爲至當。」謝無量中國哲學史第二編下第六章：「文中子之論釋老，其言皆甚持平，且歸重人道致用之本，則釋老之不必修，其意自明。故亦不復論心性、空有深處，以非釋老也。」（上海中華書局，一九一六年，第四六頁）

或問宇文儉〔一〕，子曰：「君子儒也。疏通知遠，其書之所深乎〔二〕！」儉，事跡未見。銅川府君重之，豈徒然哉！」父之友。

〔一〕宇文儉：宇文泰第十三子，字侯幼突。北周明帝武成初，封譙國公。武帝天和中，拜大將軍。尋遷柱國，出爲益州總管。建德三年，進爵爲王。五年，東伐，以本官爲左一軍總管。六年拜大冢宰。是歲，稽胡反，詔儉爲行軍總管，與齊王憲討之。有胡帥自號天柱者，據守河東。儉攻破之，斬首三千級。宣政元年二月薨。見周書文閔明武宣諸子傳。其深於書之事不詳。

〔二〕禮記經解：「疏通知遠而不誣，則深於書者也。」

子遊太樂〔一〕，樂署。聞龍舟五更之曲，煬帝將遊江都宮，作此曲。瞿然〔二〕而歸，曰：「靡靡樂也，紂作靡靡之樂，亡國之音也。作之邦國焉，不可以遊矣。」

〔一〕太樂：即太樂署，屬太常寺。見隋書百官志下。

〔二〕瞿然：驚視貌。

子謂姚義：「盍官乎？」官，仕。義曰：「捨道干禄，義則未暇。」言隋仕人皆〔一〕捨道。子曰：「誠哉！」信有此。

〔一〕「皆」原作「背」，據四部叢刊本改。

或問荀彧、荀攸，子曰：「皆賢者也。」曰：「生死何如？」彧死，攸生。子曰：「生以救時，死以明道，荀氏有二仁焉〔二〕。」彧，字文若，佐魏祖有大功。或謂魏祖宜加九錫，彧曰：「本起義兵，所以正朝安國也。君子愛人以德，不宜如此。」魏祖聞之不悦，彧飲藥而死。彧從子攸，字公達。魏國初建，參謀帷幄，舉事慎密，雖子弟不能知，魏祖常稱曰：「荀令君之仁，荀軍師之智。」又曰：「令君舉善，不進不休；軍師去惡，不去不止。」然彧初仕漢，漢亡則死；攸獨仕魏，魏存則生；明道救時，皆謂仁矣。

〔二〕論語微子：「微子去之，箕子爲之奴，比干諫而死。孔子曰：『殷有三仁焉。』」真德秀西山讀書記卷三十文中子學術：「文中子曰：『荀氏有二仁焉，其生也以救時，其死也以明道。』彧、攸父子雖有死生之殊，要皆輔曹以篡漢者也，其可謂之仁乎？其可與『三仁』例論乎？仲淹以明道自任，而其言若是，其不及董子也遠矣！」李慈銘越縵堂讀書記集部別集類升庵集：「荀彧沮曹操受九錫，唐裴樞持朱温除一太常卿。文中子以彧及其子攸，比殷之『三仁』；歐陽永叔以樞一卿尚惜，其肯以社稷與人乎。嗚呼，文中子、永叔可謂愚矣！荀、裴二人，既與曹操、全忠同爲逆謀，非一日矣，其靳九錫、惜一卿，欲微示異同，以掩時人之耳目。其心必曰：我已許其大，其細者不許，彼未必怒也。操與全忠之意，必疑曰：彧與樞之意中變矣，細者如此，況大者乎！遂逞其忿，殺之不恤也。而文中、永叔之論，毋乃爲所欺乎？」

子曰：「言而信，未若不言而信〔一〕；行而謹，未若不行而謹。」賈瓊曰：「如何？」子曰：「推之以誠，則不言而信；心至誠，雖未言，人已知其必信矣。鎮之以靜，則不行而謹。性復靜，雖未行，人知必謹。惟有道者能之。」有儒道者能如此。

〔一〕易繫辭上：「默而成之，不言而信，存乎德行。」

楊素謂子曰：「甚矣，古之爲衣冠裳履，何樸而非便也！」樸，虚裝貌。子曰：「先王法服〔一〕，不其深乎！有深旨。爲冠所以莊其首也，爲履所以重其足也。衣裳襜如〔二〕，衣下曰裳。襜如，盛貌。劍珮鏘如，帶劍示威，垂珮合節。鏘如，響聲。皆所以防其躁也。威重有節，則躁無自入焉。故曰『儼然人望而畏之』〔三〕。以此防民，猶有疾驅於道者〔四〕；今捨之曰『不便』，是投魚於淵、寘猿於木也，爲禮使人別禽獸。天下庸得不馳騁而狂乎？引之者非其道也。」責素不以禮引人。

〔一〕法服：正裝。孝經卿大夫：「非先王之法服不敢服，非先王之法言不敢道，非先王之德行不敢行。」

〔二〕襜如：齊整貌。論語鄉黨：「衣前後，襜如也。」

〔三〕論語堯曰：「君子正其衣冠，尊其瞻視，儼然人望而畏之，斯不亦威而不猛乎？」

〔四〕左傳哀公十五年：「以禮防民，猶或踰之。」

董常歌鄁柏舟，言仁不遇也。衛頃公之時，仁人不遇，小人在側。卒章云：「憂心悄悄，愠於羣小。」子聞之曰：「天實爲之，謂之何哉？」此北門篇也，刺仕不得志。煬帝任羣小，仁人憂之，言董常不遇者天也。

邳公〔一〕好古物，蘇威封邳國公。鐘鼎什物、珪璽錢貝〔二〕必具。子聞之，曰：「古之好古者聚道，聚淳樸之性。今之好古者聚財。」聚珍異之器。

〔一〕邳公：指蘇威。蘇威字無畏，京兆武功人，蘇綽之子。初仕周，隋文帝受禪，徵拜太子少保。追贈其父爲邳國公，以威襲焉。威與高熲參掌朝政，同心協贊，天下稱治。煬帝嗣位，尊重莫與爲比。宇文化及弑逆，以威爲光禄大夫、開府儀同三司。化及敗，歸於李密。未幾密敗，歸東都，越王侗以爲上柱國、邳公。王充僭號，署太師。秦王平王充，威請見，王遣人數之。尋歸長安，至朝堂請見，又不許。卒於家，時年八十二。見隋書蘇威傳。

〔二〕「貝」，四部叢刊本作「具」。

子謂仲長子光曰：「山林可居乎？」子光，注見上。曰：「會逢其適也，焉知其可？」會當其意有所適，則居之耳，不知其可不可也。子曰：「達人哉，隱居放言也！」任〔一〕意所適，達也；適在山林，隱也；不知其可，放也。子光退謂董、薛曰：「子之師其至人乎？死生一矣，不得與之變。」極乎道爲至人，死生不變其道者，一貫天下者也。

〔一〕「任」原作「住」，據四部叢刊本改。

薛收問隱，子曰：「至人天隱，藏其天真，高莫窺測。其次地隱，避地山林，潔身全節。其次名隱〔二〕。」名混朝市，心在世外。

〔二〕論語憲問：「賢者辟世，其次辟地，其次辟色，其次辟言。」錢鍾書管錐編全漢文卷二十：「若夫強飾蠅營，高言龍臥，靡好爵而充肥遯，如王康琚反招隱：『小隱隱陵藪，大隱隱朝市』，禦人口給，不患無詞。……王通中說有周公、禮樂兩篇更巧立『天隱』、『地隱』、『人隱』等名目，要亦無非心境兩泯，權實雙行，以便取熊而不舍魚，東食而復西宿。或本道家，或出釋氏，而文中子其人又自命儒宗，以河汾上繼洙泗者。蓋曲學阿世，正復所以利己；三教猶六經然，莫不『爲我注腳』，適堪資己藉口。」（中華書局，一九七九年，第九一三至九一四頁）按：文中辭仕躬耕，剛中自守，「曲學阿世」云云，未得其情。

子謂姚義能交。結交。或曰「簡」，簡靜。子曰：「所以爲能也。」淡，故簡。或曰「廣」，廣，泛交也。子曰：「廣而不濫，又所以爲能也。」泛愛中有擇。

子謂晁厝〔一〕：「率井田之序，有心乎復古矣。」晁厝説文帝曰：「五口之家，服作者不過二人，能耕者不过百畝。」古者一夫一婦受田百畝，此井田之制也。文帝不能行，故漢致治不及三代。文中子惜其有復古之心焉。

〔一〕晁厝：即晁錯，潁川人，早年學申商刑名，文帝時爲太子家令，數上書言削諸侯事，遷中大夫。景帝即位，遷爲御史大夫。晁錯奏請削諸侯之地，收其枝郡。吴楚七國以誅錯爲名反，上令晁錯衣朝衣斬東市。見史記袁盎晁錯列傳。

賈瓊問續書之義，子曰：「天子之義列乎範者有四：曰制，制，命也。秦改命爲制，漢因之。曰詔，詔，令也。秦改令爲詔，漢因之。曰志，志，謂帝王有志於治道而未形乎制詔者也。曰策。求直言而策慮之。大臣之義載於業者有七：曰命，爵命。曰訓，師訓。曰對，奏對。曰讚，襄讚。曰議，評議。曰誡，監誡。曰諫〔一〕。」箴諫。

〔一〕章學誠文史通義内篇一書教中：「書無定體，故附之者雜。後人妄擬書以定體，故守之也拘。」

古人無空言，安有記言之專書哉？漢儒誤信玉藻記文，而以尚書爲記言之專書焉。於是後人削趾以適屨，轉取事文之合者，削其事而輯録其文，以爲尚書之續焉，若孔氏漢、魏尚書、王氏續書之類皆是也。無其實，而但貌古人之形似，譬如畫餅餌之不可以充飢。況尚書本不止於記言，則孔衍、王通之所擬，並古人之形似而不得矣。」

文中子曰：「帝者之制，恢恢乎其無所不容。恢恢如天容物。其有大制，制天下而不割乎〔一〕？子曰：「大制不割。」割，分判也者。其上湛然〔二〕，其下恬然〔三〕。湛、恬，皆静。天下之危，與天下安之；天下之失，與天下正之。凡舉一事，必以天下同之。千變萬化，吾常守中焉〔四〕。吾常，假帝制自謂也。其卓然〔五〕不可動乎！其感而無不通乎〔六〕！此之謂帝制矣。」言二帝之典、三王之誥、兩漢之記皆同制矣。

〔一〕割：分剖，割裂。老子二十八章：「樸散則爲器，聖人用之，則爲官長，故大制不割。」

〔二〕湛：深沉。老子四章：「淵兮，似萬物之宗；湛兮，似若存。」

〔三〕恬：淡定。老子三十一章：「恬惔爲上。」

〔四〕守中：虚懷以待。老子五章：「天地之間，其猶橐籥乎？虚而不屈，動而愈出。多言數窮，不如守中。」

〔五〕淮南子原道訓：「所謂一者，無匹合於天下者也。卓然獨立，塊然獨處，上通九天，下貫九野。」

〔六〕易繫辭上：「易無思也，無爲也，寂然不動，感而遂通天下之故。」

文中子曰：「易之憂患業業〔一〕焉，孜孜〔二〕焉，其畏天〔三〕憫人，思及時而動〔四〕乎？」業業，畏天；孜孜，憫人。易者，天人以時而動也。繁師玄曰：「遠〔五〕矣，吾視易之道，何其難乎？」子笑曰：「有是夫？『終日乾乾』〔六〕可也。」乾乾勤學，不難。『視之不臧，我思不遠〔七〕。』」又舉詩勉之，使勤學易。此載馳篇云也，言汝不思善道則已，在我思之不爲遠。

〔一〕易繫辭下：「作易者，其有憂患乎？」尚書皋陶謨：「無教逸欲，有邦兢兢業業，一日二日萬幾。」

〔二〕尚書益稷：「予思日孜孜。」君陳：「惟日孜孜，無敢逸豫。」

〔三〕詩魯頌我將：「畏天之威，於時保之。」論語季氏：「君子有三畏：畏天命，畏大人，畏聖人之言。」

〔四〕易乾文言：「君子進德修業，欲及時也，故無咎。」繫辭下：「君子藏器於身，待時而動，何不利之有？」

〔五〕左傳昭公十八年：「天道遠，人道邇，非所及也，何以知之？」

〔六〕易乾九三：「君子終日乾乾，夕惕若厲，無咎。」

〔七〕詩鄘風載馳：「視爾不臧，我思不遠。」臧：善。

越公聘子，子謂其使者曰：「存而行之可也。」姑存此聘禮即可，非得聘賢之實也。歌干髦〔一〕而遣之。干髦，衛詩，美臣子多好善。既而曰：「玉帛云乎哉〔二〕？」果求賢，不在虛飾。

〔一〕干髦：詩鄘風篇名，作「干旄」。言衛大夫以旌車迎賢。

〔二〕論語陽貨：「禮云禮云，玉帛云乎哉？樂云樂云，鐘鼓云乎哉？」

子謂房玄齡曰：「好成者，敗之本也；願廣者，狹之道也。」欲速不達。玄齡問：「立功、立言〔一〕何如？」子曰：「必也量力〔二〕乎？」量力相時。

〔一〕左傳襄公二十四年：「大上有立德，其次有立功，其次有立言，雖久不廢，此之謂不朽。」

〔二〕左傳僖公二十年：「量力而動，其過鮮矣。」

子謂：「姚義可與友，久要不忘〔一〕；賈瓊可與行事，臨難不變；相友貴久，臨事貴斷。薛收可與事君，仁而不佞；董常可與出處〔二〕，介〔三〕如也。」事君貴正，出處貴絜〔四〕。

〔一〕久要：舊約。論語憲問：「見利思義，見危授命，久要不忘平生之言，亦可以爲成人矣。」

〔二〕易繫辭上：「君子之道，或出或處，或默或語。」

〔三〕介：通「砎」，堅剛。易豫卦六二：「介於石，不終日，貞吉。」

〔四〕「絜」原作「素」，據四部叢刊本改。

子曰：「賤物〔一〕貴我，君子不爲也。賈誼曰：「小智自私，賤彼貴我。」好奇尚怪，蕩〔二〕而不止，必有不肖之心應之〔三〕。」理使之然。

〔一〕物：他人。

〔二〕蕩：放蕩。論語陽貨：「好知不好學，其蔽也蕩。」法言五百：「莊、楊蕩而不法。」

〔三〕莊子人間世：「尅核大至，則必有不肖之心應之，而不知其然也。」

薛宏請見六經，薛宏，未見。經，續經也。子不出。門人惑，子笑曰：「有好古博雅君子，則所不隱〔一〕。」言宏非好古者。

〔一〕荀子大略：「非其人而教之，齎盜糧，借賊兵也。」

子有内弟之喪，内表弟。不飲酒食肉。郡人非之，非其過禮。子曰：「吾不忍〔一〕也。」賦載馳〔二〕卒章而去。鄘國詩，卒章云：「大夫君子，無我有〔三〕尤。百爾所思〔四〕，不如我所之。」此言我自不忍而然。

〔一〕孟子盡心下：「人皆有所不忍，達之於其所忍，仁也。」

〔二〕載馳：詩鄘風篇名，言許穆夫人歸唁其兄衛懿公。

〔三〕「有」原作「見」，據四部叢刊本改。

〔四〕「思」原誤作「忠」，據四部叢刊本改。

鄭和未見。譖子於越公曰：「彼實慢公，彼，謂文中子。公何重焉？」越公使問子，子曰：「公可慢，則僕得矣；不可慢，則僕失矣。得失在僕，公何預焉？」越公待之如舊。理遣也。

子曰：「我未見勇者。」或曰賀若弼，子曰：「弼也戾，焉得勇？」〔一〕勇於義曰勇，勇於力曰戾。

〔一〕論語公冶長：「子曰：『吾未見剛者。』或對曰：『申棖。』子曰：『棖也欲，焉得剛？』」

李密問英雄，子曰：「自知者英，自知故能知人。自勝者雄〔一〕。」自勝故能勝人。問勇，子曰：「必也義乎〔二〕？」凡勇不得其宜，皆勃戾爾。

〔一〕老子三十三章：「知人者智，自知者明。勝人者有力，自勝者强。」

〔三〕論語陽貨：「子路曰：『君子尚勇乎？』子曰：『君子義以爲上。君子有勇而無義爲亂，小人有勇而無義爲盜。』」

賈瓊曰：「甚矣，天下之不知子也！」子曰：「爾願知乎哉？姑修焉，天將知之，況人乎〔一〕？」孟子曰：盡心者知其性也，知性則知天。言聖人知天，則天亦知聖人。

〔一〕論語憲問：「不怨天，不尤人，下學而上達。知我者其天乎！」孟子告子上：「古之人修其天爵，而人爵從之。」

賈瓊請六經之本，曰：「吾恐夫子之道或墜也。」子曰：「爾將爲名乎？有美玉姑待價焉〔一〕。」待明王出，當自求行之。

〔一〕論語子罕：「子貢曰：『有美玉於斯，韞櫝而藏諸？求善賈而沽諸？』子曰：『沽之哉！沽之哉！我待賈者也。』」

楊玄感問孝，子曰：「始於事親，終於立身。」言爾父不陷不義，則爾身可立矣。問忠，子曰：「孝立，則忠遂矣。」楊素賢，則隋不亂。

中說卷第五

問易篇

劉炫問易，子曰：「聖人於易，没身而已，況吾儕乎？」聖人終身立易中，劉炫但熟易之文而不知易在身也。炫曰：「吾談之於朝，無我敵者。」但談易文，自謂無敵。子不答，退謂門人曰：「默而成之，不言而信，存乎德行〔一〕。」此所謂易在身。

〔一〕易繫辭上文。又論語憲問：「有德者必有言，有言者不必有德。」

魏徵曰：「聖人有憂乎？」子曰：「天下皆憂，吾獨得不憂乎？」問疑，子曰：「天下皆疑，吾獨得不疑乎？」徵退，子謂董常曰：「樂天知命〔二〕，吾何憂？窮理盡性，吾何疑〔三〕？」憂疑出乎情爾。情者，性之欲也。聖人性不憂而人以爲憂者，以天下之情爲憂也；聖人性無疑而人以爲疑者，以天下之情爲疑也，故聖人應物以跡，復性以心。義終下文。常曰：「非告徵也，子亦二言乎？」前云有憂疑，後云無憂疑，是二言。子曰：「徵所問者跡也，舉天下物情之動

而聖人應之曰跡。吾告汝者心也。以一性之本合乎天命曰心。**心跡之判久矣，**判，分也。自周公已來心跡分，故曰「久矣」。夫堯禪舜，舜禪禹，以心言之則一也，其所以禪之者跡也。湯伐桀，武王伐紂，以堯、舜之心言之亦一也，其所以伐之者跡也。周公、仲尼之心與堯、舜、湯、武同也，而跡不應乎天下，蓋時異耳。使周、孔居禪之時則舜、禹也，居伐之時則湯、武也。文中子不得其時，兩存心跡，聖矣哉！**吾獨得不二言乎？**言周公、仲尼於易已二言矣。**常曰：「心跡固殊乎？」**疑二言爲二道。

子曰：「自汝觀之則殊也，自爾，猶言自彼也。以彼觀我，則心跡固殊。**而適造〔三〕者不知其殊也，**適造，謂我適至於道，乘時而用，則安知心與跡果殊哉！**各云當而已矣，**當，謂惟義所在，不必執乎心、執乎跡，時行則行，時止則止，各當而已。**則夫二未違一〔四〕也。」**言則二，道則一也。若先天而天弗違，後天而奉天時，先後則二，而其不違時一也。**李播〔五〕聞而歎曰：「大哉乎一也！**李播，亦門人，未見傳。**天下皆歸焉而不覺也。」**聖人之道常存於天下，然文中子出非其時，故天下生民不覺也。孟子稱伊尹曰：「天之生民，使先知覺後知，先覺覺後覺。」

〔二〕易繫辭上：「易與天地準，故能彌綸天地之道。……與天地相似，故不違；知周乎萬物，而道濟天下，故不過；旁行而不流，樂天知命，故不憂；安土敦乎仁，故能愛。」

〔三〕易說卦：「昔者聖人之作易也，……窮理盡性以至於命。」王夫之讀文中子詩：「樂天知命夫何憂？不道身如不繫舟。萬折山隨平野盡，一輪月湧大江流。」「天下皆憂得不憂？梧桐暗認一痕秋。歷歷四更山吐月，悠悠殘夜水明樓。」見薑齋詩集柳岸吟。

〔三〕俞樾諸子平議補録卷十二：「『造』無義，疑『道』字之誤。」

〔四〕一：道也。莊子齊物論：「道通爲一。」淮南子原道訓：「所謂一者，無匹合於天下者也。……道者，一立而萬物生矣。」

〔五〕李播：王續友。舊唐書王續傳：「少與李播、吕才爲莫逆之交。」

程元問叔恬曰：「續書之有志有詔，何謂也？」叔恬以告文中子，子曰：「志以成道，言以宣志。道出乎志也，雖未詔天下，而其言已宣，故曰志。詔其見王者之志乎〔一〕？詔行天下，則志可見矣。其恤人也周，其致用也悉〔二〕；一言而天下應，一令而不可易。恤人故皆應，悉用故不改。非仁智博達，則天〔三〕明命，其孰能詔天下乎？」言詔如是之大。叔恬曰：「敢問策何謂也？」續書有策。子曰：「其言也典，其致也博，憫而不私，憫世病，不私諱過。勞而不倦，勞心問賢，不倦聽。其惟策乎？」若漢武帝策董仲舒。

〔一〕葉適習學記言序目卷二十一漢書一帝紀曰：「秦始皇始有制詔，而漢因之，蓋示人主誇大威服之勢，非古人所謂『言曰從』、『王言惟作命』之意也。王通曰：『詔其見王者之志。』通所謂詔者，以秦爲非耶？以爲是耶？若言不足以見志而必有待於詔，則盤庚、説命褊矣。」

〔二〕悉：詳盡。易繫辭上：「備物致用，立成器以爲天下利。」

〔三〕則天：法天。左傳昭公二十五年：「則天之明，因地之性，生其六氣，用其五行。」孝經三才：

「則天之明，因地之利，以順天下。」

子曰：「續書之有命，邃矣！天爵、人爵皆爲命也。邃者，言非止君命，抑亦天命之耳。其有君臣經略當其地乎？命其地，必有經略。其有成敗於其間，天下懸之，不得已而臨之乎？言命之所歸，不得已而當之。進退消息，不失其幾〔一〕乎？經略如此。道甚大，物不廢，高逝獨往，中權契化〔二〕，自作天命乎？」天下懸於己，故曰「自作天命」。

〔一〕幾：時機。易乾卦文言傳：「知進退存亡而不失其正者，其唯聖人乎！」

〔二〕逝：往。中：契合。化：大化，天道。

文中子曰：「事者，續書有事。其取諸仁義而有謀〔一〕乎？雖天子必有師，事由師謀而成。然亦何常師之有？唯道所存。以天下之身，受天下之訓，言不惟師也，天下之人有善，皆可從。得天下之道，成天下之務，民不知其由也〔二〕，其惟明主乎？」民間之事，君皆行焉，民亦不知其君得善之由。

〔一〕論語述而：「必也臨事而懼，好謀而成者也。」

〔二〕詩大雅皇矣：「不識不知，順帝之則。」孟子盡心上：「行之而不著焉，習矣而不察焉，終身由之而不知其道者，衆也。」

文中子曰：「廣仁益智，莫善於問；續書有問。乘事演道，莫善於對。續書有對。非明君孰能廣問？非達臣孰能專對乎？其因宜取類，無不經乎？經營。洋洋乎，晁、董、公孫之對〔一〕！」晁𢈔對策云：「三王臣主俱賢，合謀相輔，莫不本於人情也。」董仲舒對策曰：「春秋王道之端，傳之於正。正次王，王次春。春者，天之所爲也；正者，王之所爲也。」公孫弘對策云：「致利除害、兼愛無私謂之仁，明是非、立可否謂之義，治之大用也。」此三對皆洋洋然得王道大綱。

〔一〕參見文心雕龍議對：「觀晁氏之對，證驗古今，辭裁以辨，事通而贍，超升高第，信有徵矣。仲舒之對，祖述春秋，本陰陽之化，究列代之變，煩而不慁者，事理明也。公孫之對，簡而未博，然總要以約文，事切而情舉，所以太常居下，而天子擢上也。杜欽之對，略而指事，辭以治宣，不爲文作。及後漢魯丕，辭氣質素，以儒雅中策，獨入高第。凡此五家，並前代之明範也。」

文中子曰：「有美不揚，天下何觀？君子之於君，贊其美而匡其失也〔一〕，續書有讚。所以進善不暇，天下有不安哉？」言無不安。

〔一〕參見文心雕龍頌讚：「頌者，容也，所以美盛德而述形容也。……讚者，明也，助也。」

文中子曰："議其盡天下之心乎？續書有議。昔黄帝有合宮之聽，堯有衢室之問，舜有總章之訪〔一〕，皆議之謂也。合宮、總章，皆明堂異名也。衢室，當衢爲室以採民言也。管子曰："堯開衢室，聽於民也。"大哉乎，併天下之謀，兼天下之智，而理得矣。我何爲哉？恭己南面而已〔二〕。"言黄帝、堯、舜得天下謀議爲理。

〔一〕管子桓公問："黄帝立明臺之議者，上觀於賢也。堯有衢室之問者，下聽於人也。舜有告善之旌，而主不蔽也。"逸周書明堂解："東方曰青陽，南方曰明堂，西方曰總章，北方曰玄堂，中央曰太廟。"

〔二〕論語衛靈公："無爲而治者，其舜也與？夫何爲哉？恭己正南面而已矣。"

子曰："『人心惟危，道心惟微』〔一〕，言道之難進也；故君子思過而預防之，所以有誡也。續書有誡。切而不指，切，至；指，訐。勤而不怨，曲而不諂，直而有禮，其惟誡乎〔二〕？"勤拳委曲，以禮戒之。

〔一〕語見尚書大禹謨。

〔二〕文心雕龍詔策："戒者，慎也，禹稱『戒之用休』。"又詔策："漢初定儀則，則命有四品：一曰策書，二曰制書，三曰詔書，四曰戒敕。"章表："至太甲既立，伊尹書誡；思庸歸亳，又作書以讚。」劉勰所説，兼有上誡下、下誡上之義；續書之「誡」，則專指後者。

子曰：「改過不悋〔一〕無咎者，善補過也〔二〕。古之明王，詎能無過？從諫而已矣。續書有諫。故忠臣之事君也，盡忠補過〔三〕。君失於上，則臣補於下；臣諫於下，則君從於上。此王道所以不跌也。不差跌。取泰於否〔四〕，易昏以明，非諫孰能臻乎？」言遂事亦可諫。

〔一〕悋：同「吝」。尚書仲虺之誥：「用人惟己，改過不吝。」

〔二〕易繫辭上：「無咎者，善補過也。」

〔三〕孝經事君：「君子之事上也，進思盡忠，退思補過，將順其美，匡救其惡，故上下能相親也。」

〔四〕泰：順利，吉祥。否：不利，災難。易雜卦：「否、泰反其類也。」

文中子曰：「晉而下，何其紛紛多主也！紛不一姓。吾視惠、懷傷之，惠帝政由賈后，爲趙王倫所篡；懷帝蒙塵於平陽，爲劉聰所害。捨三國，將安取志乎？三國各有平天下之志。此又明續書有志。三國何其孜孜多虞〔一〕乎！雖有志而無制。吾視桓、靈傷之，漢桓帝諱志，梁冀執政，權傾天下；靈帝諱宏，黄巾賊起，董卓作亂。捨兩漢，將安取制乎？」七制之主，可以垂法。此又明續書有制也。

〔二〕虞：謀劃。

子謂：「太和之政近雅矣，太和，後魏孝文帝年號也。都洛陽，文物始備，故曰「近雅」。一明中國之有法。中國久無定主，孝文立二十餘年，造明堂，祀圜丘，置職制，定律令，舉兵百萬伐江南，其後宣武、孝明皆能修太和之政，是中國之法也。惜也不得行穆公之道〔一〕。」穆公虯，子之祖，自江南來奔，太和八年始仕焉。虯薦王肅及關朗，未幾孝文崩，虯亦卒，惜其道未及行也。

〔一〕録關子明事：穆公北奔仕魏，以孝文有康世之意，多所奏議，帝虚心納之。遷都雒邑，進用王蕭，由穆公之潛策也。帝深敬服，嘗謂穆公曰：「嘉謀長策，勿慮不行，朕南征還日，當共論道，以究治體。」俄帝崩，穆公歸洛，逾年而薨，其道遂不得行。

程元曰：「三教何如？」儒、老、釋。子曰：「政惡多門〔一〕久矣。」教不一則政多門。曰：「廢之何如？」子曰：「非爾所及也。聖賢出則異端自去，非遽能廢也。真君、建德之事，適足推波助瀾、縱風止燎爾。」真君，後魏太武年號也，時崇道教，毁佛法。建德，後周武帝年號也，毁釋、老二教，隋公輔政，特更興之，是暫廢而愈盛，若波瀾風燎爾。

〔一〕多門：謂政令不一。左傳成公十六年：「晉政多門，不可從也。」

子讀洪範讜議，安康獻公撰皇極讜議。曰：「三教於是乎可一矣。」洪範五「皇極」者，義貴中道爾。致中和，天地位焉，萬物育焉。人者，天地萬物中和之物也。教雖三而人則一矣。程元、魏徵進曰：「何謂也？」子曰：「使民不倦〔二〕。」易曰：「通其變，使民不倦。」

〔二〕易繫辭下：「神農氏没，黄帝、堯、舜氏作，通其變，使民不倦，神而化之，使民宜之。」張載横渠易説繫辭下：「鴻荒之世，食足而用未備，堯、舜而下，通其變而教之也。神而化之，使民不知所以然，運之無形以通其變，不頓革之，欲民宜之也。大抵立法須是過人者乃能之，若常人，安能立法！」

賈瓊習書〔一〕，至郅惲之事〔二〕，問於子曰：「敢問事、命、志、制之别。」郅惲，王莽時上書曰：「漢祚久長，神器有命，不可虚受。上天垂戒，欲悮陛下，宜即臣位。」莽怒，脅惲，令稱病。惲罵曰：「所言皆天命也，非狂人造焉。」莽終不敢害。事者，謂行事之跡也。命者，謂事應天命者也。志者，謂志藴於心也。制者，謂志行於禮義者也。子曰：「制、命，吾著其道焉；志、事，吾著其節焉。」道兼天下，節守一身。賈瓊以告叔恬，叔恬曰：「書其無遺乎？書曰：『惟精惟一，允執厥中〔三〕。』其道之謂乎？詩曰：『采葑采菲，無以下體。』其節之謂乎〔四〕？」子聞之曰：「凝其知書矣。」

〔一〕書：謂續書。

〔二〕郅惲：字君章，汝南西平人。王莽代漢，惲上書勸退。建武時爲上東城門候。後侍講殿中，授太子韓詩。遷長沙太守，坐事左轉芒長，又免歸，避地教授，以病卒。見後漢書郅惲傳。

〔三〕尚書大禹謨：「人心惟危，道心惟微，惟精惟一，允執厥中。」

〔四〕見詩邶風谷風。左傳僖公三十三年：「詩曰：『采葑采菲，無以下體。』君取節焉可也。」節：節操。

子曰：「事之於命也，猶志之有制乎？非仁義發中〔一〕，不能濟也。」事與志發乎中，命與制形於外。

〔一〕發中：發自內心。禮記中庸：「唯天下至誠，爲能經綸天下之大經，立天下之大本，知天地之化育。」

子曰：「達制、命之道，其知王公之所爲乎？其得變化之心乎？」已形於外，則心可知矣。**達志、事之道，其知君臣之所難乎？其得仁義之幾乎？」**〔一〕發於中，則幾可得矣。

〔一〕葉適水心別集卷八王通：「達制、命者得變化之心，達志、事者得仁義之幾，上下之言通而天下治矣。善哉！聖人復起，必從之矣。」

子曰：「處貧賤而不懾〔一〕**，可以富貴矣；**無隕穫，必不驕矜。**僮僕稱其恩，可以從政矣；**恩及賤，況良民乎！**交遊稱其信，可以立功矣**〔二〕**。」**推而廣於天下。

〔一〕懾：氣餒。

〔二〕逸周書官人解：「富貴者觀其有禮施，貧賤者觀其有德守……鄉黨之間觀其信誠。」

子曰：「愛名尚利，小人哉！未見仁者而好名利者也。」譏時。

賈瓊問君子之道，子曰：「反是不思，亦已焉哉〔一〕**。」**詩氓篇卒章也，言必反復思其所行之道，苟不思則已矣。

〔一〕詩衛風氓卒章：「唐棣之華，偏其反而。豈不爾思？室是遠爾。」易蹇象傳：「君子以反身修德。」

子見繐絰〔一〕而哭不輟者，遂弔之。問喪期，曰：「五載矣。」子泫然曰：「先王之制〔二〕，不可越也。」喪不可過，必俯而就之。

〔一〕繐：麻布喪服。絰：喪服之麻帶。

〔二〕古時喪服有斬繐、齊繐、大功、小功、緦麻五種，其中斬繐最重，服喪三年（二十五月）。

楚公〔一〕問用師之道，子曰：「行之以仁義。」必也至仁伐不仁，大義誅不義。曰：「若之何決勝？」言仁義何能勝兵。子曰：「莫如仁義〔二〕。過此敗之招也。」責其知勝人以力，不知勝人以道。

〔一〕楚公：當指楊素。

〔二〕孟子梁惠王上：「仁者無敵。」

子見耕者必勞之，慰勞。見王人必俛之。俛，俯僂避之。鄉里不騎。不騎馬。雞初鳴，則盥漱具服。内則事父母禮。銅川夫人〔一〕有病，子不交睫〔二〕者三月；人問者，送迎之，必泣以拜。喜懼並。

〔一〕銅川夫人：王通母裴氏。

〔二〕交睫：睡覺。史記袁盎傳：「陛下居代時，太后嘗病，三年陛下不交睫，不解衣，湯藥非陛下口所嘗弗進。」

子曰：「史傳興而經道廢矣，若史記先黄、老，後六經，是「廢」也。記注興而史道誣〔一〕矣。若裴松之注三國志，反毁陳壽，是「誣」也。是故惡夫異端〔二〕者。」述之而反異之。

〔一〕王應麟困學紀聞卷十諸子：「『記注』謂漢、晉以後起居注之類。虚美隱惡，史無直筆，故曰誣。」

〔二〕論語陽貨：「惡紫之奪朱也，惡鄭聲之亂雅樂也，惡利口之覆邦家者。」爲政：「攻乎異端，斯害也已。」

薛收曰：「何爲命也？」子曰：「稽之於天，合之於人，謂其有定於此而應於彼，天時人事稽合曰命。此，人事也；彼，天時也。知人而不知天，與知天而不知人，皆非知命也。故君子修性以合天理，所以定命矣。易云：「窮理盡性以至於命。」吉凶曲折無所逃乎？事有不虞之譽，是時與之吉也。事有求全之毁，是時與之凶也。蓋事與時並非人力獨能致之，故委曲折旋，無以逃其吉凶矣。非君子，孰能知而畏之乎〔一〕？知天命，畏天命，惟君子。非聖人，孰能至之哉〔二〕？」盡性以至命，惟聖人。薛收曰：「古人作元命〔三〕，其能至乎？」元命包，易書也。子曰：「至矣。」易者，性命之書也，知易則至命。

〔一〕論語季氏：「君子有三畏：畏天命，畏大人，畏聖人之言。」

〔二〕易說卦：「昔者聖人之作易也……窮理盡性以至於命。」

〔三〕元命：大命，天命。尚書呂刑：「惟克天德，自作元命，配享在下。」

賈瓊曰：「書〔一〕無制而有命，何也？」魏而下，續書無制而有命。子曰：「天下其無主而有臣乎？」漢制以亡，獨臣尚能稟命爾。曰：「兩漢有制、志，何也？」子曰：「制其盡美於卹人乎？漢七主本以憂民而作制。志其慙德於備物乎？」漢末德不備，尚有志而已。

〔一〕書：謂續書。

薛收曰：「帝制其出王道乎？」問漢制出三王之道否乎？子曰：「不能出也。後之帝者，非昔之帝也。昔之帝者以道，若三王是也〔一〕；後之帝者以名，若秦始兼帝而稱是也。其雜百王之道，而取帝名乎？其心正，其跡譎〔二〕，卹人之心則正，雜霸之跡則譎。其乘秦之弊，不得已而稱之乎？天下已熟秦稱皇帝之名，故漢因之，不得已而亦稱帝也。政則苟簡〔三〕，董仲舒曰：

「秦爲苟簡之政。」豈若唐、虞、三代之純懿〔四〕乎？二帝、三王名實稱。是以富人則可，典禮則未。」漢富民之術可稱，長世之禮未備。薛收曰：「純懿遂亡乎？」疑二帝、三王之道不可復。子曰：「人能弘道〔五〕，焉知來者之不如昔也〔六〕？」後來聖人生則道弘矣，安知其無純懿之時耶？

〔一〕「王」原作「五」，據四部叢刊本改。

〔二〕譎：詭詐。論語憲問：「晉文公譎而不正，齊桓公正而不譎。」

〔三〕苟簡：苟且簡略。莊子天運：「古之至人，假道於仁，託宿於義，以遊逍遙之虚，食於苟簡之田，立於不貸之圃。」淮南子繆稱訓：「故君之於臣也，能死生之，不能使爲苟簡易。」

〔四〕懿：美好。詩大雅烝民：「民之秉彝，好是懿德。」左傳襄公十三年：「世之治也，君子尚能而讓其下，小人農力以事其上，是以上下有禮，而讒慝黜遠，由不争也，謂之懿德。」

〔五〕論語衛靈公：「人能弘道，非道弘人。」

〔六〕論語子罕：「後生可畏，焉知來者之不如今也？」

子謂李靖智勝仁，程元仁勝智。五行之秀有偏，故五常之性有勝，若木性多、水性少則仁勝智，推此皆然。子謂董常幾於道，可使變理〔一〕。五常具則庶幾乎聖道。通變之謂道，故曰「變理」。

〔一〕變理：隨時變易以從道。

賈瓊問：「何以息謗？」子曰：「無辯。」勿與小人辯明。曰：「何以止怨？」曰：「無争。」〔一〕勿與小人争理。

〔一〕朱國禎曰：「文中子云：『止謗莫若自修，息争莫若無辯。』此二句可與諸葛武侯『寧静澹泊』句並傳。一則立身之法，一則處世之法，即尼父聞之，亦當首肯，蓋皆深於易道，就中體貼出來。余謂守此四句，天下無難事，無變事。」見湧幢小品卷三十二。

子謂諸葛、王猛「功近而德遠矣」。一時霸其國，爲功雖近，然謀及身後，爲德蓋遠。

子在蒲，蒲，古中都之地，隋爲河中郡。聞遼東之敗〔一〕，大業八年，九軍並陷。謂薛收曰：「城復於隍〔二〕矣。」易泰卦上六：「城復於隍，勿用師。其命亂也。」賦兔爰之卒章〔三〕。王國詩也。桓王失信，諸侯背叛，卒章云：「我生之後，逢此百凶。」歸而善六經〔四〕之本，曰：「以俟能者。」俟百姓與能者行之。

〔一〕遼東之敗：大業十年，隋煬帝東征高麗失敗。

〔二〕隍：城下池。城復於隍：城牆傾頽，喻君道崩壞。易泰卦上六：「城復於隍，勿用師，自邑告命。」象曰：「城復於隍，其命亂也。」

〔三〕兔爰：詩王風篇名，其卒章云：「有兔爰爰，雉離於罿。我生之初，尚無庸；我生之後，逢此百凶，尚寐無聰。」毛詩小序：「兔爰，閔周也。桓王失信，諸侯背叛，構怨連禍，王師傷敗，君子不樂其生焉。」

〔四〕善：通「繕」，修治。六經：謂續六經。

子曰：「好動者多難，煬帝如此。小不忍致大災〔一〕。」隋文如此。

〔一〕論語衛靈公：「小不忍則亂大謀。」

子曰：「易聖人之動也，於是乎用以乘時矣。易，變易也。功業見乎變，吉凶生乎動。變動者，聖人適時之用也。無變則功不可大，故因貳以濟；無動則吉不先見，故惟幾成務。存時效動，易可知焉。故夫卦者，智之鄉也，動之序也。」爻在卦，如人居鄉；逐位而動，是其次序。

薛生〔一〕曰：「智可獨行乎？」言卦爲智鄉，則謂智可獨行。子曰：「仁以守之〔二〕。智不以仁，則易失之賊。不能仁則智息矣，安所行乎哉？」不能仁，雖智無用。

〔一〕薛生：薛收。

〔三〕論語衛靈公：「知及之，仁不能守之，雖得之，必失之。」

子曰：「元亨利貞〔一〕運行不匱者，智之功也。」元，仁也；亨，禮也；利，義也；貞，信也。運之以智，五常成功。

〔一〕「貞」原作「正」，今改，下同。易乾文言傳：「元者，善之長也；亨者，嘉之會也；利者，義之和也；貞者，事之幹也。」周易程氏傳：「元亨利貞謂之四德。元者萬物之始，亨者萬物之長，利者萬物之遂，貞者萬物之成。」

子曰：「佞以承上，殘以御下，誘之以義，不動也。」凡佞人、殘人，不可以義誘。

董常死，子哭之，終日不絶。門人曰：「何悲之深也？」曰：「吾悲夫天之不相〔一〕道也。董常弱冠而死，門人亞聖者也，死後無人助行周孔之道。之子歿，吾亦將逝矣。天喪斯文，我必不久生。明王雖興，無以定禮樂矣。」後唐太宗議禮樂，房、魏自言不備。

〔一〕相：輔佐。

子讚〔一〕易，至序卦，曰：「大哉〔二〕，時之相生也！達者可與幾〔三〕矣。」序卦輪衍六十四卦也，時行時止，生生不窮，達則至之，故曰「幾」也。至雜卦，曰：「旁行而不流〔四〕，守者可與存義〔五〕矣。」雜卦止說一卦也，守則終之，故曰「義矣」。

〔一〕讚：贊明。文心雕龍頌贊：「贊者，明也，助也。」

〔二〕「哉」原作「矣」，據四部叢刊本改。

〔三〕易乾卦文言傳：「知至至之，可與幾也。」參見淮南子覽冥訓：「夫聖人者，不能生時，時至而弗失也。」

〔四〕易繫辭上：「旁行而不流，樂天知命，故不憂。」

〔五〕易文言傳：「知終終之，可與存義也。」

子曰：「名實相生，利用相成，是非相明，去就相安也〔一〕。」名由實生，實由名顯，此謂「相生」；利在有用，用則成利，此謂「相成」；是未果是，有非然後明，此謂「相明」；去不安則就，就不安則去，此謂「相安」。已上皆因贊易而言也。

〔一〕易繫辭上：「利用出入，民咸用之謂之神。」俞樾諸子平議補録卷十二：「『利用』疑『利害』之誤。『名實』、『利害』、『是非』、『去就』皆兩字相對。」老子二章：「有無相生，難易相成，長短相形，高下相盈，音聲相和，前後相隨。」

賈瓊問：「太平可致乎？」子曰：「五常之典〔一〕，三王〔二〕之誥，兩漢之制，粲然可見矣。」古道備在方册，行之可致。顔子曰：「舜何人也？余何人也？有爲者亦若是。」

〔一〕五常之典：儒家五經。白虎通五經五經象五常：「經所以有五何？經，常也。有五常之道，故曰五經。」

〔二〕三王：禹、湯、周文王。

文中子曰：「王澤竭而諸侯仗義矣，續詩所以明此變也。帝制衰而天下言利矣。」續書所以救此失也。

文中子曰：「强國戰兵，惟恃力爾。霸國戰智，不戰而屈人之兵在智。王國戰義，禁民爲非，不獨在智。帝國戰德，仁者無敵於天下，德可知矣。皇國戰無爲〔一〕。神武而不殺，安見其有爲？天子而戰兵，則王霸之道不抗矣，戰不以智與義，則道不能舉。又焉取帝名乎？道不抗，雖名存何取？故帝制没而名實散矣。」此言名實散，則元經必爲行其法也。

〔一〕韓非子五蠹：「上古競於道德，中世逐於智謀，當今爭於氣力。」淮南子人間訓：「五帝貴德，三王用義，五霸任力。」阮籍通老論：「三皇依道，五帝仗德，三王施仁，五霸行義，强國任智，蓋優劣之異、薄厚之降也。」（太平御覽卷七十七皇王部二叙皇王下引）又舊唐書酷吏傳上：「古今御天下者，其政有四：五帝尚仁，體文德也；三王仗義，立武功也；五霸崇信，取威令也；七雄任力，重刑名也。」

子曰：「多言，德之賊也〔一〕；有德則不言。多事，生之讎也。」保生者少事。薛方士未見傳。曰：「逢惡斥之，遇邪正之，何如？」子曰：「其有不得其死乎？責其太剛也。若暴虎馮河，子路終死。必也言之無罪，聞之以誡〔二〕。」言逢惡遇邪，當譎諫喻之。孔子曰：「諫有五，吾從其諷。」

〔一〕論語陽貨：「鄉願，德之賊也。」

〔二〕毛詩序：「上以風化下，下以風刺上，主文而譎諫，言之者無罪，聞之者足以戒，故曰風。」

或問韋孝寬〔一〕，韋叔裕，字孝寬，後周武帝臣也。子曰：「幹矣。」北齊攻雍州，孝寬守之不下，齊祖歸，憤而崩。此幹事而已。問楊愔，楊愔，字遵彦，北齊文宣帝之臣也。子曰：「輔矣。」愔以朝章國令爲務，不幹小事而已，故可稱輔相之器。

〔一〕韋孝寬：韋叔裕，字孝寬，京兆杜陵人，歷任西魏、北周驃騎大將軍、尚書右僕射、大司空等職。大統十二年，高歡來犯，孝寬堅守玉壁，敗之。周武帝志在平齊，孝寬上疏陳三策，爾後定山東，卒如其策。大象元年卒，年七十二。史稱其「奇材異度，緯武經文，居要害之地，受干城之託」。見周書韋孝寬傳、北史韋孝寬傳。

宇文化及〔一〕**問天道人事如何**，化及，隋右將軍述之子也。煬帝幸江都，化及弒逆。**子曰：「順陰陽仁義**〔二〕**，如斯而已。」**立天之道曰陰與陽，立人之道曰仁與義。天人相與則一。故君陽臣陰，陽爲仁，陰爲義，此人事所以一天道也。化及有無君之心，故云守仁義以戒之爾。

〔一〕宇文化及：代郡武川人，隋左衛大將軍宇文述之子，煬帝時爲右屯衛將軍。大業十四年，弒帝於江都宮中，又害朝臣不同己者及諸外戚，立秦王楊浩爲帝，自爲大丞相。後敗走魏縣，乃鴆殺浩，自立爲帝，國號許，建元天壽。次年走聊城，爲竇建德擒殺。見隋書宇文化及傳。

〔二〕易說卦：「昔者聖人之作易也，將以順性命之理，是以立天之道曰陰與陽，立地之道曰柔與剛，立人之道曰仁與義。」

賈瓊爲吏以事楚公〔一〕，隋三公府皆自署吏，未君命，故云「事楚公」。**將行，子餞之。瓊曰：「願聞事人之道。」子曰：「遠而無介，**恭而遠之無傷介。**就而無諂。**泄就其身，不苟言貌。

汎乎利而諷之，無鬬其捷。」汎汎因所利而諷之，勿辯捷自取禍。瓊曰：「終身誦之。」子曰：「終身行之可也。」不惟事人也，處世盡宜然。

〔一〕楚公：楊玄感。

子曰：「元經其正名乎！正帝名。皇始〔一〕之帝，徵天以授之也。皇始，後魏道武年號也。始有中原，建天子旌旗，得正統，此天授之也。晉、宋之王，近於正體，東晉至劉宋，中國無真主，則江南以爲正體，故曰「近」。於是乎未忘中國，晉、宋皆舉兵中原，有復一之志。穆公之志也。晉陽穆公作政大論，言帝王之道；元經所以帝元魏而斥齊、梁，蓋其志也。齊、梁、陳之德，僭德。斥之於四夷也，以明中國之有代，太和之力也。」後魏孝文太和元年，宋蒼梧王元徽五年也，時江南衰替，中國始尊。

〔一〕皇始二年，拓跋珪滅後燕，統一黃河以北地區。

子曰：「改元立號非古也。漢文帝始改中元、後元年號。其於彼〔一〕，心自作之乎？」彼漢以心自改之〔二〕可也，非古也。

〔一〕其：謂漢景帝。彼：謂改元立號。漢景帝後元七年夏四月立膠東王太后爲皇后，立膠東王爲太子，改元中元，見史記孝景本紀。是爲在位改元之始。

〔三〕「之」上原有「之」字，據四部叢刊本删。

或問：「志意修，驕富貴，道義重，輕王侯〔一〕，如何？」此荀卿子言也，下句云「内省而外物輕矣」。子曰：「彼有以自守也。」處士横議，非天下公言，自守此説而已。凡聖人之道，無所驕，無所輕。

〔一〕荀子修身文。參見易蠱卦象傳：「不事王侯，高尚其事。」論語述而：「不義而富且貴，於我如浮雲。」

薛生曰：「和、殤之後〔一〕，帝制絶矣，元經何以不興乎？」和帝在位十歲，竇憲不軌；殤帝二歲，鄧后臨朝。且此時漢制已絶，何爲於此不續元經以振〔二〕王法乎？子曰：「君子之於帝制，併心一氣以待也，以待其復興也。傾耳以聽，拭目而視，待之極也。故假之以歲時。自和、殤緜緜至桓、靈，假歲時而終不復興。桓、靈之際，帝制遂亡矣。曹操舉兵，吴、蜀繼作，孝獻禪魏，漢制乃絶。文、明之際，魏制其未成乎？魏文帝、明帝未能平吴、蜀，一制天下。太康〔三〕之始，書同文，車同軌，晉武太康元年平吴，天下同。君子曰『帝制可作矣』，而不克振。太康三年，劉毅比帝爲桓、靈，蓋帝制尋大壞矣。故永熙〔四〕之後，君子息心焉，曰：『謂之何哉？』太康十一年，武帝崩，楊駿矯詔輔政，改元永熙，賈后殺駿，天下大亂。元經於是不得已而作也。」上無王法，故君子作賞罰以戒亂臣賊子，豈好辯哉？誠不得已也。

〔一〕和：漢和帝劉肇。殤：漢殤帝劉隆，和帝少子，嗣位時年方百日，越年而崩。安帝繼位，外戚鄧氏專權，史稱「始失根統，歸成陵敝」。見後漢書孝和孝殤帝紀、孝安帝紀。

〔二〕「振」原作「扳」，據四部叢刊本改。

〔三〕太康：晉武帝司馬炎年號。司馬炎立次子衷爲太子，史稱「中朝之亂，實始於斯矣」。見晉書武帝紀。

〔四〕永熙：晉惠帝司馬衷年號。惠帝昏庸，八王、五胡作亂，自是中原板蕩。

文中子曰：「春秋作而典誥〔一〕絶矣，孟子曰：「王者之跡熄，然後詩亡；詩亡，然後春秋作。」元經興而帝制亡矣。」元經作於續書、續詩之後。

〔一〕典誥：帝王政令，如尚書之堯典、湯誥。

文中子曰：「諸侯不貢詩〔一〕，古者列國歌、頌皆貢于王，若魯季孫行父請命于周是也。天子不採風〔三〕，古有採詩之官。樂官不達雅，古爲詩樂爲歌以合雅道。國史不明變。國史明乎得失之跡。嗚呼，斯則久矣！自仲尼殁，詩存空文而其實廢矣。詩可以不續乎？」漢而下風化不傳於詩，故君子不可不續。

〔二〕國語周語上：「故天子聽政，使公卿至於列士獻詩，瞽獻曲，史獻書，師箴，瞍賦，矇誦，百工諫，庶人傳語，近臣盡規，親戚補察，瞽史教誨，耆艾修之，而後王斟酌焉，是以事行而不悖。」

〔三〕禮記王制：「命大師陳詩以觀民風。」

中説卷第六

禮樂篇

子曰：「吾於禮樂，正失而已；正禮樂沿革之文而已。如其制作，以俟明哲〔一〕。必也崇貴乎？」王道盛則可以制禮作樂。明哲君子必得公輔崇貴之位乃助成王道也。

〔一〕尚書說命上：「知之曰明哲，明哲實作則。」論語先進：「如其禮樂，以俟君子。」

賈瓊、薛收曰：「道不行，如之何？」子曰：「父母安之，兄弟愛之，朋友信之，施於有政，道亦行矣。奚謂不行〔一〕？」亂世道不能濟天下，則修身以正家可矣。

〔一〕論語爲政：「或謂孔子曰：『子奚不爲政？』子曰：『書云：「孝乎惟孝，友於兄弟，施於有政。」是亦爲政，奚其爲爲政？』」

子謂：「任、薛、王、劉、崔、盧之昏〔一〕非古也，何以視譜？」古者，氏族家譜所以標門地、謹昏姻也。任姓，出黃帝六代孫大壬；薛姓，出黃帝六代孫奚仲，居薛。此二姓同譜。王姓，出舜之後，封於劉，至漢有王於齊者，號王氏。此二姓同譜。崔姓，帝嚳、姜嫄之後，居崔邑。盧姓，亦姜姓之後，居盧國。此二姓同譜。皆古禮不通昏也。

〔一〕昏：同「婚」。舊唐書李義府傳：唐時關東魏、齊舊姓，雖皆淪替，猶相矜尚，自爲婚姻。

文中子曰：「帝之不帝久矣。」百王稱帝者，相沿前代號也，自秦始皇始，故曰「不帝久矣」。王孝逸曰：「敢問元經之帝何也？」三代稱王，故春秋書「王」以尊天子、稟正朔也；秦、漢稱帝，則元經書「帝」以尊中國而明正統也。子曰：「絜名索實〔一〕，此不可去；舉後帝之名者，貴存前帝之實也。中國天子，不可去此號。其爲帝，實失而名存矣。」實，道也。名，空號爾。

〔一〕絜名索實：因名責實。絜：衡量。禮記大學：「是以君子有絜矩之道也。」

或問謝安，子曰：「簡矣。」謝安，字安石，爲東晉相，處富貴而獨退靜，破苻堅而無喜色，終優遊東山。此「簡」可見矣。問王導，子曰：「敬矣。」王導，字茂弘，事晉元、明、成三帝，爲相，每進爵，必拜元帝山陵。此「恭」可見矣。問温嶠，子曰：「毅人也。」嶠，字太真，與王導平王敦、蘇峻之亂，皆有功。初鎮武昌，聞國難，泣涕，率兵來赴天子，留嶠輔政，嶠讓王導。此「果毅」可知矣。問桓温，子曰：「智近謀遠，鮮不及矣〔一〕。」温，字子元，爲晉將軍，破李勢、平苻健有功，爲大都督，又北伐不已，爲慕垂〔二〕所敗，歸而潛有簒志。此「智近謀遠」之驗。

〔一〕不及：此「過猶不及」之不及。鮮不及：很少做得不够，即做事往往過分。易繫辭上：「德薄而位尊，知小而謀大，力少而任重，鮮不及矣。」

〔二〕慕垂：慕容垂，字道明，前燕吴王，投奔前秦，苻堅優容之。淝水之戰，堅敗，垂乃恢復燕國，年號建興。年七十一卒。見晉書慕容垂載記。

賈瓊問羣居〔一〕之道，子曰：「同不害正，異不傷物〔二〕。」外雖同而内必正，内雖異則外無傷，此中庸者乎？曰：「可終身而行乎？」子曰：「烏乎而不可也？」烏，何也。古之有道〔三〕者，内不失真而外不殊俗，夫如此故全也。」知道，可與適道者也。不失真，可與立者也。不殊俗，可與權者也。三者備，何往不全？

〔一〕羣居：共處。論語衛靈公：「羣居終日，言不及義，好行小慧，難矣哉！」

〔二〕宋書謝弘微傳記謝混稱族子謝弘微：「微子異不傷物，同不害正，若年迨六十，必至公輔。」

〔三〕「有道」，據下文阮逸注似應作「知道」。

繁師玄曰：「敢問稽〔一〕古之利。」子曰：「執古以御今之有〔二〕乎？」今之有利者，皆古有之矣，故必稽古。

〔一〕稽：考察。禮記儒行：「儒有今人與居，古人與稽。」

〔二〕老子十四章：「執古之道，以御今之有。」

子曰：「居近識遠，處今知古〔一〕，惟學矣乎？」孔子曰：「吾非生而知之，好古，敏以求之。」

〔一〕吕氏春秋慎大覽察今：「有道之士，貴以近知遠，以今知古，以益所見知所不見。」

子曰：「恭則物服，儼然，人望而畏之。慤則有成，先誠其意。平則物化〔一〕。」無私於物，物亦公焉。子曰：「我未見平者也。」隋政多私。

〔一〕化：化成。易賁卦彖傳：「觀乎人文，以化成天下。」恒卦彖傳：「聖人久於其道而天下化成。」

或曰：「君子仁而已矣，何用禮爲？」子曰：「不可行也。」行仁必以禮節之。或曰：「禮豈爲我輩設哉〔一〕？」阮籍云。子不答，既而謂薛收曰：「斯人也，旁行而不流〔二〕矣，旁行一隅，不知流通之變。安知教意哉！有若謂『先王之道，斯爲美』〔三〕也。」有若，孔子弟子。

〔一〕世説新語任誕：「阮籍嫂嘗回家，籍見與別。或譏之，籍曰：『禮豈爲我輩設也？』」

〔二〕易繫辭上：「旁行而不流，樂天知命，故不憂。」旁行而不流：原指觸類旁通而不失其正，此指蔽於一曲而不知大體。又，俞樾以爲王通「借易語而反用之」，本句當作「斯人也，旁行而流矣」。見諸子平議補録卷十二。

〔三〕論語學而：「禮之用，和爲貴；先王之道，斯爲美。小大由之，有所不行；知和而和，不以禮節之，亦不可行也。」

文中子曰：「七制之主，道斯盛矣。」七制，注見上。薛收曰：「何爲其然？」子曰：「嗚呼！惟明王能受訓。」續書有訓。收曰：「無制而有訓，何謂也？」子曰：「其先帝之制未亡乎？大臣之命尚正乎？若孝武之制未亡，霍光之命尚正，則可以訓前漢諸帝也；光武之制未亡，桓榮之命尚正，則可以訓後漢諸帝也。無制而有訓〔一〕，天下其無大過矣，否則蒼生不無大憂焉。」若昌邑王不廢，東海王不讓，則必有兵争起而生民憂也。

〔一〕無制而有訓：此言續書，見問易篇。

薛收曰：「讚其非古乎？」續書有讚。子曰：「唐、虞之際斯爲盛，大禹、皋陶所以順天休命〔一〕也。」益贊於禹，又皋陶曰「贊贊襄哉」。

〔一〕具見尚書大禹謨、皋陶謨。易大有象傳：「君子以遏惡揚善，順天休命。」休：使之美好。

文中子曰：「議，天子所以兼採而博聽也，續書有議。唯至公之主爲能擇焉〔一〕。」公朝共議，擇善而從。

〔一〕參見問易篇：「昔黄帝有合宫之聽，堯有衢室之問，舜有總章之訪，皆議之謂也。大哉乎，併天下之謀，兼天下之智，而理得矣。」

文中子曰：「誡其至矣乎？續書有誡。古之明王，敬慎所未見，悚懼所未聞，刻於盤盂，盤銘云：「德日新。」荀子曰：君者盤也，水者民也，盤圓而水圓。君者盂也，盂方則水方。勒於几杖〔一〕，杖銘云「扶危」、「定傾」，皆戒也。居有常念，動無過事，其誡之功乎！」常念「日新」、「扶危」之誡，自無過。

〔一〕刻於盤盂，勒於几杖：如湯之盤銘：「苟日新，日日新，又日新。」盥盤銘：「與其溺於人也，寧溺於淵。溺於淵猶可游也，溺於人不可救也。」杖銘：「惡乎危？於忿懥。惡乎失道？於嗜欲。惡乎相忘？於富貴。」

薛收曰："諫其見忠臣之心乎？續書有諫。其志直，其言危〔一〕。"志直，若周昌云"口不能言，心知不可"是也。言危，若樊噲云"陛下獨不見趙高之事乎"是也。子曰："必也直而不迫，危而不詆，其知命者之所爲乎！不迫，若賈誼曰"今之進言者皆云天下治，臣獨以爲未"是也。知命，爲知其君可諫則諫，進退不違天命也。狡〔二〕乎逆上，吾不與也。"狡，謂志不直也，言不危也；非忠順，故曰逆。

〔一〕危：正直。論語憲問："邦有道，危言危行；邦無道，危行言孫。"

〔二〕狡：狂暴。左傳僖公十五年："亂氣狡憤，陰血周作，張脈僨興，外强中乾。"

賈瓊曰："虐哉漢武，未嘗從諫也！"子曰："孝武其生知〔一〕之乎？雖不從，未嘗不悅而容之，子言漢武大體生知，不由人諫而理也。若初即位，崇太學，立明堂，黜百家，策賢良，雄才大略，此皆天縱也。如汲黯之訐、方朔之滑稽，雖未聽，亦能容之矣。故賢人攢於朝，直言屬於耳。斯有志於道，故能知悔而康〔二〕帝業，賢人，若仲舒、申公、枚皋、相如、嚴樂輩是也。此數子，每大臣奏事則皆辯論之，是攢於朝，屬於耳也。晚年下詔，覺用兵之悔，封丞相田千秋爲富民侯，是知悔而帝業康也。可不謂有志之主乎？"續書所以有志。

〔一〕生知：生而知之。論語季氏："生而知之者上也；學而知之者次也；困而學之，又其次也；

困而不學，民斯爲下矣。」

〔三〕康：安定。漢武帝自通西域後，軍旅連出，師行三十二年，海内虛耗。晚歲悔遠征伐，乃下詔深陳既往之悔，曰「軍士死略離散，悲痛常在朕心」，「是擾勞天下，非所以優民也」云云，自是不復出軍，思富養民。史臣曰：「末年遂棄輪台之地，而下哀痛之詔，豈非仁聖之所悔哉！」見漢書西域傳。

子曰：「姚義之辯，李靖之智，賈瓊、魏徵之正，薛收之仁，程元、王孝逸之文，加之以篤固〔一〕，七子各得一長，更能敦篤則固。申〔二〕之以禮樂，可以成人矣〔三〕。」既固矣，必能成之禮樂，通才然後及也。

〔一〕篤固：篤信固守。論語泰伯：「篤信好學，守死善道。」學而：「君子不重則不威，學則不固。」

〔二〕申：約束。孟子梁惠王上：「謹庠序之教，申之以孝悌之義，頒白者不負戴於道路矣。」

〔三〕論語憲問：「子路問成人，子曰：『若臧武仲之知，公綽之不欲，卞莊子之勇，冉求之藝，文之以禮樂，亦可以爲成人矣。』」

子謂京房、郭璞「古之亂常人也」〔一〕。京房，字君明，習災變之學，以卦直日用事，本姓李氏，而輒自推律改爲京氏。郭璞，字景純，好陰陽筭術，被髮銜刀，竟坐誅。二子並乖正經、亂人倫者也。

〔一〕京房：字君明，本姓李，東郡頓丘人。治易，事焦延壽。其説長於災變，分六十四卦，更直日用事，以風雨寒温爲候，各有占驗。初元四年以孝廉爲郎。數以災變干政，爲大臣所非。建昭二年，下獄棄市，時年四十一。見漢書眭兩夏侯京翼李傳。郭璞：字景純，河東聞喜人。好經術，博學有高才，詞賦爲中興之冠。好古文奇字，妙於陰陽算曆。嘗以災變上疏晉元帝，遷任尚書郎。後爲王敦所殺，時年四十九。見晉書郭璞傳。陳全之蓬窗日録卷六：「京房攻顯，郭璞沮敦，可謂守貞，惟其徵於術而已。文中子譏其亂常，君子之執可不慎乎？」

子曰：「冠禮廢，天下無成人矣；昏禮廢，天下無家道矣；士冠、昏禮：二十而冠，三十而昏。成人、正家不可廢也。**喪禮廢，天下遺其親矣；祭禮廢，天下忘其祖矣。**亦言士喪、祭禮也。孟子曰：「未有仁而遺親也。」又曰：「祭必自其祖。」**嗚呼，吾末如之何**〔一〕**也已矣！**」傷時廢此四禮。

〔一〕末如之何：無可奈何。末：莫。論語子罕：「説而不繹，從而不改，吾末如之何也已矣。」

越公問政，子曰：「恭以儉。」楊素驕侈，故規之。**邳公問政，**蘇威封邳國公，爲僕射。**子曰：「清以平。」**威以老臣貴位引其子夔預朝政，非清白公平也，故亦規之。**安平公問政，**李德林封安平郡公。子曰：「無闕人以名。」〔一〕德林文學擅名，然多自負，見毀於時，故規之使無闕名。

〔一〕楊素、蘇威、李德林問政事，因人寓言，不足爲信。參見尹協理、魏明：王通論（中國社會科學出版社，一九八四年，第五〇頁）；徐朔方：王通門人辨疑（浙江大學學報第二九卷第四期，第七頁）。

子謂薛收、賈瓊曰：「春秋、元經，其衰世之意乎〔一〕？義直而微，言曲而中〔二〕。」直微曲中，蓋權行取中。

〔一〕孟子離婁下：「王者之跡熄而詩亡，詩亡然後春秋作。」

〔二〕左傳成公十四年：「春秋之稱，微而顯，志而晦，婉而成章，盡而不汙，懲惡而勸善。」

越公初見子，遇内史薛公，曰：「公見王通乎？」楊素問薛道衡。薛公曰：「鄉人也。並家河東。是其家傳七世矣，家傳儒業。皆有經濟之道而位不逢。」不逢明時。越公曰：「天下豈有七世不逢乎？」薛公曰：「君子道消〔一〕，十世不逢有矣。」若孔子，自弗父何嗣厲公及正考甫佐戴武宣公，至孔父嘉立殤公，至仲尼，凡三百年不遇明時。三十年爲一世。越公曰：「奚若其祖？」公曰：「王氏有祖父焉，有子孫焉；雖然，久於其道，鍾美於是也〔二〕。是人必能敘彝倫〔三〕矣。」六經續而彝倫叙。

〔一〕消：衰歇。易否卦象傳：「内陰而外陽，内柔而外剛，内小人而外君子，小人道長，君子道消也。」

〔二〕左傳昭公二十八年：「子貉早死無後，而天鍾美於是，將必以是大有敗也。」

〔三〕叙：整理。彝倫：倫常。尚書洪範：「天乃錫禹洪範九疇，彝倫攸叙。」

子出自蒲關，自長安出蒲州龍門關北歸晉。關吏陸逢止之曰：「未可以遯〔一〕我生民也。」陸逢，賢人，隱於關吏。子爲之宿，翌日而行。子知其賢，意在生民，故特爲宿，未忍去。陸逢送子曰：「行矣，江湖鱣鯨，非溝瀆所容也。」聖道大，非羣小所知。

〔一〕遯：通「遁」。易遯卦象傳：「天下有山，遯。君子以遠小人，不惡而嚴。」序卦：「遯者，退也。」

程元曰：「敢問『風自火出，家人』〔一〕何也？」易象詞。子曰：「明内而齊外〔二〕，離明，巽齊。故家道正而天下正。」治國者先齊家。

〔一〕易家人象傳文。

〔二〕范祖禹曰：「離，火也；巽，風也。火在内而風在外，家人之道由内以相成，故文中子曰『明内而齊外』也。」見范太史集卷二三家人卦。

子曰：「仁義其教之本乎〔一〕？「立人之道，曰仁與義」，是謂教本。先王以是繼道德而興禮樂者也〔二〕。」韓愈曰：「仁與義爲定名，道與德爲虛位。」然則道德者，本仁而中和之，所以爲禮樂也。

〔一〕禮記禮運：「仁者，義之本也」；「禮也者，義之實也」。樂記：「先王之制禮樂也……將以教民平好惡而反人道之正也。」

〔二〕朱熹答余彝孫曰：「文中子曰：『仁義，教之本，先王以是繼道德。』此先道德而後仁義之説也。此説得之。」

子曰：「禮其皇極之門乎？聖人所以嚮明而節天下也〔一〕。喻門南向，使人出入而節限内外。其得中道乎？解上文皇極義。故能辯上下，定民志〔二〕。」上不偪下，下不僭上，人志自定，是中也。

〔一〕嚮明：南向，朝陽。易説卦：「聖人南面而聽天下，嚮明而治。」

〔二〕易履卦象傳：「君子以辨上下，定民志。」

或問君子，子曰：「知微，知章，知柔，知剛〔一〕。」易繫辭。曰：「『君子不器』〔二〕，何如？」子曰：「此之謂不器。」即此微、章、柔、剛是不器。

〔一〕易繫辭下：「君子知微知彰，知柔知剛，萬夫之望。」

〔二〕論語爲政：「子曰：『君子不器。』」

文中子曰：「周、齊之際，王公大臣不暇及禮矣。北齊高洋至高緯二十八年，後周自宇文覺至介國公二十五年，日尋干戈，雖有名臣，豈暇及禮哉！獻公曰：安康獻公。『天子失禮，則諸侯脩於國；諸侯失禮，則大夫脩於家〔一〕。』周東遷邦，禮喪，韓宣子適魯，曰：「周禮在魯矣。」此諸侯脩於國也。魯三家專政，八佾舞庭，孔子自衛反魯，乃定禮樂，此大夫脩於家也。禮樂之作，獻公之志也。」禮論、樂論，蓋推獻公之志而作。

〔一〕周制：諸侯有國，大夫有家。論語季氏：「丘也聞有國有家者，不患寡而患不均。」尚書皋陶謨：「日宣三德，夙夜浚明有家；日嚴祇敬六德，亮采有邦。」

程元問六經之致，續經。子曰：「吾續書以存漢、晉之實，續書起於漢高祖，止晉武帝。續詩以辯六代之俗，六代詩，見上。修元經以斷南北之疑，晉東遷，故南朝推運曆者因以齊、梁、陳爲正統；後魏據中原，故北朝推運曆者以北齊、周、隋爲正統，於是南、北二史「夷」、「虜」相稱而天下疑矣。元經者，所以尊中國，故中國無主則正統在晉、宋，中國有主則正統歸魏、周。 **讚易道以申先師之旨，**申明十翼也。 **正禮、樂以旌後王之失**〔一〕，後王有不合周公制作者，則論而正之。 **如斯而已矣。」程元曰：「『作者之謂聖，述者之謂明』**〔二〕**，夫子**〔三〕**何處乎？」**處，居中。 **子曰：「吾於道屢伸而已**〔四〕，言我亦不作，亦不述，蓋以微言絶，大義乖，則我再三伸明之爾。 **其好而能樂、勤而不猒**〔五〕**者乎？** 言我但好學不厭而已。 **聖與明吾安敢處？」**不敢當程元所言。

〔一〕葉適水心別集卷八王通：「夫通既退不用矣，於是續書以存漢、晉之實，續詩以辯六代之俗，修元經以斷南北之疑，贊易道，正禮、樂。 其能以聖人之心處後世之變乎！」

〔二〕禮記樂記：「知禮樂之情者能作，識禮樂之文者能述。 作者之謂聖，述者之謂明。」

〔三〕「夫子」原作「天子」，據六子本改。

〔四〕伸：同「申」。 荀悅申鑒政體：「夫道之本，仁義而已矣。 ……前鑒既明，後復申之。 故古之聖王，其於仁義也，申重而已。」

〔五〕猒：同「厭」。 論語雍也：「知之者不如好之者，好之者不如樂之者。」述而：「默而識之，學而不厭，誨人不倦，何有於我哉！」

子曰：「有坐而得者，有坐而不得者；有行而至者，有不行而至者〔一〕**。」**老子曰：坐進此道。書曰：行之惟難。坐之、行之，一也，而有得有不得，有至有不至。此言人性差殊，各由所習，遂相遠也。

〔一〕俞樾諸子平議補録卷十二：「『有不行而至者』當作『有行而不至者』，與上文『有坐而不得者』相對成文。……以阮注證之，則正文無不行而至之意明矣。」

子曰：「見而存〔一〕，因所見而存諸心。未若不見而存者也。」不待見而心常存之，猶言「不勉而中」、「不言而信」也。

〔一〕存：存心，存仁。孟子離婁下：「君子以仁存心，以禮存心。」

子曰：「君子可招而不可誘，可以禮招，不可以機誘。可棄而不可慢。棄，謂道不同；慢，謂傷名教。輕譽苟毁，好憎尚怒，小人哉！」四者任情。

子曰：「以勢交者，勢傾則絶；以利交者，利窮則散，故君子不與也。」不與之交。

子謂：「薛收善接小人，遠而不踈，近而不狎，頹如〔一〕也。」頹如，不矜持之貌。

〔一二〕頽如：恭順貌。禮記檀弓上：「拜而後稽顙，頽乎其順也。」

子遊汾亭〔一〕，坐鼓琴。君子不去琴瑟。有舟而釣者過，曰：「美哉，琴意！釣，隱者也，聞琴知意。傷而和，怨而静，傷怨和静，乃緩傷絃調也。在山澤而有〔二〕廊廟之志，非太公之都磻溪〔三〕，則仲尼之宅泗〔四〕濱也。」時亂，賢人隱於野。子驟而鼓南風〔五〕，釣者曰：「嘻！非今日事也。道能利生民，功足濟天下，其有虞氏之心乎？不如舜自鼓也，聲存而操變矣。」所傳南風，聲則存矣，而所操者之情則變而不類。子遽捨琴，謂門人曰：「情之變聲也如是乎？」起將延之，釣者摇竿鼓枻〔六〕而逝。門人追之，子曰：「無追也。播鼗武入於河，擊磬襄入於海〔七〕，固有之也。」掌鼗、掌磬之官，武、襄是其名也。魯哀公時禮壞樂崩，樂人皆去。遂志其事，作汾亭操焉〔八〕。文中子撰此操。

〔一〕汾亭：河津縣誌稱「汾亭在汾河岸疏屬山」，今址不可考。今山西河津市吴村疏屬山有唐代修建之文中子汾亭。

〔二〕「有」字原脱，據四部叢刊本補。

〔三〕磻溪：一名璜河，在今陝西寶雞市東南。相傳吕尚在此垂釣而遇周文王。

〔四〕「泗」原作「四」，據四部叢刊本改。泗水，今山東中部一帶，流經曲阜地區。史記孔子世家：

「孔子葬魯城北泗上。」

〔五〕南風：古琴歌名。禮記樂記：「昔者舜作五弦之琴以歌南風。」韓非子外儲説左上：「昔者舜鼓五弦，歌南風之詩，而天下治。」淮南子泰族訓：「舜爲天子，彈五弦之琴，歌南風之詩，而天下治。」

〔六〕柂：同「枻」，船槳。

〔七〕播鼗武、擊磬襄：魯哀公時樂官。見論語微子：「大師摯適齊，亞飯干適楚，三飯繚適蔡，四飯缺適秦，鼓方叔入於河，播鼗武入於漢，少師陽、擊磬襄入於海。」

〔八〕王績答馮子華處士書：「吾家三兄，生於隋末，傷世擾亂，有道無位，作汾亭操，蓋孔子龜山之流也。吾嘗親受其調，頗爲曲盡。」

子之夏城，絳州有夏城縣。薛收、姚義後，遇牧豕者，問塗焉。牧者曰：「從誰歟？」薛收曰：「從王先生也。」牧者曰：「有鳥有鳥，則飛於天；有魚有魚，則潛於淵〔一〕；一本作「泉」，後人避唐諱也。知道者蓋默默焉。」牧者亦隱士也，意謂魚鳥尚得其所，知道者何不默而遁？子聞之，謂薛收曰：「獨善可矣。斥牧者。不有言者，誰明道乎〔二〕？」既云知道，即不可獨善其身，必當言於天下，使明而行焉。

〔一〕詩大雅旱麓：「鳶飛戾天，魚躍於淵。」

〔三〕論語陽貨：「子曰：『予欲無言。』子貢曰：『子如不言，則小子何述焉？』」

子不相形〔一〕，不可以貌取人。不禱疾〔二〕，無妄之疾，勿藥有喜。不卜非義。不疑何卜。

〔一〕荀子非相：「相人，古之人無有也，學者不道也。……形不勝心，心不勝術。術正而心順之，則形相雖惡而心術善，無害爲君子也。形相雖善而心術惡，無害爲小人也。」

〔二〕論語述而：孔子疾，子路請禱。子曰：「丘之禱久矣。」八佾：「獲罪於天，無所禱也。」顔淵：「死生有命，富貴在天。」

子曰：「君子不受虛譽，不祈妄福，不避死義〔一〕。」三者常德也。

〔一〕俞樾諸子平議補録卷十二：「『死義』當作『義死』，言死固當避，以義而死，則君子不避也。『義死』與上句『妄福』對文。」

文中子曰：「記人之善而忘其過，温大雅能之；深而弘，能容物。處貧賤而不懾〔一〕，魏徵能之；直而遂，能强立。聞過而有喜色，程元能之；好學。亂世羞富貴，竇威能之；好禮儉肅。慎密不出〔二〕，董常能之。」知時。

〔一〕懾：氣餒。

〔二〕易繫辭上：「亂之所生也，則言語以爲階。君不密則失臣，臣不密則失身，幾事不密則害成，是以君子慎密而不出也。」禮記中庸：「國有道，其言足以興；國無道，其默足以容。」

陳叔達謂子曰：「吾視夫子之道，何其早成也？」子謁隋文帝時年二十一，是早成。子曰：「通於道有志焉，又焉取乎早成耶？」言志學於道，非務早成。叔達出，遇程元、竇威於塗，因言之。程元曰：「夫子之成也，吾儕慕道久矣，未嘗不充欲〔一〕焉。所問道必充其欲。遊夫子之門者，未有問而不知、求而不給者也。凡登門者皆充欲。詩云：『實獲我心〔二〕。』蓋天啓之〔三〕，非積學能致也。」言早成亦非志學，蓋天縱生知爾。子聞之，曰：「元，汝知乎哉？天下未有不學而成者也〔四〕。」必須學。

〔一〕充欲：心滿意足。

〔二〕詩邶風緑衣：「我思古人，實獲我心。」

〔三〕左傳閔公元年：「以是始賞，天啓之矣。」國語鄭語：「天之所啓，十世不替。」

〔四〕論語子張：「君子學以致其道。」

或問長生神仙之道，子曰：「仁義不修，孝悌不立，奚爲長生？苟不仁不孝，長生何爲？甚矣，人之無厭也！」秦皇、漢武，無厭妄求。

或問嚴光、樊英名隱〔一〕，光，字子陵，少與漢光武同學，除爲諫議，不就，耕於富春山，釣於瀨上。樊英，字季齊，明經，善推步之術，順帝徵，不出，隱於壺山。此並不求名而隱，故曰「名隱」。子曰：「古之避言人也。」避毁譽之言而已。問東方朔〔二〕，朔，字蔓倩，漢武帝時爲郎，諸郎呼爲「狂人」，醉歌曰：「陸沈於俗，避世金馬門。」子曰：「人隱者也。」詭跡混俗，不自求别於衆人，故曰「人隱」。

〔一〕「名隱」二字疑是旁注混入正文者。參見周公篇：「至人天隱，其次地隱，其次名隱。」

〔二〕史記滑稽列傳：東方朔行殿中，郎謂之曰：「人皆以先生爲狂。」朔曰：「如朔等，所謂避世於朝廷間者也。古之人乃避世於深山中。」時坐席中，酒酣，據地歌曰：「陸沈於俗，避世金馬門。宫殿中可以避世全身，何必深山之中、蒿廬之下？」

子曰：「自太伯、虞仲已來，天下鮮避地者也。」古公長子太伯，次虞仲，少季歷。季歷子昌有聖瑞，太伯、虞仲知立季歷以及昌，於是如荆、吴，以讓季歷。一云虞仲乃仲雍之孫也，君於吴，後武王克商，封虞仲於周。未知孰是。言二人皆奔之遠地以避賢君，故曰「避地」。仲長子光，天隱者也，無往而不適矣。」因言數人，其隱則一，而道德相遠：或藏名，或混俗，或讓國，皆執一有跡也；惟天隱浩然太虛，孰爲名，孰爲俗，孰爲國，惟變所適，人不能知，是「天隱」也。

子曰：「遁世無悶〔一〕，其避世之謂乎？避世，即天隱也。生世間，治則彰，亂則晦，樂則行，憂則違，適時而已，又何悶哉！此與名隱、人隱、地隱異矣。非夫無可無不可〔二〕，不能齊也。」可不可齊致，則成天隱。

〔一〕易乾卦文言傳：「不易乎世，不成乎名，遯世無悶，不見是而無悶。」

〔二〕論語微子：「虞仲、夷逸隱居放言，身中清，廢中權。我則異於是，無可無不可。」

文中子曰：「小雅盡廢而春秋作矣，四夷交侵，故春秋作，以尊中國。小化皆衰而天下非一帝。續詩有大化、小化，亦大、小雅之義也；及其衰也，四夷僭帝號，故曰「非一帝」。元經所以續而作者，其衰世之意乎？」救世衰，故續春秋之法。

子在絳，出於野，遇陳守，叔達時爲絳郡守。曰：「夫子何之乎？」子曰：「將之夏〔一〕。」

絳州夏城縣。陳守令勸吏息役。慮其師見役民。董常聞之曰：「吾知夫子行國〔二〕矣，未嘗虛行也。」漢置八使行國，以觀天下風俗。文中子一布衣，出行而郡守息役，是不虛行也。

〔一〕夏：華夏也，中國也，所以諷叔達也。

〔二〕行國：巡視各地。漢書宣帝紀：漢宣帝元康四年春正月，「遣大中大夫强等十二人循行天下，存問鰥寡，覽觀風俗，察吏治得失，舉茂材異倫之士」。

賈瓊事楚公〔一〕，困〔二〕讒而歸，以告子。楚公，注見上。子曰：「瓊，汝將閉門卻掃歟？不知緘口而内修也。古人杜門卻掃者，義在緘口浄其内也。瓊，未達古人之意焉。」將謂真閉門。

〔一〕楚公：指楊玄感。

〔二〕「困」，六子本作「因」。

仲長子光曰：「在險而運奇，不若宅平而無爲。」運奇，一時之用；無爲，長世之圖。文中子以爲知言。言得大者、遠者。

文中子曰：「其名彌消，其德彌長；其身彌退，其道彌進〔一〕。此人其知之矣。」此人，即謂仲長子光也。退宅平無爲，則知消長進退之極致也。

〔一〕老子四十七章：「爲學日益，爲道日損。」四十一章：「道隱無名。」

子曰：「知之者不如行之者，苟不能行，猶不知。行之者不如安之者〔一〕。」委物以能，不勞聰明，安然而事自行，此亦廣上文「無爲」之義。

〔一〕論語雍也：「知之者不如好之者，好之者不如樂之者。」

仲長子光字不曜〔一〕，董常字履常，子曰：「稱〔二〕德矣。」子之叔弟績字無功，子曰：「字，朋友之職也。朋友呼而字之，非自立也。『神人無功』〔三〕，非爾所宜也。」常名之。績終號「無功子」，自作傳，棄官不仕。季弟名靜，薛收字之曰「保名」，子聞之曰：「薛生善字矣。靜能保名〔四〕，有稱有誠，薛生於是乎可與友〔五〕也。」表德則稱之，未有可稱則誠之，蓋益友矣。

〔一〕曜：同「耀」。老子五十八章：「聖人方而不割，廉而不劌，直而不肆，光而不曜。」

〔二〕稱：指稱，因以見稱。論語憲問：「驥不稱其力，稱其德也。」

〔三〕莊子逍遥遊：「至人無己，神人無功，聖人無名。」
〔四〕韓非子揚權：「聖人執一以静，使名自命，令事自定。」
〔五〕左傳襄公三十一年：「朋友之道，必相教訓以威儀也。」

中說卷第七

述史篇

子曰：「太熙之後，述史者幾乎罵矣，故君子没稱焉〔一〕。」太熙，晉惠帝元年也，已後至十六國載記及南北史，有「索虜」、「島夷」之呼，如詬罵焉。

〔一〕劉知幾史通稱謂：「晉世臣子黨附君親，嫉彼亂華，比諸羣盜，此皆苟徇私忿，忘夫至公。」

楚公作難，賈瓊去之。楚難，注見上。子曰：「瓊可謂立不易方〔一〕矣。」恒卦象云也〔二〕。瓊事楚公，不預事。

〔一〕易恒卦象傳：「君子以立不易方。」

〔二〕「恒卦」原作「常卦」，或因避諱改。

温彦博問知，子曰：「無知〔一〕。」彦博本以多知爲問，子答以「無知」，是知也。問識，子曰：

「無識。」不言如愚。彥博曰：「何謂其然？」子曰：「是究是圖，亶其然乎〔二〕？」常棣詩箋云：「汝深謀之，誠如是矣。」彥博退告董常，常曰：「深乎哉！此文王所以『順帝之則』也。」大雅皇矣篇云：「不識不知，順帝之則。」

〔一〕論語爲政：「知之爲知之，不知爲不知，是知也。」子罕：「吾有知乎哉？無知也。有鄙夫問於我，空空如也。」子路：「君子於其所不知，蓋闕如也。」張載正蒙中正：「有不知則有知，無不知則無知。」

〔二〕詩小雅常棣卒章文。圖：謀劃。亶：誠然。

子曰：「詩有天下之作焉，謂大雅。有一國之作焉，謂國風。有神明之作焉。」謂頌。

吳季札〔一〕曰：「小雅，其周之衰乎？豳，其樂而不淫乎？」左傳襄二十九年：吳季札聘魯，觀周樂，聽小雅，曰：「思而不貳，怨而不言，其周德之衰乎？」聞周南、召南，曰「勤而不怨」，聽豳，曰「樂而不淫」。子曰：「孰謂季子知樂？小雅烏乎衰，其周之盛乎！烏，何也。小雅自鹿鳴至菁菁者莪，皆言先王之德也，故天保已上治內，采薇已下治外。後王能修先王之政，仲尼删詩，謂雖不及先王之大，然亦不失其政，故曰：「小雅，言政之小者也。」季子所聽，云「思而不貳，怨而不言」，則不謂變雅者也。幽、厲之世，國異政，家殊俗，斯變雅作矣，然有先王之遺民，不敢怨貳，亦由先王盛德使然。文中子曰：「周之盛也，何衰乎？」豳烏乎樂，其勤而不怨乎〔二〕！」季子言周南、召南「勤而不怨」，蓋古文悮也，當謂豳詩爾。案：周南關雎樂而不淫，豳實無樂。文中子辯〔三〕季札必知樂，此文之悮耳。

〔一〕季札：春秋時吳王壽夢幼子。壽夢欲立之，季札讓不可，乃立長子諸樊，攝行事當國。吳人固立季札，季札棄其室而耕，乃舍之。諸樊卒，命授弟餘祭，欲傳以次，必致國於季札。餘祭卒，弟餘眛立。餘眛卒，欲授弟季札，季札逃去。見史記吳太伯世家。

〔二〕蘇軾三傳義問小雅周之衰：「詩之中，唯周最備，而周之興廢，於詩爲詳。蓋其道始於閨門父子之間，而施及乎君臣之際，以被冒乎天下者，存乎二南。后稷、公劉、文、武創業之艱難，而幽、厲失道之漸，存乎二雅。……文中子曰：『小雅烏乎衰？其周之盛乎！』札之所謂衰者，蓋其當時親見周道之衰，而不覩乎文、武、成、康之盛也。文中子之所謂盛者，言文、武之餘烈，歷數百年而未忘，雖其子孫之微，而天下猶或宗周也。故曰：二子者，皆得其偏而未備也。太史公曰：『國風好色而不淫，小雅怨誹而不亂。』當周之衰，雖君子不能無怨，要在不至於亂而已。文中子以爲周之全盛，不已過乎！故通乎二子之說，而小雅之道備矣。」

〔三〕「辯」，四部叢刊本作「辨」。

子曰：「太和之主有心哉！」後魏孝文帝。賈瓊曰：「信美矣。」子曰：「未光〔一〕也。」

有心於治，美矣；未成化，是未光。

〔二〕易益卦彖傳：「損上益下，民説無疆。自上下下，其道大光。」

文中子曰：「元經作，君子不榮禄矣。」易否卦：「天地不交，否。君子以儉德避難，不可榮以禄。」言晉惠而下否矣，故元經作。

董常習書，續書。告於子曰：「吴、蜀遂忘乎？」續書有魏而無吴、蜀。子慨然歎曰：「通也敢忘大皇、昭烈之懿識，孔明、公瑾之盛心哉〔一〕！」吴主孫權謚「大皇帝」，蜀主劉備謚「昭烈皇帝」。蜀相諸葛亮字孔明，吴相周瑜字公瑾。「懿識」，謂能任賢也。「盛心」，謂亮云「普天之下，莫匪漢民」、瑜云「曹公託名漢相，實漢之賊」是也。

〔一〕文龍曰：「文中子曰：『通也敢忘大皇、昭烈之懿識，孔明、公瑾之盛心！』噫，漢之君既稱獻帝，魏之君又稱武帝，吴之君又稱大皇帝，蜀之君又稱昭烈皇帝，天無二日，民無二王，一天下而四帝並立，可乎？通之見如此，宜其爲續書之僭也。」見陶宗儀輟耕録卷二十五論秦蜀。

董常曰：「大哉中國！五帝、三王所自立也，五帝：少昊都曲阜，顓頊都濮陽，帝嚳都亳，堯都冀，舜都蒲。三王：夏都安邑，湯都亳，周都雍洛。皆中原之國也。**衣冠禮義所自出也，故聖賢景慕焉〔一〕。**春秋以中國爲法。**中國有一，聖賢明之；中國有並〔二〕，**並，謂吴、蜀是也。**聖賢除之耶？」**除吴、蜀。**子曰：「噫，非中國不敢以訓。」**周、孔之志。

〔一〕戰國策趙二：「中國者，聰明睿知之所居也，萬物財用之所聚也，賢聖之所教也，仁義之所施也，詩書禮樂之所用也，異敏技藝之所試也，遠方之所觀赴也，蠻夷之所義行也。」法言問道：「或曰：孰爲中國？曰：五政之所加，七賦之所養，中於天地者爲中國。」

〔二〕並：並立。淮南子覽冥訓：「太公並世，故武王之功立。」

董常曰：「元經之帝元魏，何也？」元經紀年，書「帝，春正月」，起晉惠帝，止東晉及宋，未忘中國，故帝之。至齊、梁則中國有元魏，故帝魏矣。**子曰：「亂離斯瘼，吾誰適歸〔一〕？**詩四月篇云：「亂離瘼矣，爰其適歸。」箋云：「今政亂，憂病，必有之歸。」**天地有奉，生民有庇，即吾君也〔二〕。**必君元魏。**且居先王之國，**都洛。**受先王之道，**建明堂，修典禮。**予〔三〕先王之民矣，**予，文中子自謂，言予自晉陽穆公已來事魏，故曰「先王之民」。**謂之何哉？」**何爲不帝？**董常曰：「敢問皇始之授魏而帝晉何也？」**魏太祖入長安，始有中原，是歲丙申皇始〔四〕元年，當東晉孝武帝盡太元二十一年也。然元經尚以安、恭紀年。**子曰：「主中國者，將非中國也。**晉主中國，至孝武帝名存而實去矣，故曰「非中國」。**我聞有命，未敢以告人，**揚之水篇云也。聞有善政之命，未敢告動民心去之。**則猶傷之者也。傷之者，懷之也。」**雖實去，尚追懷之。**董常曰：「敢問卒帝之何也？」**魏至孝文方得紀帝。**子曰：「貴其時，大其事，於是乎用義矣。」**天時、人事盛大而帝之，得其宜也。

〔一〕瘼：疾病，苦難。左傳宣公十二年：「詩曰：『亂離瘼矣，爰其適歸？』歸於怙亂者也夫。」

〔二〕參見申鑒雜言上：「人主承天命以養民者也。」資治通鑑魏紀一文帝黃初二年：「天生烝民，其勢不能自治，必相與戴君以治之。苟能禁暴除害以保全其生，賞善罰惡使不至於亂，斯可謂之君矣。」

〔三〕或謂當作「子」，謂愛民如子之意。參見駱建人：文中子研究（臺灣商務印書館，一九九〇年，第一三四頁）。

〔四〕「始」原作「后」。案：「皇始」爲北魏道武帝拓跋珪年號。皇始元年，即公元三九六年，爲東晉孝武帝太元二十一年。

子曰：「穆公來，王肅〔一〕至而元魏達矣。」穆公虯，宋順帝昇明二年奔魏，王肅字恭懿，齊明帝建武四年亦奔魏，並魏孝文時也。虯爲晉陽太守，肅爲平南將軍，皆預國政。虯累薦肅，肅制典章律令，故曰「達矣」。

〔一〕王肅：字恭懿，琅邪臨沂人。父奂及兄弟並爲蕭賾所殺。肅自建業來奔，是歲魏太和十七年。孝文帝虚襟待之，肅爲陳説治亂，因言蕭氏危滅之兆，勸文帝大舉。於是器重禮遇日有加焉，肅亦盡忠輸誠，無所隱避。文帝崩，遺詔以肅爲尚書令，與咸陽王禧等同爲宰輔。肅頻在邊，悉心撫接，遠近歸懷。景明二年卒，年三十八。見魏書王肅傳、北史王肅傳。

子曰：「非至公，不及史也〔一〕。」以先王爲公。

〔一〕劉知幾史通稱謂曰：「晉世臣子党附君親，嫉彼亂華，比諸羣盜，此皆苟徇私忿，忘夫至公。」陳寅恪舊史詩：「厭讀前人舊史篇，島夷索虜總紛然。魏收沈約休相誚，同是生民在倒懸。」（詩集，三聯書店，二〇〇九年，第七八頁）按：此詩作於一九五一年，陳詩諷諭時事，亦文中「至公」之意也。

叔恬曰：「敢問元經書陳亡而具五國，何也？」書「隋九年春，帝正月，晉、宋、齊、梁、陳亡」。子曰：「江東，中國之舊也，衣冠禮樂〔一〕之所就也。永嘉之後，江東貴焉，晉懷帝永嘉二年，琅耶王〔二〕叡自徐州移鎮建業，中國衣冠往依焉。而卒不貴，貴猶興也。無人也。元、明、成三帝，二十餘年，賴王導爲之輔；康、穆之世，桓温專政，晉祚中微；至孝武朝，賴謝安爲之佐，江東復振；安卒後，桓玄篡位，劉裕興焉。是無多賢人使然。齊、梁、陳於是乎不與其爲國也。宋嘗有樹晉之功，君子猶與之也；至齊、梁、陳，無復念中國，但自相篡立，故曰「不與其爲國也」。及其亡也，君子〔三〕猶懷之，齊、梁、陳亡，君子猶懷晉、宋。故書曰『晉、宋、齊、梁、陳亡』，具五以歸其國，歸晉舊國。且言其國亡也〔四〕。春秋書梁亡，言自亡也。江東亦然。不任賢，不修典禮，尚淫靡之文，自取亡國，故曰「自亡」。嗚呼，棄先王之禮樂以至是乎！」南朝喪棄古道。叔恬曰：「晉、宋亡國久矣，今具之，何謂也？」子曰：「衣冠文物之舊，君子不欲其先亡。宋嘗有樹晉之功，有復中國之志，宋祖劉裕平桓玄、盧循，此樹晉功也；伐南燕，擒慕容超，伐後秦姚泓，平洛陽，修謁五陵，留子義真守長安，此復中國志也。亦不欲其先亡也。故具齊、梁、陳以歸其國也。其未亡，則君子奪其國焉，曰：『中國之禮樂安在？』齊、梁、陳不修禮樂，但自謀立，故君子至公及史，以其未亡而必奪之也。其已亡，則君子與其國焉，曰：『猶我中國之遺人〔五〕也。』」已亡，謂晉、宋禮樂猶存先王之化，衣冠猶有中國之人。故君子及史，雖其已亡，而必與之也。叔恬曰：「敢問其志。」文中子泫然而興曰：「銅川府君之志也，通不敢廢。銅川，子之父也，著興衰要論，言六代得失，此其志也。書五國並時而亡，蓋傷先王之道盡墜。故君子大其言，極其敗，於是乎掃地而求更新也。『期逝不至，而多爲卹』，杕杜篇云：「匪載匪來，憂心孔疚；期逝不至，而多爲恤。」逝，往也。恤，憂也。言君子未來，我憂恤之，往不可期其來至，而徒多日爲病也。文中子喻己懷先王之道，亦猶此詩爾。汝知之乎？此元經所以書也〔六〕。」所以書「五國皆亡」也。

〔一〕衣冠禮樂：代指中國人文道統。

〔二〕「耶」，四部叢刊本作「邪」。

〔三〕君子：當指王通父王隆。文中子世家：「開皇九年，江東平。銅川府君歎曰：『王道無叙，天下何爲而一乎？』文中子侍側，十歲（按：當爲六歲）矣，有憂色曰：『通聞古之爲邦，有長久之策，故夏、殷以下數百年，四海常一統也。後之爲邦，行苟且之政，故魏、晉以下數百年，九州無定主也。上失其道，民散久矣。一彼一此，何常之有？夫子之歎，蓋憂皇綱不振，生人勞於聚斂而天下將亂乎？』銅川府君異之曰：『其然乎？』遂告以元經之事，文中子再拜受之。」

〔四〕春秋僖公十九年：「冬，公會陳人、蔡人、楚人、鄭人，盟於齊。梁亡。」公羊傳：「此未有伐者，其言梁亡何？自亡也。其自亡奈何？魚爛而亡也。」王通言晉、宋、齊、梁、陳「國亡」，即用此意。

〔五〕遺人：遺民，疑避唐太宗李世民諱改。

〔六〕汪吟龍與章太炎論文中子書：「推文中子之用心，曷嘗一日忘中國哉！『民懷戎狄』之語，叔恬蓋有慨焉。文中子世仕北朝，傷心禮樂。元經之作，實具苦心。絶筆陳亡，意微而顯。」（文中子考信録，臺灣商務印書館，一九六三年，第九六頁）

文中子曰：「漢、魏禮樂，其末不足稱也，末，謂末節也。然書不可廢，尚有近古對議存焉。續書有對、議。問對，若高貴鄉公問諸儒經義，淳于俊、馬昭等對曰「三王〔一〕以德化民，三王以禮爲治」是也。議，若夏侯玄議時事曰「銓衡臺閣，上之分；孝悌閭里，下之分」是也。制、誌、詔、册，則幾乎典誥〔二〕矣。」制，發於君心也；誌，臣下誌君之善也；誥，君告于下也；册，君求於賢也，皆近於二典九誥。

〔一〕「王」原作「五」，據四部叢刊本改。

〔二〕典誥：謂尚書之堯典、舜典與仲虺之誥、湯誥、盤庚、大誥、康誥、酒誥、召誥、洛誥、康王之誥。

薛收問仁，子曰：「五常之始也。」五常一曰仁，在乾「四德」爲善長；在孟子「四端」爲惻隱。問性，子曰：「五常之本也。」本，謂善也。孟子曰：「人性無不善。」孔子曰：「繼之者善也，成之者性也。」問道，子曰〔一〕：「五常一也。」性善，其道一也。禮曰：「率性之謂道。」

〔一〕「曰」字原脱，據四部叢刊本補。

賈瓊曰：「子於道有不盡矣乎？」言夫子以門人不可教而夫子不盡以道教之乎？子曰：「通於三才五常有不盡者，神明殛〔一〕也。責賈瓊不知心也。言三才五常之道，有爲之教，吾盡之矣；如要無爲，則退藏於密，不能盡焉。或力不足者〔二〕，斯止矣。」智不及則有不盡焉，故不教爾也。此謙辭。

〔一〕殛：誅殺。參見論語雍也：「子見南子，子路不説。夫子矢之曰：『予所否者，天厭之！天厭之！』」

〔二〕論語雍也：「冉求曰：『非不説子之道，力不足也。』子曰：『力不足者，中道而廢，今女畫。』」

裴晞問穆公之事〔一〕，續書有此篇名，事則未詳。子曰：「舅氏不聞鳳皇〔二〕乎？覽德暉而下，何必懷彼也？」晞，文中子之舅也。鳳翔千仞，有德則來，無德則去。叔恬曰：「穆公之事，蓋明齊魏。」言續書之事非爲穆公而已，蓋明南齊篡國，君子振鳳翮而去之，穆公所以來魏也。

〔一〕穆公之事：王通曾祖王虬於齊高帝建元元年（魏孝文帝太和三年）自齊奔魏。

〔二〕尚書益稷：「簫韶九成，鳳皇來儀。」吕氏春秋開春論：「王者厚其德，積衆善，而鳳皇聖人皆來至矣。」

裴晞曰：「人壽幾何？吾視仲尼何其勞也〔一〕！」應聘列國，未嘗暫暇。子曰：「有之矣，其勞也。敢違天乎？仲尼誠有此勞也，然天行健，君子自强不息，豈敢違天？焉知後之視今不如今之視昔也〔二〕？」子自謂：我勤道亦勞也，然後人視我，亦將譏人壽幾何也。

〔一〕法言學行："堯、舜、禹、湯、文、武汲汲，仲尼皇皇，其已久矣。"

〔二〕論語子罕："後生可畏，焉知來者之不如今也？"

温大雅問："如之何可使爲政？"子曰："仁以行之，寬以居之，深識禮樂之情。"若周公是也。"敢問其次。"子曰："言必忠，行必恕，鼓之以利害不動。"若孟軻是也。又問其次，子曰："謹而固，廉而慮，齪齪〔一〕焉自保，不足以發也。"若伯夷、叔齊是也。子曰："降此則穿窬之人〔二〕爾，苟無周公之深識、孟軻之不動，又無伯夷、叔齊之謹固，則是竊禄，如穿窬者爾。何足及政？抑可使備員矣〔三〕。"若漢之張禹、魏之鍾繇、晉之張華之類，備員相位，實非及民之政也。

〔一〕齪齪：拘謹貌。

〔二〕穿窬之人：指小人。窬：門邊小洞。穿窬：喻不由正道。論語陽貨："色厲而内荏，譬諸小人，其猶穿窬之盜也與！"

〔三〕論語子路："子貢問曰：『何如斯可謂之士矣？』曰：『行己有恥，使於四方，不辱君命，可謂士矣。』曰：『敢問其次。』曰：『宗族稱孝焉，鄉党稱弟焉。』曰：『敢問其次。』曰：『言必信，行必果，硜硜然小人哉！抑亦可以爲次矣。』曰：『今之從政者何如？』子曰：『噫！斗筲之人，何足算也！』"

子曰：「宗祖廢而氏姓離矣〔一〕，朋友廢而名字亂矣。」大宗小宗，同尊其祖，所以親族不離；朋友相字，以表其德，所以稱謂不亂。

〔一〕顧炎武原姓篇：「男子稱氏，女子稱姓。氏一再傳而可變，姓千萬年而不變。」「自秦以後之人，以氏爲姓，以姓稱男，而周制亡，而族類亂。」

内史薛公謂子曰：「吾文章可謂淫溺〔一〕矣。」薛道衡自謂淫文溺於所習。文中子離席而拜曰：「敢賀丈人之知過也。」薛公因執子手，喟然而詠曰：「老夫亦何冀？之〔二〕子振頹綱。」詠古詩也。頹綱，謂六朝文弊。

〔一〕淫溺：沉迷而不知節制。

〔二〕之：是。詩召南鵲巢：「之子於歸，百兩御之。」

子將之陜，河南陜縣，唐置陜州。門人從者鏘鏘〔一〕焉被於路。子止之曰：「散矣，不知我者謂我何求。」門人乃退。黍離詩曰：「知我者謂我心憂，不知我者謂我何求〔二〕。」

〔一〕鏘鏘：盛大貌。王績遊北山賦：「白牛溪裏，峰巒四峙。信兹山之奥域，昔吾兄之所止。……康成負笈而相繼，根矩摳衣而未已。組帶青衿，鏘鏘儗儗。」

〔三〕詩王風黍離文。又魏風園有桃：「不知我者，謂我士也驕。」

子謂賀若弼曰：「『壯於趾』〔一〕而已矣。」大壯初九：「壯於趾，征凶。」言居下用剛也。

〔一〕易大壯初九：「壯於趾，征凶，有孚。」象傳：「『壯於趾』，其孚窮也。」

子曰：「天下未有不勞而成者也〔一〕。」孟子曰：君子勞心，小人勞力。

〔一〕論語雍也：「仁者先難而後獲。」淮南子修務訓：「神農憔悴，堯瘦癯，舜黴黑，禹胼胝。」

賈瓊問正家之道，子曰：「言有物而行有恒〔一〕。」答以家人卦大象詞。

〔一〕「恒」，原避宋真宗趙恒諱改作「常」，今回改。易家人象傳：「風自火出，家人。君子以言有物而行有恒。」象傳：「父父、子子、兄兄、弟弟、夫夫、婦婦，而家道正。」

王孝逸謂子曰：「盍說乎？」游說。子曰：「嗚呼！言之不見信久矣，困卦繇云：「有言不信。」周公之詞也，故曰「久矣」。吾將『正大人』〔一〕以取吉，尚口則窮也。且『致命遂志』〔二〕，其唯君子乎？」困卦繇云：「正大人吉。」象曰：「正大人吉，以剛中也。有言不信，尚口乃窮也。」象曰：「君子以致命遂志。」言命雖致困，志必遂通。

〔一〕正大人：即「貞大人」。易困卦：「貞大人吉，無咎。有言不信。」王弼注：「處困而言，不先見信之時也。」

〔二〕致命：授命。遂志：達到目的。易困卦象傳：「澤無水，困。君子以致命遂志。」

文中子曰：「春秋其以天道終乎？故止於獲麟〔一〕。麟不遇時，天命窮矣。元經其以人事終乎？故止於陳亡。先王之道掃地，而求更新，是人事極矣。於是乎天人備矣。」春秋王次春，正次王，是天人之道參焉。孔子因天命之窮，仲淹因人事之極，天人之道一也。薛收曰：「何謂也？」子曰：「天人相與之際〔二〕，甚可畏也，此董仲舒解春秋云也。故君子備之。」

〔一〕春秋哀公十四年：「春，西狩獲麟。」公羊傳：「西狩獲麟，孔子曰：『吾道窮矣！』」後人遂以孔子絕筆於獲麟。

〔二〕相與：相交。際：交界。漢書司馬相如列傳：「披藝觀之，天人之際已交，上下相發允答。」

子曰：「可與共樂，未可與共憂；可與共憂，未可與共樂，吾未見可與共憂樂者也〔一〕。樂，謂守成也，治成則與民同樂；憂，謂慮始也，事初則與民同患。凡可與守成者，難與慮始，若成王初疑周公是也；可與慮始，不可與守成，若范蠡終避句踐是也。有始有卒，難全也哉！二帝三王可與憂矣〔三〕。」堯禪舜，舜禪禹，天下共樂矣；湯伐桀，武王伐紂，天下共憂矣。憂樂皆以天下，故文中子以天下之道共與而言之也。

〔二〕孟子梁惠王下：「樂民之樂者，民亦樂其樂；憂民之憂者，民亦憂其憂。樂以天下，憂以天下，然而不王者，未之有也。」

〔三〕「可與憂矣」，俞樾諸子平議補録卷十二以爲當作「可與憂樂矣」。

子曰：「非君子不可與語變〔一〕。」變，權也，反經合道之謂也。孔子曰：「可與適道，未可與權。」

〔一〕易乾卦文言傳：「知進退存亡而不失其正者，其唯聖人乎！」禮記中庸：「君子之中庸也，君子而時中；小人之中庸也，小人而無忌憚也。」

子讚易至於革〔一〕，歎曰：「可矣。其孰能爲此哉？」大業可革。至初九，曰：「吾當之矣，又安行乎？」革初九曰：「鞏用黄牛之革。」象曰：「不可以有爲也。」

〔一〕革：易卦名，卦象離下兑上。革卦彖傳：「天地革而四時成，湯、武革命，順乎天而應乎人。」

薛收問一卦六爻之義，子曰：「卦也者，著天下之時也；關氏易傳曰：「乾坤屯濟，四卦时之門。變之，開闔也。餘六十卦，爲六十時而小言之，六時而已。」爻也者，傚天下之動也〔一〕。爻，效也。趨時有六動焉，吉凶悔吝所以不同也〔二〕。」一卦一時之動，適時則吉，失時則凶。收曰：「敢問六爻之義。」子曰：「六者非他也，三才之道〔三〕，誰能過乎？」天時、人事不過乎六。關氏易傳曰：「六者，天地生成之謂也。」

〔一〕易繫辭上：「聖人有以見天下之動，而觀其會通，以行其典禮，繫辭焉以斷其吉凶，是故謂之爻。」繫辭下：「爻也者，效天下之動者也。」

〔二〕易繫辭下：「吉凶悔吝者，生乎動者也。」

〔三〕易繫辭下：「易之爲書也，廣大悉備。有天道焉，有人道焉，有地道焉。兼三才而兩之，故六。六者非它也，三才之道也。」

程元、薛收見子，子曰：「二生之學文〔一〕奚志也？」對曰：「尼父之經，夫子之續，不敢殆也。」殆、怠同。子曰：「『允矣君子，展也大成。』車攻詩云也。允，信。展，誠也。大成，謂致太平。居而安，動而變，可以佐王矣。」居而安，可與立也；動而變，可與權也。

〔一〕文：人文制度。國語周語下記單襄公語：「忠，文之實也；信，文之孚也；仁，文之愛也；義，文之制也；智，文之輿也；勇，文之帥也；教，文之施也；孝，文之本也；惠，文之慈也；讓，文之材也。」論語子罕：「文王既没，文不在茲乎？天之將喪斯文也，後死者不得與於斯文也；天之未喪斯文也，匡人其如予何？」

董常之喪，子赴洛，常死在洛。道於沔池〔一〕，河南有沔池縣，唐置穀州。主人不授館。子有飢色，坐荆棘間，讚易不輟也。讚易。謂門人曰：「久矣，吾將輟也，輟讚易。而竟未獲，未獲已。不知今也而通大困。困而不憂〔二〕，窮而不懾〔三〕，通能之，斯學之力也。」主人聞之，召舍具餐焉。世俗亦知非常人。

〔一〕沔池：當爲澠池，今河南澠池縣西。

〔二〕易乾卦文言傳：「居上位而不驕，在下位而不憂。」

〔三〕懾：氣餒。淮南子原道訓：「得道者窮而不懾，達而不榮。」

賈瓊請絶人事，子曰：「不可。」請接人事，子曰：「不可。」絶之、接之，是執一端。瓊曰：「然則奚若？」子曰：「莊以待之〔一〕，信以從之，去者不追，來者不拒〔二〕，泛如〔三〕也，斯可矣。」亂世當如此。

〔一〕論語衛靈公：「知及之，仁不能守之，雖得之，必失之。知及之，仁能守之，不莊以涖之，則民不敬。知及之，仁能守之，莊以涖之，動之不以禮，未善也。」
〔二〕孟子盡心下：「夫子之設科也，往者不追，來者不拒。」
〔三〕莊子列禦寇：「泛若不繫之舟，虚而敖游者也。」

文中子曰：「賈誼〔一〕夭，孝文崩，則漢祚可見矣。」賈誼年十八，上書孝文帝，謂才堪卿相，然未及大用而誼夭。帝崩，使漢祚不及三代之永，誠以此爾。

〔一〕賈誼：洛陽人，漢文帝博士，超遷至太中大夫。天子議以誼任公卿之位，衆皆毁之，遂以誼爲長沙王太傅。後爲梁懷王太傅。嘗上書文帝，力陳諸侯國之害。梁王墜馬亡，誼自傷而死，年三十三。劉向曰：「賈誼言三代與秦治亂之意，其論甚美，通達國體，雖古之伊、管未能遠過也。使時見用，功化必盛。爲庸臣所害，甚可悼痛。」見漢書賈誼傳。

子曰：「我未見謙〔一〕而有怨、亢〔二〕而無辱、惡而不彰者也。」三者必然之理。

〔一〕尚書大禹謨：「滿招損，謙受益，時乃天道。」顔氏家訓止足：「天地鬼神之道，皆惡滿盈。謙虚沖損，可以免害。」

〔二〕亢：剛强。易乾上九：「亢龍，有悔。」象傳：「『亢龍有悔』，盈不可久也。」

董常曰：「子之十二策〔一〕奚稟也？」子曰：「有天道焉，有地道焉，有人道焉，此其稟也。」策今亡。董常曰：「噫，三極之道，稟之而行，不亦煥〔二〕乎！」極者，謂動也。子曰：「十二策若行於時，則六經不續矣。」董常曰：「何謂也？」子曰：「仰以觀天文，俯以察地理，中以建人極〔三〕，吾暇矣哉，足得無爲。其有不言之教行而與萬物息〔四〕矣。」堯民曰「日出而作，日入而息，帝何力於我哉」是也。

〔一〕魏相篇：「子謁見隋祖，一接而陳十二策，編成四卷。」文中子世家：「仁壽三年，文中子冠矣，慨然有濟蒼生之心，西遊長安，見隋文帝。帝坐太極殿召見，因奏太平策十有二，策尊王道，推霸略，稽今驗古，恢恢乎運天下於指掌矣。」

〔二〕煥：光明。論語泰伯：「唯天爲大，唯堯則之。蕩蕩乎，民無能名焉。巍巍乎其有成功也，煥乎其有文章！」左傳隱公五年：「昭文章，明貴賤，辨等列，順少長，習威儀也。」

〔三〕人極：即民極。尚書君奭：「前人敷乃心，乃悉命汝，作汝民極。」又洪範：「皇極：皇建其有極。」孔傳：「太中之道，大立其有中。」蔡沈注：「極，猶北極之極，至極之名，標準之名，中立而四方之所取正焉者也。」

〔四〕老子二章：「聖人處無爲之事，行不言之教。」息：生息。禮記中庸：「致中和，天地位焉，萬物育焉。」

文中子曰：「天下有道，聖人藏焉；閑暇，故藏。天下無道，聖人彰焉。」辯不得已。董常曰：「願聞其說。」子曰：「反一〔一〕無跡，庸非藏乎？反一，謂反復一性也；復靜則萬慮〔二〕何有？老子曰「歸根曰静」是也。無跡，謂無形也。無形，聖人所以藏諸用，蓋不言之教也。因貳〔三〕以濟，能無彰乎？貳，謂異端也。異端乖乎大義，我則闢之爾。如尼父因史法之貳，作春秋以濟之；孟子因邪説之貳，舉仁義以濟之；文中子因亂華之貳，尊元經以濟之，蓋有爲之典也。如有用我者，當處於太山〔四〕矣。」太山，魯國周公禮樂之地。文中子周之後，故慕焉。一説太山，黄帝有合宫在其下，可以立明堂之制焉。董常曰：「將沖而用之〔五〕乎？沖，虚也。老子曰：「道沖而用之。」言子不求官達而思慕太山黄帝、周公之道，是將假沖虚爲詞乎？易不云乎：易簡而天地之理得矣〔六〕。」易簡，言無爲也。道沖用，則知子之志有不可爲矣。

〔一〕一：道。莊子齊物論：「道通爲一。」繕性：「當時命而大行乎天下，則反一無跡；不當時命而大窮乎天下，則深根寧極而待：此存身之道也。」

〔二〕「慮」原作「虚」，據四部叢刊本改。

〔三〕貳：不一。易繫辭下：「因貳以濟民行，以明失得之報。」俞樾諸子平議補録卷十二：「貳，異端也，乖於大義，我則辟之耳。」

〔四〕太山：泰山明堂。孟子梁惠王下：「齊宣王問曰：『人皆謂我毀明堂，毀諸？已乎？』」趙岐注：「謂泰山下明堂。」按：明堂代指王道。論語陽貨：「如有用我者，吾其爲東周乎！」

〔五〕老子四章：「道沖，而用之或不盈。」四十五章：「大盈若沖，其用不窮。」

〔六〕易繫辭上：「易簡而天下之理得矣。」

杜淹問七制之主，子曰：「有大功也。」注見上。**問賈誼之道何如，子曰：「羣疑亡矣〔一〕。」**易睽卦曰：「遇雨則吉，羣疑亡也。」誼上書文帝曰：「漢興二十餘年，當更秦之法，定官名、禮樂。」又對鬼神之事，君臣相和，如遇雨，吉矣。此其道也。**或問楚元王〔二〕，子曰：「惠〔三〕人也。」**惠，才惠也。元王名交，好書多才，常與魯申公、白公、穆生同受詩，作傳曰元王詩。又，穆生不飲酒，王設醴待之，是惠也。**問河間獻王〔四〕，子曰：「智人也。」**智，謂能周防也。獻王名德，好收書，與朝廷等。是時淮南王亦好書，多招浮辯；獻王修禮樂，服儒術，帝策問三十餘事，王對以道術，得事之中立，是智也。**問東平王蒼〔五〕，子曰：「仁人也。」**仁，謂樂善也。王名蒼，明帝重之，位三公上，蒼意不安，上疏歸藩。帝問處家何樂，蒼曰「爲善最樂」，是仁也。**問東海王强〔六〕，子曰：「義人也。」**光武太子，名强，母郭后有罪廢，而强不自安，乞歸藩，光武不忍，遲迴數年方許之，遂封東海大國，後明帝立，蓋强讓之也，故曰「義」。**保終榮寵，不亦宜乎〔七〕？」**言四王皆善終，有惠智仁義。

〔一〕易睽卦上九：「往遇雨則吉。」象傳：「『遇雨之吉』，羣疑亡也。」漢書賈誼傳：誼爲文帝博士，每詔令議下，諸老先生未能言，誼盡爲之對，人人各如其意所出。

〔二〕楚元王：劉邦異母弟劉交，字遊。好詩、書，多才藝。立二十三年薨。見漢書楚元王傳。

〔三〕逸周書謚法解：「愛民好與曰惠，柔質慈民曰惠。」

〔四〕河間獻王：漢景帝之子劉德，修古好學，實事求是。從民得善書，必爲好寫與之，留其真，加金帛賜以招之，故得書多。所得書皆古文先秦舊書，周官、尚書、禮、孟子、老子之屬，皆經傳説記、七十子之徒所論。修禮樂，被服儒術，造次必於儒者。武帝時，獻王來朝，對三雍宮及詔策所問三十餘事，其對推道術而言，得事之中，文約指明。立二十六年薨。大行令奏曰：「謚法曰：聰明睿知曰獻。宜謚曰獻王。」見漢書景十三王傳。

〔五〕東平王蒼：漢光武帝子劉蒼。少好經書，雅有智思。明帝繼位，拜爲驃騎將軍，位在三公上。蒼與公卿共議定南北郊冠冕車服制度，及光武廟登歌八佾舞數。自以至親輔政，聲望日重，上疏歸職。章帝即位，尊重恩禮踰於前世。朝廷每有疑政，輒驛使諮問。蒼悉心以對，皆見納用。建初八年薨。見後漢書光武十王列傳。

〔六〕東海王强：漢光武帝子劉强。建武二年，立母郭氏爲后，强爲皇太子。十七年，郭后廢，强不自安，數因左右及諸王陳其懇誠，願備蕃國。十九年，封爲東海王。帝以强廢不以過，去就有禮，故優以大封。永平元年薨，年三十四。史臣曰：「東海恭王遜而知廢，爲吴太伯，不亦可乎！」見後漢書光武十王列傳。

〔七〕「乎」原作「矣」，據六子本改。

子曰：「婦人預事而漢道危矣〔一〕，吕后、梁后，産、禄之擅權，冀之跋扈，終危漢也。大臣均權而魏命亂矣，司馬宣王與曹爽争權相傾，終亂魏也。儲后不順而晉室隳矣。惠帝衷太子遹未加師訓而立，果隳晉祚。此非天也，人謀不臧〔二〕咎矣夫！」天，謂曆數也；人，謂典禮也。漢、魏、晉曆數不及三代者，典禮不修故也，此是人謀不臧之咎。

〔一〕「矣」原作「乎」，據六子本改。

〔二〕臧：善。詩小雅小旻：「謀之不臧，則具是依。」

中說卷第八

魏相篇

子謂：「魏相，真漢相。識兵略，達時令，遠乎哉〔一〕！」魏相，字弱翁，學易道，舉賢良，爲漢宣帝相。諫伐西域，是「識兵略」；作明堂月令議，是「達時令」也。

〔一〕漢書魏相傳：元康中，匈奴遣兵擊漢屯田車師者，不能下，上與後將軍趙充國等議，欲擊匈奴，魏相上書諫止，以爲古今異制，方今務在奉行故事而已。數條漢興已來國家便宜行事，及賈誼、晁錯、董仲舒等所言，奏請施行之。又數表採易陰陽及明堂月令奏之。

子曰：「孰謂齊文宣瞢？而善楊遵彦也。北齊文宣帝高洋即位，以法御下，以功業自矜，而瞢於爲政，然善待楊遵彦，又似非瞢。楊愔，字遵彦，事跡注見上。謂孝文明，吾不信也。後魏孝文帝元氏，名宏，都洛陽，文物制度始備，然有王虬不能用，有尒朱榮不能圖，似不明也。謂尒朱榮〔二〕忠，吾不信也。」榮，字天寶，有戰功，爲都督將軍。害靈后及少主而奉莊帝，恐其難制也，手刃殺之。

謂：「陳思王善讓也，能汙其跡，可謂遠刑名矣〔二〕。醉酒馳馬，是汙〔三〕跡也；求小責，免大患，是遠刑也。人謂不密，吾不信也。」皆謂植以才自顯，不知汙跡保晦，其心密矣。

〔一〕尒朱榮：字天寶，北秀容人，世爲部落酋帥，其先居尒朱川，因氏焉。魏明帝時爲六州大都督。武泰元年，胡太后鴆殺明帝。榮自太原起兵，入洛陽，殺太后，立莊帝。封尚書令、太原王，遂有異心，殺百官王公卿士二千餘人。後擒葛榮。位極人臣，居外而遥制朝廷。莊帝畏惡之。永安三年九月，莊帝伏兵於光明殿，手刃之，時年三十八。見魏書尒朱榮傳、北史尒朱榮傳。

〔二〕遠刑名：遠離刑戮。論語公冶長：「邦有道，不廢；邦無道，免於刑戮。」又莊子養生主：「爲善無近名，爲惡無近刑。」俞樾諸子平議補録卷十二曰：「文中子之謂陳思王，正用莊子之意。」

〔三〕「汙」原作「迂」，據四部叢刊本改。

董常問：「古者明而不視、聰而不聞〔一〕，有是夫？」古知道者視聽不用耳目，故問。子曰：「又有圓而不同、方而不礙、直而不抵、抵，訐也。曲而不佞者矣。」廣推其類，終乎中道。常曰：「濁而不穢、清而不皎，剛而和、柔而毅，可乎？」常問一知十。子曰：「出而不聲，隱而不没〔二〕，用之則成，捨之則全，吾與爾有矣〔三〕。」既泛言其道，故終顯其志。

〔一〕淮南子本經訓：「神明藏於無形，精神反於至真，則目明而不以視，耳聰而不以聽，心條達而不以思慮，委而弗爲，和而弗矜，冥性命之情，而智故不得雜焉。」

〔二〕老子二章：「聖人處無爲之事，行不言之教。」禮記中庸：「君子之道費而隱」，「闇然而日章」。

〔三〕論語述而：「用之則行，捨之則藏，唯我與爾有是夫！」按：龔鼎臣本無「吾與爾有矣」句。

子遊馬頰之谷，遂至牛首之谿〔一〕，晉州有馬頰河、牛首山。**登降信宿，從者樂。姚義、竇威進曰：「夫子遂得潛乎？」**潛，隱也。**子曰：「潛雖伏矣，亦孔之炤**〔二〕。**」**詩正月篇也。箋云：「喻賢人道不行。雖潛伏，亦甚易見。」**威曰：「聞朝廷有召子議矣。」**大業十一年再徵，皆不至。**子曰：「彼求我則，如不我得；執我仇仇，亦不我力**〔三〕。**」**箋云：彼王求我如不得，言禮命多也；仇仇，謷謷也；雖執留我，然不問我功力。**姚義曰：「其車既載，乃棄爾輔**〔四〕。**」**箋云：車載物，喻王之任國事也；棄其輔，遠賢也。**竇威曰：「終踰絶險，曾是不意**〔五〕。**」**箋云：車度險，曾不爲意乎？喻治國亦然。**子喟然，遂歌正月終焉。**感愴長言之，終其意也。**既而曰：「不可爲矣。」**言隋必亡，不可救。

〔一〕王績有白牛溪賦，其遊北山賦亦有「白牛溪」之名。賈氏譚録：「文中子，隋末隱白牛溪。」困學紀聞卷十諸子：「『文中子遊馬頰之谷，遂至牛首之谿』，龔氏本云『子遊黄頰之谷，遂至白牛之溪』，注云：『王績嘗題詩黄頰山壁。』愚按負苓者傳：『文中子講道於白牛之溪。』當從龔本。」

故「牛首溪」當爲「白牛溪」。「馬頰谷」、「黄頰谷」不詳，今山西省鄉寧縣西交口鄉龍門山黄花峪有文中子讀書洞，洞名「飛雲」，或即此處。

〔二〕詩小雅正月文。炤：通「昭」，明顯。鄭玄箋：「池魚之所樂而非能樂，其潛伏於淵，又不足以逃，甚炤炤易見。以喻時賢者在朝廷道不行，無所樂；退而窮處，又無所止也。」

〔三〕詩小雅正月文。仇仇：傲慢狀。謂求賢唯恐不得，既得之，則傲然不以爲禮。

〔四〕詩小雅正月文。輔：支撑車輪之直木；一説車箱板。大車重載而去支撑，喻時勢艱難而不用賢人。「棄」原作「求」，據四部叢刊本改。

〔五〕詩小雅正月文。曾：乃。意：留意，原作「億」，據六子本改。

子曰：「書以辯事，詩以正性，言常道在乎事，思無邪在乎性。禮以制行，行不可縱，必禮以制之。樂以和德，德不可苦，必樂以和之。春秋、元經以舉往，仲尼舉周公之典禮，仲淹修孔父之筆法，是往也。易以知來，生生不窮，是來也。先王之蘊盡矣〔一〕。」蘊，奥賾也。

〔一〕荀子勸學：「書者，政事之紀也；詩者，中聲之所止也；禮者，法之大分、羣類之綱紀也，故學至乎禮而止矣。夫是之謂道德之極。禮之敬文也，樂之中和也，詩、書之博也，春秋之微也，在天地之間者畢矣。」王通承其説，而以元經、春秋並舉。王夫之讀通鑑論卷十七梁武帝：「人皆有不敢之心……王莽自以爲周公，曹丕自以爲堯、舜，敢也；揚雄以法言擬論語，王通以元經擬春秋，敢也。」

王孝逸曰：「惜哉夫子不仕，喆人徒生矣！」賈瓊曰：「夫子豈徒生哉？以萬古爲兆人〔一〕，五常爲四國，三才九疇爲公卿，又安用仕？」董常曰：「夫子以續詩、續書爲朝廷，禮論、樂論爲政化，贊易爲司命，元經爲賞罰，此夫子所以生也。」叔恬聞之曰：「孝悌爲社稷，不言爲宗廟，無所不知爲富貴〔二〕，無所不極〔三〕爲死生，天下宗之，夫子之道足矣〔四〕。」雖生亂世，而門人能宗其教以行於天下，生亦足矣。

〔一〕「人」，當作「民」，因避唐太宗李世民諱改。

〔二〕法言君子：「聖人之於天下，恥一物之不知。」

〔三〕極：盡。禮記大學：「君子無所不用其極。」

〔四〕參見孟子公孫丑上：「宰我曰：『以予觀於夫子，賢於堯、舜遠矣。』子貢曰：『見其禮而知其政，聞其樂而知其德，由百世之後，等百世之王，莫之能違也。自生民以來，未有夫子也。』有若曰：『豈惟民哉？麒麟之於走獸，鳳凰之於飛鳥，泰山之於丘垤，河海之於行潦，類也。聖人之於民亦類也。出於其類，拔乎其萃，自生民以來，未有盛於孔子也。』」

賈瓊曰：「中山吴欽，天下之孝者也。吴欽，史傳不顯。其處家也，父兄欣欣然；其行事也，父兄焦然若無所據〔一〕。」欣，悅也；焦，猶孑也；孑然如無依據，言事自集。子曰：「吾黨之孝者異此：設此以證彼之非。其處家也，父母晏然；晏，安也。言不欣嗃而自安。其行事也，父兄恬然若無所思。」無思，言無事也，安用據哉！

〔一〕俞樾諸子平議補録卷十二：「子弟行事而使父兄焦然若無所據，尚得謂之孝哉？此必有誤。疑『事』字衍文，本作『其處家也，父兄欣欣然；其行也，父兄焦然若無所據』。……下文中子曰（略）『事』字亦衍文。蓋吳欽之孝，其處家，父兄欣然，不處家，父兄焦然，尚未能相忘於行跡之間；若吾黨之孝，則處家晏然，不處家恬然，無往不有以安親之心，故行與處一也。衍『事』字，失其意矣。」

裴嘉有婚會，裴嘉，未見。薛方士預焉。方士，未見。酒中而樂作，方士非之而出。士婚禮，「三日不舉樂」。子聞之曰：「薛方士知禮矣，然猶在君子之後乎？」孔子言「先進於禮樂」，謂情生禮樂之前也；「後進於禮樂」，謂文修於禮樂之後也。方士不先爲語之而後非之，無益也，故禮則然矣，而用之何不從先進？

文中子曰：「元經有常也，所正以道，於是乎見義〔一〕。常，經也。經正則義存，若五始不可移易是也。元經有變，所行有適，於是乎見權〔二〕。公羊傳曰：「反經合道爲權。」言順時有適，不執常道，若與奪南北以尊中國是也。權、義舉而皇極立。」取衷，義見上。董常曰：「夫子六經〔三〕，皇極之能事畢矣。」董常知六經一貫而道皆歸乎大中也。

〔一〕左傳昭公二十五年：「夫禮，天之經也，地之義也，民之行也。」

〔二〕權：變通，權宜。公羊傳桓公十一年：「權者何？權者反於經，然後有善者也。」

〔三〕六經：謂續六經。

文中子曰：「春秋，一國之書也，周室一國。其以天下有國而王室不尊乎？故約諸侯以尊王政，約天以禮法。以明天命之未改：此春秋之事也。天命在周未改。元經，天下之書也，罷侯置守，天下爲一國。其以無定國而帝位不明乎？無定國，謂南北分，各無一定也。不明，謂僭號作也。徵天命以正帝位，以明神器〔一〕之有歸：此元經之事也。」天命不改，則周室以一國爲春秋；天命有歸，則晉、宋、魏、周、隋合天下爲元經。文體雖殊，其志一也。

〔一〕神器：天下。老子二十九章：「天下神器，不可爲。」

董常曰：「執小義妨大權〔二〕，春秋、元經之所罪與？」上文云：「權、義舉而皇極立。」董常推此意，以爲義大權小，則正以義歟？或義小權大，則適平權歟？子曰：「斯謂皇之不極。」執小妨大，是大之不中也，故必執大棄小，是謂大中。

〔一〕參見論語子路：「言必信，行必果，硜硜然小人哉！」

御河之役，子聞之曰：「人力盡矣。」魏郡白溝，煬帝開永濟渠，名御河，運糧征遼。

子居家，不暫捨周禮。門人問子，子曰：「先師以王道極是也，如有用我，則執此以往〔一〕。先師，謂孔子也。定禮樂，時極周道而已。通也宗周之介子〔二〕，敢忘其禮乎？」孔子尚極此說，我小子敢暫捨哉！

〔一〕參見論語陽貨：「如有用我者，吾其爲東周乎！」八佾：「周監於二代，郁郁乎文哉！吾從周。」禮記中庸：「吾學周禮，今用之，吾從周。」

〔二〕宗周：西周鎬京，今陝西西安西南，代指西周。詩小雅正月：「赫赫宗周，褒姒滅之！」介子：庶子。王氏出自姬姓，自周靈王太子晉得氏，故云。參見王績遊北山賦序：「我周人也。」其孫王勃詩：「倬彼我系，出自有周。」

子曰：「周禮其敵於天命乎？周公典禮與天命齊其久長，故曰「敵」也。春秋抗王而尊魯，其以周之所存乎？抗，舉也。春秋舉周王正朔而書於魯史者，以周禮盡在魯故也。元經抗帝而尊中國〔一〕，其以天命之所歸乎？」元經舉帝號，以得中國者爲正朔，蓋天命歸中國也。

〔一〕中國：指北魏政權。

張玄素〔一〕史傳未見。問禮，子曰：「直爾心，儼爾形，動思恭，靜思正〔二〕。」問道，子曰：「禮得而道存矣〔三〕。」上四事合禮，則道在其中。玄素出，子曰：「有心乎禮也。夫禮，有竊之而成名者，況躬親哉！」竊，謂非己有也。假外飾而行之尚得成名，況玄素有心於克己哉！孟子曰：「堯、舜性之，湯、武身之，五霸假之也；久假而不歸，焉知其非有也？」

〔一〕張玄素：蒲州虞鄉人。隋末爲景城縣户曹，竇建德攻陷江都，召拜黄門侍郎。建德平，授景城都督府録事參軍。李世民即位，擢拜侍御史，尋遷給事中。貞觀四年，詔發卒修洛陽宫乾陽殿，玄素上書諫止。永徽中致仕，麟德元年卒。見舊唐書張玄素傳。

〔二〕論語季氏：「君子有九思：視思明，聽思聰，色思温，貌思恭，言思忠，事思敬，疑思問，忿思難，見得思義。」

〔三〕荀子禮論：「禮者，人道之極也。」

魏徵問君子之辯，子曰：「君子奚辯？而有時乎爲辯，不得已也。其猶兵〔一〕乎？」若湯武之兵伐桀紂，孟子之辯排楊墨，皆不得已也。董常聞之曰：「君子有不言之辯、不殺之兵，亦時乎？」若顏回不言如愚，知時之不可爲也。老子云善戰不陣，時可無爲也。子曰：「誠哉！不知時，無以爲君子〔二〕。」善董常聞辯知時也。

〔一〕兵：戰争。老子三十一章：「兵者不祥之器，非君子之器，不得已而用之。」

〔二〕論語堯曰：「不知命，無以爲君子也。」禮記中庸：「君子之中庸也，君子而時中。」

文中子曰：「聞謗而怒者，讒之由也；見譽而喜者，佞之媒也；爲謗譽所動静，則讒佞得計矣。絶由去媒，讒佞遠矣。」

子曰：「聞難思解，見利思避，好成人之美，可以立矣〔一〕。」

〔一〕論語顔淵：「君子成人之美，不成人之惡。」憲問：「見利思義，見危授命，久要不忘平生之言，亦可以爲成人矣。」

子謂董常曰：「我未見勤者矣。如天不息者。蓋有焉，我未之見也〔一〕。」因以激常。

〔一〕論語里仁：「我未見好仁者，惡不仁者。好仁者，無以尚之；惡不仁者，其爲仁矣，不使不仁者加乎其身。有能一日用其力於仁矣乎？我未見力不足者。蓋有之矣，我未之見也。」

子曰：「年不豐，兵不息，吾已矣夫〔一〕！」年，天也；兵，人也。

〔一〕論語子罕：「子曰：『鳳鳥不至，河不出圖，吾已矣夫！』」

子謂北山黄公善醫，先寢食而後針藥；汾陰侯生〔一〕善筮，先人事而後説卦。黄公、侯生，未見。

〔一〕汾陰侯生：太平廣記卷二三〇王度篇（太平御覽等書題作古鏡記）云：「隋汾陰侯生，天下奇士也，王度常以師禮事之。」侯生有黄帝寶鏡一面，「大業七年五月，度自御史罷歸河東，適遇侯生卒，而得此鏡」。小説家言，或可補正史之不足。筮：占卜。禮記曲禮上：「龜爲卜，策爲筮。」

房玄齡問正主庇民之道，子曰：「先遺其身〔一〕。」曰：「請究其説。」子曰：「夫能遺其身，然後能無私；無私，然後能至公；至公，然後以天下爲心矣，道可行也〔二〕。」修己以及天下，漸也。玄齡曰：「如主何？」再問正主之説。子曰：「通也不可究其説，蕭、張其猶病諸？蕭何知其主不可以正也，而私營物産，張良亦私自從赤松子遊，皆病也。噫！非子所及。姑守爾恭，執爾慎，庶可以事人也。」言隋主不可正。

〔一〕老子十三章：「吾所以有大患，爲吾有身；及吾無身，吾有何患！故貴以身爲天下，若可寄天下；愛以身爲天下，若可託天下。」

〔二〕禮記禮運：「大道之行也，天下爲公。」

江都有變〔一〕，煬帝幸江都宫，宇文化及弑逆。子有疾，謂薛收曰：「道廢久矣。道，謂先王典禮。如有王者出，三十年而後禮樂可稱也，稱，舉也。斯已矣〔二〕。」斯，隋不能舉。收曰：「何謂也？」子曰：「十年平之，十年富之，十年和〔三〕之，斯成矣〔四〕。」平亂富民，和以禮樂。自江都有變，是歲庚辰，唐高祖武德三年也，平之十年，至太宗貞觀三年，天下大定，又富之；至貞觀十三年，房玄齡奏太平，又和之；終貞觀二十三年，太宗崩，禮樂已和，然未大成爾。

〔一〕江都有變：疑爲「太原有變」，指大業十三年五月李淵父子太原起兵之事。

〔二〕斯已矣：止於此矣，如此而已。莊子逍遥遊：「定乎内外之分，辯乎榮辱之境，斯已矣。」

〔三〕和：禮樂教化。論語學而：「禮之用，和爲貴。」禮記樂記：「樂者，天地之和也。」

〔四〕論語子路：「子適衛，冉有僕。子曰：『庶矣哉！』冉有曰：『既庶矣，又何加焉？』曰：『富之。』曰：『既富矣，又何加焉？』曰：『教之。』」又曰：「如有王者，必世而後仁。」

子曰：「早婚少娉〔一〕，教人以偷；偷，薄也。**妾媵〔二〕無數，教人以亂〔三〕。**言棄古禮，是掌教者之罪也。**且貴賤有等〔四〕，**妻、妾、媵各有等降之數。**一夫一婦，庶人之職也。」**國風正夫婦，王化之本也。

〔一〕娉：同「聘」。禮記昏義孔穎達疏：「納徵者，納聘財也。徵，成也。先納聘財而後昏成。」

〔二〕媵：陪嫁女子。左傳成公八年：「凡諸侯嫁女，同姓媵之，異姓則否。」

〔三〕参见顏氏家訓後娶：「河北鄙於側出，不預人流，是以必須重娶，至於三四，母年有少於子者。後母之弟，與前婦之兄，衣服飲食，爰及婚宦，至於士庶貴賤之隔，俗以爲常。身没之後，辭訟盈公門，謗辱彰道路，子誣母爲妾，弟黜兄爲傭，播揚先人之辭跡，暴露祖考之長短，以求直己者，往往而有。悲夫！」

〔四〕禮記曲禮下：「天子有后，有夫人，有世婦，有嬪，有妻，有妾。……公侯有夫人，有世婦，有妻，有妾。」

子謁見隋祖，一接而陳十二策〔一〕，編成四卷。門人編之。**薛收曰：「辯矣乎！」董常**

曰：「非辯也，理當然爾。」理奧則言辯，非務其辯也。房玄齡請習十二策，誦習。子曰：「時異事變，不足習也。」適救隋弊，非經久策。

〔一〕楊時龜山先生語録：「隋文方獎用奸邪，廢嫡立庶，父子相魚肉，王通乃詣闕，獻太平十二策，不幾於於時求進乎？其不用也宜哉。」

虞世基〔一〕世南兄也。煬帝時參掌朝政，唯諾取容而已。煬帝遇弒，世基見害。遣使謂子曰：「盍仕乎？」子曰：「通有疾，不能仕也。」飲使者，歌小明以送之。小雅詩。大夫悔仕於亂世也。首章云：「豈不懷歸？畏此罪罟。」言世基必罪死。世基聞之曰：「吾特遊繒繳〔二〕之下也，若夫子可謂冥冥〔三〕矣。」揚子曰：「鴻飛冥冥，弋者何慕？」

〔一〕虞世基：字茂世，會稽餘姚人。先仕陳，陳滅入隋，拜内史舍人。煬帝即位，遷内史侍郎，專典機密，參掌朝政。帝幸江都，天下大亂，世基知帝不可諫止，懼禍及己，唯諾取容而已。宇文化及弒逆，乃遇害。見隋書虞世基傳。

〔二〕繒：通「矰」，射鳥之箭。繳：繫於箭上之生絲繩。

〔三〕冥冥：高遠。法言問明：「治則見，亂則隱。鴻飛冥冥，弋人何慕焉？」

文中子曰："問則對，不問則述〔一〕，若策問之則對，不爾則自述，其道待時而行。竊比我於仲舒〔二〕。"董仲舒，漢武帝時對賢良策，後爲公孫弘所抑，退免以著書爲業。

〔一〕對：謂太平十二策。述：如續六經。

〔二〕論語述而孔子曰："述而不作，信而好古，竊比於我老彭。"揚雄法言吾子："古者楊、墨塞路，孟子辭而闢之，廓如也。後之塞路者有矣，竊自比於孟子。"錢穆曰："就儒學之演變言，北朝諸儒近莽、歆，而王通則似董仲舒。"（孔子與春秋，兩漢經學今古文平議，商務印書館，二〇〇一年，第二八九頁）

子曰："吾不仕，故成業〔一〕；成所述業。不動，故無悔〔二〕；悔生乎動。不廣求，故得〔三〕；得，足也。不雜學，故明〔四〕。"明道也。

〔一〕易蠱象傳："上九：不事王侯，高尚其事。"

〔二〕論語爲政："多見闕殆，慎行其餘，則寡悔。"

〔三〕禮記大學："知止而後有定，定而後能靜，靜而後能安，安而後能慮，慮而後能得。"

〔四〕荀子解蔽："心枝則無知，傾則不精，貳則疑惑。……故知者擇一而壹焉。"

文中子曰：「凝滯者，智之蟊也；忿憾者，仁之螣也；纖悋〔一〕者，義之蠹也。」蟊、螣、蠹，皆喻害物。

〔一〕悋：通「吝」。顔氏家訓治家：「吝者，窮急不恤之謂也。」

子曰：「元經之專斷〔一〕，蓋蘊於天命，吾安敢至哉？」天命未改〔二〕於晉祚，則元經斷之於江南；天命有歸於中國，則元經斷之於後魏。言此皆天下所蘊，非我能至也。董常聞之曰：「元經之與天命，夫子而不至，其孰能至也？」

〔一〕中説王道篇：「元經褒貶，所以代賞罰者也。」參見史記孔子世家：「孔子在位聽訟，文辭有可與人共者，弗獨有也。至於爲春秋，筆則筆，削則削，子夏之徒不能贊一辭。」

〔二〕「改」原作「故」，據四部叢刊本改。

子謂竇威曰：「既冠讀冠禮，將婚讀婚禮，居喪讀喪禮，既葬讀祭禮，朝廷讀賓禮，軍旅讀軍禮，故君子終身不違禮。」言學禮有次序。竇威曰：「仲尼言『不學禮，無以立』〔一〕，此之謂乎？」言孔子教鯉，亦謂此次序。

〔一〕語見論語季氏。參見禮記禮器：「禮也者，猶體也。體不備，君子謂之不成人。」

子述婚禮，述在禮論。賈瓊曰：「今皆亡，又焉用續？」續，補亡也。子曰：「瓊，爾無輕禮，無諂俗〔一〕，輕古禮，阿時俗，是汝也。姑存之可也。」續而存之，待時而行。

〔一〕諂俗：媚世，從俗。孟子盡心下：「閹然媚於世也者，是鄉原也。」

子贊易至觀卦〔一〕，曰：「可以盡神〔二〕矣。」盥而不薦，可以盡神之奥。

〔一〕易觀卦：「盥而不薦，有孚顒若。」盥：進爵灌地以降神。薦：獻牲於神。有：以。孚：誠信。顒若：仰望貌。

〔二〕盡神：窮盡神妙之用。

子曰：「古者進賢退不肖，猶患不治；有天下，舉賢才，則不肖者遠矣。今則吾樂賢者而哀不賢者〔一〕，樂之不能進之也，哀之不敢退之也。如是寡怨，不退之，故不肖者不怨。猶懼不免。不免怨害。詩云：『惴惴小心，如臨空谷〔二〕。』」詩小宛篇。注云：「衰亂之世，賢人君子雖無罪，猶恐懼。」

〔一〕論語子張：「上失其道，民散久矣。如得其情，則哀矜而勿喜。」

〔二〕詩小雅小宛：「惴惴小心，如臨於谷。戰戰兢兢，如履薄冰。」

子讀說苑，劉向撰，三十卷。曰：「可以輔教矣。」其說禮樂可左右教化。

子之韓城〔一〕，馮翊有韓城縣。自龍門關先濟，龍門，漢皮氏縣，魏改爲龍門，隋屬絳州，今河中有縣。賈瓊、程元後。從行在後。關吏仇璋字伯成。止之曰：「先濟者爲誰？止二子問之。吾視其顙頹〔二〕如也，重而不亢；頹，重之貌；亢，昂也。目燦如也，澈而不瞬；澈，清也。睫目曰瞬。口敦如也，闞而不張；敦，厚；闞，深也。鳳頸龜背，鬚垂至腰，參〔三〕如也。參參然，盛貌。與之行，俯然而色卑；與之言，泛然〔四〕而後應。浪驚拖旋而不懼，言狀貌皆異常人。是必有異人者也。吾聞之：天下無道，聖人藏焉。鞠躬〔五〕守默，斯人殆似也。」鞠躬，謂卑俯；守默，謂泛應。程元曰：「子知人矣，是王通者也。」賈瓊曰：「吾二人師之而不能去也〔六〕。」仇璋曰：「夫杖一德，乘五常，扶三才，控六藝，吾安得後而不往哉？」遂捨職，從於韓城。

〔一〕韓城：今陝西韓城。

〔二〕顙：額。莊子大宗師：「古之真人……其顙頯淒然似秋，暖然似春，喜怒通四時，與物有宜而莫知其極。」頹：頭禿。按：「頹」疑是「頯」之誤。頯：廣。莊子天道：「而容崖然，而目衝然，而顙頯然，而口闞然，而狀義然，似繫馬而止也。」

〔三〕參：長貌。張衡思玄賦：「長余佩之參參。」

〔四〕泛然：漫然。莊子田子方：「臧丈人昧然而不應，泛然而辭，朝令而夜遁，終身無聞。」

〔五〕鞠躬：謙恭狀。論語鄉黨：「入公門，鞠躬如也，如不容。」

〔六〕參見論語子罕：「夫子循循然善誘人，博我以文，約我以禮，欲罷不能。」

子謂賈瓊曰：「君子哉，仇璋也！比董常則不足，方薛收則有餘。」

文中子曰：「吾聞禮於關生〔一〕，見負樵者幾焉；正樂於霍生〔二〕，見持竿者幾焉。關子明、霍汲皆隱於漁樵。幾，近也。吾將退而求諸野矣〔三〕。」野，謂漁樵。

〔一〕關生：文中子世家稱王通「問禮於河東關子明」，或即此人。録關子明事：「關朗字子明，河東解人也。……太和末，余五代祖穆公封晉陽，尚書署朗爲公府記室。」王應麟困學紀聞卷十諸子記鄭毅夫論中説之妄曰：「關子明太和中見魏孝文，如存於開皇間，亦一百二三十歲矣，而有『問禮於子明』。」晁公武郡齋讀書志卷十亦疑之曰：「關朗在太和中見魏孝文，自太和丁巳至通生之年甲辰，蓋一百七年矣，而其書有問禮於關子明。」汪吟龍以爲此「關子明」非即是關朗，「疑當別有關氏名子明，然不可考矣」（文中子考信録，臺灣商務印書館，一九六三年，九三頁）。今人尹協理、魏明亦疑關生與關朗非一人（王通論，中國社會科學出版社，一九八四年，五五至五六頁）。按：本章曰「聞禮」，與文中子世家所曰「問禮」不同，或異代私淑之意，而此「關生」又未必是關子明也。

〔二〕霍生：文中子世家謂王通「正樂於北平霍汲」，當是此人。

〔三〕漢書藝文志記孔子語：「禮失而求諸野。」參見論語先進：「先進於禮樂，野人也；後進於禮樂，君子也。如用之，則吾從先進。」

子曰：「多言不可與遠謀，機易泄。**多動不可與久處**〔一〕。心易躁。**吾願見僞静詐儉者。」**矯時罕真静儉者。

〔一〕參見問易篇：「多言，德之賊也；多事，生之讎也。」

賈瓊曰：「知善而不行，見義而不勸，雖有拱璧之迎，吾不入其門矣。」譏隋朝大臣不勸善而飾虛禮。**子聞之曰：「强哉矯**〔一〕**也！」**瓊也明而毅，故曰「强矯」。

〔一〕矯：勇武。禮記中庸：「君子和而不流，强哉矯！中立而不倚，强哉矯！國有道，不變塞焉，强哉矯！國無道，至死不變，强哉矯！」

仇璋謂薛收曰：「子聞三有七無乎？」收曰：「何謂也？」璋曰：「無諸責，不責人以必諸。無財怨〔一〕，不以財使人怨。無專利〔二〕，必先利人。無苟説，所悦必以道。無伐善，不自矜伐。無棄人，片善亦取。無畜憾。」不念舊惡。薛收曰：「請聞三有。」璋曰：「有慈，有儉，有不爲天下先〔三〕。」收曰：「子及是乎？」曰：「此君子之職也，璋何預焉？」子聞之曰：「唯其有之，是以似之〔四〕。」裳裳者華篇。注曰：「似，嗣也。」

〔一〕財怨：俞樾諸子平議補録卷十二以爲當作「怨財」。荀子哀公：「所謂賢人者，行中規繩而不傷於本，言足法於天下而不傷於身，富有天下而無怨財，布施天下而不病貧。」楊倞注：「怨，讀爲藴。言雖富有天下，而無藴蓄私財也。」

〔二〕荀悦漢紀孝惠皇帝紀六年十月：「昔者聖王之有天下，非所以自爲，所以爲民也。不得專其權利，與天下同之，唯義而已，無所私焉。」

〔三〕老子六十七章：「我有三寶，持而寶之：一曰慈，二曰儉，三曰不敢爲天下先。」

〔四〕詩小雅裳裳者華末章：「維其有之，是以似之。」謂有是德，故能行事如君子。

子曰：「君子先擇而後交〔一〕，擇可交則與交。小人先交而後擇。驟以利合，擇之即壞。故君子寡尤〔二〕，小人多怨，良以是夫！」

〔一〕荀子大略：「取友善人，不可不慎，是德之基也。」

〔二〕尤：怨恨。論語爲政：「多聞闕疑，慎言其餘，則寡尤；多見闕殆，慎行其餘，則寡悔。」

子曰：「君子不責〔一〕人所不及，不强人所不能，强，謂力使之。不苦人所不好。夫如此，故免。免今世之禍。老聃曰：『吾言甚易行，天下不能行〔二〕。』信哉！」信，今亦然。

〔一〕「責」原作「貴」，據四部叢刊本改。

〔二〕老子七十章：「吾言甚易知，甚易行。天下莫能知，莫能行。」尚書説命中：「非知之艱，行之惟艱。」

仇璋問：「君子有爭乎？」子曰：「見利爭讓，聞義爭爲，有不善爭改〔一〕。」言君子果有爭，但爭爲善而已。

〔一〕論語八佾：「君子無所爭，必也射乎！」禮記中庸：「射有似乎君子：失諸正鵠，反求諸其身。」

薛收問：「聖人與天地如何？」子曰：「天生之，地長之，聖人成之〔一〕，天陽地陰之謂道，聖人經之以善，誠之以性。故天地立而易行乎其中矣〔二〕。」薛收問易，子曰：「天地之中非他也，人也。」曰仁與義，成性之本。收退而歎曰：「乃今知人事修，天地之理得矣〔三〕。」始悟易。

〔一〕荀子富國：「父子不得不親，兄弟不得不順，男女不得不歡。少者以長，老者以養。故曰：天地生之，聖人成之。」大略：「君臣不得不尊，父子不得不親，兄弟不得不順，夫婦不得不驩，少者以長，老者以養，故天地生之，聖人成之。」春秋繁露立元神：「天地人，萬物之本也。天生之，地養之，人成之。」

〔二〕易繫辭上：「天地設位，而易行乎其中矣。」俞樾諸子平議補録卷十二以爲「故天地立而易行乎其中矣」一句當在「天地之中非他也，人也」之後。

〔三〕易繫辭上：「易簡而天下之理得矣。」

子謂收曰：「我未見欲仁好義而不得者也〔一〕。言人性修則天理得。如不得，斯無性者也。」仁義，性之本也；感物而動，性之欲也。應物而不化物則能復性，故曰「欲仁好義」，此言明天理也。若化物而不能反躬復性，則是天理滅矣，故曰「無性」，此言昧人事也。

〔一〕論語述而：「仁遠乎哉？我欲仁，斯仁至矣。」

子曰：「嚴子陵釣於湍石，嚴光，字子陵，漢光武故人，不仕，隱釣於七里湍。尒朱榮控勒天下，注見上文。故君子不貴得位〔一〕。」尒朱榮得位，嚴光不貴之也。

〔一〕本章龔鼎臣本作「嚴子陵釣於湍石，民到於今稱之；尒朱榮控勒天下，死之日，民無得而稱焉」。見陳亮書類次文中子後。

子曰：「火炎上而受制於水，水趨下而得志於火〔一〕，故君子不欲多上人〔二〕。」言君子如水之性，無不下。

〔一〕尚書洪範：「水曰潤下，火曰炎上。」

〔二〕左傳桓公五年：「君子不欲多上人，況敢陵天子乎！」

子讚易至「山附於地，剥〔一〕」，曰：「固其所也，山固宜附地，人固宜復静。將安之乎？隋亂道剥，我將何之？是以君子思以下人〔二〕。」孔子象曰：「君子以厚下安宅。」〔三〕

〔一〕易剥卦象傳：「山附於地，剥。上以厚下安宅。」山依平地而起，喻在上者厚待下民而得安定。

〔二〕論語顔淵：「夫達也者，質直而好義，察言而觀色，慮以下人。」

〔三〕下文「仇璋進曰」一章疑接於此章下，語意方順。

芮城府君讀説苑，芮城、説苑，注見上。子見之曰：「美哉，兄之志也！于以進物〔一〕，不亦可乎？」説苑有進物義。

〔一〕進物：格物致知以進於道。

子之居常湛如也，言必恕，動必義，與人款曲以待其會，會，謂理與情會合。故君子樂其道，小人懷其惠。小人但知惠。

叔恬曰：「凝於先王之道，行思坐誦常若不及，臨事往來常若無誨。若無人教誨我。道果艱哉！」子曰：「吾亦然也。」言先王之道非凝能及，答云吾亦然，實勉之爾。叔恬曰：「天下惡直醜正，凝也獨安之乎？」子悄然〔一〕作色曰：「『神之聽之，介爾景福。』詩小明篇：「靖恭爾位，好是正直。」注：景，大也；好，與也；介，助也。言有明王，則道行而得福。君子之於道也，死而後已〔二〕。天不爲人怨咨而輟其寒暑，書曰：「冬祁寒，夏暑雨，小民怨咨。」君子不爲人之醜惡而輟其正直〔三〕。然汝不聞洪範之言乎？『平康，正直〔四〕。』夫如是，故全。正直必平康，故全身全道。今汝屑屑〔五〕焉，三德無據而心未樹也。三德，平康、正直爲首，其次高明柔克、沉潛剛克，皆謂正必平易，直必康和，明必柔克，潛必剛克，率歸之中道也。今凝雖正直，而無據於德，心亦未能務茲〔六〕，故曰「未樹立」也。無挺、挺，挺然，立不曲貌。無訐、訐，斥言也。無固、固，固執。無抵，抵觸。斯之謂『側僻』、『民用僭忒』〔七〕，無乃汝乎？」終洪範之詞教之也，言凝有是四者，與無正直同。叔恬再拜而出〔八〕。

〔一〕悄然：憂愁貌。詩邶風柏舟：「憂心悄悄，慍於羣小。」

〔二〕論語泰伯：「仁以爲己任，不亦重乎？死而後已，不亦遠乎？」

〔三〕荀子天論：「天不爲人之惡寒也而輟冬，地不爲人之惡遼遠也而輟廣，君子不爲小人之匈匈也而輟行。」

〔四〕平康：安定。正直：直道而行。尚書洪範：「三德：一曰正直，二曰剛克，三曰柔克。平康，正直；强弗友，剛克；燮友，柔克。」

〔五〕屑屑：輕忽。

〔六〕「茲」原作「滋」，據四部叢刊本改。

〔七〕尚書洪範：「人用側頗僻，民用僭忒。」頗：不平。僻：不公。僭：逾越。忒：過。

〔八〕下文「子謂仇璋」一章疑接於此章下，語意方順。

仇璋進曰〔一〕：「君子思以下人，直在其中歟？」璋言讚易剥卦得「平康」之德。子笑而不答。薛收曰：「君子樂然後笑〔二〕，夫子何爲不與其進也？」子曰：「『唯狂克念』〔三〕，斯非樂乎？」易道至深，非璋盡達，然嘉其狂念，故樂然笑之。

〔一〕本章疑有錯亂，見前注。

〔二〕論語憲問：「夫子時然後言，人不厭其言；樂然後笑，人不厭其笑；義然後取，人不厭其取。」

〔三〕念：一心向善。尚書多方：「惟聖罔念，作狂；惟狂克念，作聖。」

子謂仇璋、薛收曰：「非知之艱，行之惟艱〔一〕。」言克念之，必須克行之。

〔一〕尚書説命中文。本章疑有錯亂，見前注。

中說卷第九

立命篇

文中子曰：「命之立也，其稱〔一〕人事乎？人生天地之間，所以立命也。是命者，因人而稱，天有情於人而命之者也。故君子畏之〔二〕。孔子畏天命者，蓋畏人事不修而違天也。無遠近高深而不應也，無洪纖曲直而不當也，易曰：「其受命如響。」故歸之於天。聖人無不應、無不當，與天合德，故立命則曰「天命」。易曰：『乾道變化，各正性命〔三〕。』」引易以明命，因性而稱也。魏徵曰：「書云：『惠迪吉，從逆凶，惟影響〔四〕。』詩云：『不戢不難，受福不那。彼交匪傲，萬福來求〔五〕。』其是之謂乎？」書大禹謨〔六〕云也。惠，順；迪，道也。順道即吉，從逆即凶。詩桑扈篇注：戢，聚；難，難也；那，多也。言不聚法、不戒難則福多矣。彼賢交非傲即福，亦就求之也。子曰：「徵，其能自取矣。」自取福。董常曰：「自取者，其稱人耶？」明魏徵能自取多福，則顯上文其稱人事也。子曰：「誠哉！惟人所召〔七〕。」召，亦取也。賈瓊進曰：「敢問『死生有命，富貴在天』〔八〕何謂也？」何獨死生言命而富貴則言天乎？子曰：「召之在前，命之在後，凡未死，則世人皆云命合生也；已死矣，則世人皆云命不生也。未富貴，則世皆云命合貧賤也；既富貴，則世人皆云命不貧賤。是死生富貴皆人先自召之在前，而後從而言命是在後也。**斯自取也，庸非命乎？噫！吾末如之何也已矣。**」末，莫也。言我莫知所如，亂世不可自取理矣，寧求退藏而已。**瓊拜而出，謂程元曰：「吾今而後知元命可作，多福可求**〔九〕**矣。」**若周公乞代武王、仲尼求爲東周，皆自作元命，終獲多福，此知命之大者。**程元曰：「敬珮玉音，服之無斁**〔一〇〕**。」**斁，厭也。

〔一〕稱：相稱。俞樾諸子平議補録卷十二：「此『稱』字乃『稱物平施』之稱，言適與人事相稱也。下文云『無遠近高深而不應也，無洪纖曲直而不當也』，『應』與『當』正相稱之意。」

〔二〕論語季氏：「君子有三畏：畏天命，畏大人，畏聖人之言。」

〔三〕語見易乾卦彖傳，意謂天道變化而萬物各得性命之正。

〔四〕語見尚書大禹謨，意謂吉凶與善惡相應，如影隨行，如響隨聲。

〔五〕不：發語詞。戢：和。難：敬。那：多。交：同「徼」，貪求；一説同「驕」。敖：傲。求：同「逑」，聚集。詩小雅桑扈：「之屏之翰，百辟爲憲。不戢不難，受福不那。兕觵其觩，旨酒思柔。彼交匪敖，萬福來求。」左傳襄公二十七年作「匪交匪敖」。

〔六〕「謨」原作「謀」，據尚書改。

〔七〕左傳襄公二十三年：「禍福無門，唯人所召。」

〔八〕論語顏淵記子夏語。

〔九〕詩大雅文王：「永言配命，自求多福。」

〔一〇〕斁：厭。詩周南葛覃：「爲絺爲綌，服之無斁。」謝莊月賦：「敬佩玉音，復之無斁。」

文中子曰：「度德而師〔一〕，度己不如即師之。易子而教〔二〕，易，互也。今亡矣。」亡，廢。

〔一〕度：衡量，審度。尚書咸有一德：「德無常師，主善爲師。」

〔二〕孟子離婁上：「古者易子而教之，父子之間不責善。」

子曰：「不以伊尹〔一〕、周公之道康其國，非大臣也；以己之道安人之國，不以嫌疑惜其身，是大臣矣。不以霍光、諸葛亮之心事其君者，皆具臣〔二〕也。」受先君之顧命，保後王之未明，盡己之心，不苟其位，非具臣矣。

〔一〕伊尹：名阿衡，商湯大臣，助湯滅夏。湯崩，伊尹立太甲，攝政當國。太甲暴虐，放於桐宮，俟其悔過，乃迎還授政。帝沃丁時卒。見史記殷本紀。

〔二〕具臣：具位之臣，猶言備員。論語先進：「所謂大臣者，以道事君，不可則止。今由與求也，可謂具臣矣。弑父與君，亦不從也。」魏書景穆十二王列傳：「略守常自保，無他裨益，唯唯具臣而已。」

董常歎曰：「善乎，顔子之心也！三月不違仁矣〔一〕。」日久不違，是仁人矣。子聞之曰：「仁亦不遠，姑慮而行之，上文謂常也「時有慮焉」，亦三月之義。爾無苟羨焉。顔回曰：「舜何人也，余何人也。有爲者亦若是。」彼顔回不羨舜也，故常亦無羨回，但慮而行之，自及矣。『惟精惟一〔二〕』，『誕先登於岸〔三〕』。」書云：「惟精惟一，允執厥中。」言道心精微，仁性則一也。詩云：「帝謂文王：無然畔援〔四〕，無然歆〔五〕羨，誕先登於岸。」岸，喻仁之地也，言仁道不可畔、不可羨，亦執中而得也。常出曰：「慮不及精，思不及睿〔六〕，慮即道心也；思曰睿。焉能無咎？咎，謂貳過也。焉能不違？」不違三月。

〔一〕論語雍也：「子曰：『回也，其心三月不違仁，其餘則日月至焉而已矣。』」

〔二〕尚書大禹謨：「人心惟危，道心惟微；惟精惟一，允執厥中。」

〔三〕誕：大。登：成，升。岸：高地。詩大雅皇矣：「帝謂文王：無然畔援，無然歆羨，誕先登於岸。」朱熹詩集傳：「人心有所畔援，有所歆羨，則溺於人而不能以自濟。文王無是二者，故獨能先知先覺以造道之極致。」

〔四〕「援」原作「换」，據詩改。見注〔三〕。

〔五〕「歆」原作「欽」，據詩改。見注〔三〕。

〔六〕尚書洪範：「貌曰恭，言曰從，視曰明，聽曰聰，思曰睿。恭作肅，從作乂，明作哲，聰作謀，睿作聖。」

繁師玄聞董常賢，問賈瓊以齒，年齒。瓊曰：「始冠矣。」年二十。師玄曰：「吁！其幼達也。」達，謂達道。瓊曰：「夫子十五爲人師焉。夫子，謂文中子。陳留王孝逸，先達之慠〔一〕者也，慠，謂未嘗服人也。然白首北面〔二〕，豈以年乎？達不在年齒。瓊聞之：德不在年，左傳曰「年均擇賢」，是則賢德爲上。道不在位。」語〔三〕曰：「富與貴，是人之所欲，不以其道得之，不處也。」

〔一〕慠：同「傲」，倨傲。

〔二〕北面：古時君主南面坐，臣下北面，故「北面」意謂臣服或師事。

〔三〕語：指論語。下語見里仁篇。

門人有問姚義：「孔庭之法〔一〕，曰詩曰禮，不及四經，何也？」鯉趨而過庭，子曰：「學詩乎？」「學禮乎？」姚義曰：「嘗聞諸夫子矣：夫子，謂文中子。春秋斷物〔二〕，志定而後及也；志在斷。樂以和〔三〕，德全而後及也；樂象德。書以制法，從事而後及也；事以制立。易以窮理〔四〕，知命而後及也。理性至於命。故不學春秋無以主斷，不學樂無以知和，不學書無以議制，不學易無以通理。四者非具體〔五〕不能及，故聖人後之，言孔子不教鯉者，待其具而後教之爾。此並文中子言，姚義志之也。豈養蒙〔六〕之具耶？」或曰：「然則詩、禮何爲而先也？」義曰：「夫教之以詩，則出辭氣，斯遠暴慢矣；約之以禮，則動容貌，斯立威嚴矣〔七〕。此亦小成也。度其言，察其志，考其行，辯其德。凡師教人，量其志行。志定則發之以春秋，於是乎斷而能變；不變則斷不適中。德全則導之以樂，於是乎和而知節；不節則蕩。可從事則達之以書，於是乎可以立制；事無制不永。知命則申之以易，於是乎可與盡性。德未性與天道合爲元命。若驟而語春秋，則蕩志輕義；志未定故。驟而語樂，則喧德敗度；德未全。驟而語書，則狎法；狎法，猶舞文也。驟而語易，則玩神。不知性，則以神爲虛玩。是以聖人知其必然，故立之以宗，宗，即統言六經也。列之以次。次，謂先詩、禮而後次之四經也。先成諸己，然後備諸物；先濟乎近，然後形乎遠〔八〕。己、近，謂近取諸身也，若出辭氣、動容貌是也；物、遠，謂遠取諸物也，若斷物、和行、制法、窮理是也。亶其深乎！亶其深乎！」亶，信也。信乎孔子先詩、禮，其教深奧。子聞之，曰：「姚子得之矣〔九〕。」得六經之深，故能言此。

〔一〕論語季氏：陳亢問於伯魚曰：「子亦有異聞乎？」對曰：「未也。嘗獨立，鯉趨而過庭，曰：『學詩乎？』對曰：『未也。』『不學詩，無以言。』鯉退而學詩。他日又獨立，鯉趨而過庭，曰：『學禮乎？』對曰：『未也。』『不學禮，無以立。』鯉退而學禮。聞斯二者。」

〔二〕史記太史公自序：「夫春秋，上明三王之道，下辨人事之紀，別嫌疑，明是非，定猶豫，善善惡惡，賢賢賤不肖，存亡國，繼絕世，補敝起廢，王道之大者也。」

〔三〕荀子樂論：「故樂者，天下之大齊也，中和之紀也，人情之所必不免也。」禮記樂記：「樂者，天地之和也。」

〔四〕理：性命之理，化成之道。易説卦：「昔者聖人之作易也……窮理盡性以至於命。」坤卦文言傳：「君子黄中通理，正位居體，美在其中而暢於四支，發於事業，美之至也。」

〔五〕具體：初具聖賢規模。孟子公孫丑上：「子夏、子游、子張皆有聖人之一體，冉牛、閔子、顏淵則具體而微。」

〔六〕養蒙：即蒙養。蒙：蒙昧，幼稚。養：教養。易蒙卦彖傳：「蒙以養正，聖功也。」

〔七〕論語泰伯：「君子所貴乎道者三：動容貌，斯遠暴慢矣；正顏色，斯近信矣；出辭氣，斯遠鄙倍矣。」

〔八〕易繫辭下：「古者包犧氏之王天下也，仰則觀象於天，俯則觀法於地，觀鳥獸之文與地之宜，近取諸身，遠取諸物，於是始作八卦，以通神明之德，以類萬物之情。」禮記大學：「君子有諸己而後求諸人，無諸己而後非諸人。」孟子梁惠王上：「老吾老以及人之老，幼吾幼以及人之幼，天下可運於掌。……古之人所以大過人者，無他焉，善推其所爲而已矣。」

〔九〕鍾泰曰：「仲淹書之最精者，莫過於言六經之次。……自禮記經解之後，未有若斯之剴切著明者也。」（中國哲學史，東方出版社，二〇〇八年，第一六九頁）

子曰：「識寡於亮〔一〕**，德輕於才**〔二〕**，斯過也已。」**有亮少識，必有太緩之過；有才少德，必有太淺之過。

〔一〕亮：同「諒」，誠信。孟子告子下：「君子不亮，惡乎執？」

〔二〕呂氏春秋孟冬紀異用：「桀、紂用其材而以成其亡，湯、武用其材而以成其王。」

子曰：「治亂，運也，有乘〔一〕**之者，有革**〔二〕**之者。**治亂皆由運則同也，而乘之、革之異焉。乘之，謂舜乘堯之類；革之，謂湯革夏之類是也。**窮達，時也，**關氏易傳曰：「時也者，繫乎君天下者也。君天下，得君子之道則時亨，得小人之道則時蹇。」**有行**〔三〕**之者，有遇之者。**窮達皆由時，然有行非其道而自窮於時者，有雖行得道而遇時不明者；時則一，而行之、遇之異焉。**吉凶，命也，有作之者，有偶之者。**作，謂自作孽、自求多福，皆由人作之者也。偶，謂庸人偶貴、善人偶禍，皆偶然者也。**一來一往，各以數**〔四〕**至，豈徒云哉？」**往來循環，數有奇偶，人不能逃。

〔一〕乘：憑藉。孟子公孫丑上：「雖有智慧，不如乘勢。」

〔二〕革：改變。易革卦彖傳：「湯、武革命，順乎天而應乎人。」

〔三〕行：謂行道。莊子讓王：「無財謂之貧，學而不能行謂之病。」

〔四〕數：定數。易繫辭上：「極數知來之謂占。」「極其數，遂定天下之象。」春秋繁露楚莊王：「聖者法天，賢者法聖，此其大數也；得大數而治，失大數而亂，此治亂之分也。」

遼東之役，天下治船。子曰：「林麓盡矣。治船伐盡。帝省〔一〕其山，其將何辭以對？」掌林麓之官何辭對帝？

〔一〕省：視察，巡視。詩大雅皇矣：「帝省其山，柞棫斯拔，松柏斯兑。」王應麟困學紀聞卷三詩：「單穆公曰：『旱麓之榛楛殖，故君子得以易樂干禄焉。若夫山林匱竭，林麓散亡，藪澤肆既，君子將險哀之不暇，而何易樂之有焉？』誦『險哀』二字，此文中子所以有『帝省其山』之歎也。」按：單穆公語見國語周語下。

或非續經，薛收、姚義告子。子曰：「使賢者非耶，吾將飾誠以請對；對之以道，賢者當悟。愚者非耶，吾獨奈之何？」愚者不知道，不可對。因賦黍離之卒章，云：「知我者謂我心憂，不知我者謂我何求。」入謂門人曰：「五交三釁〔一〕，劉峻亦知言〔二〕哉！」孝標論曰：「惟兹五交，是生三釁。」

〔一〕梁書任昉傳：任昉好交結，獎進士友，多所汲引。及卒，諸子皆幼，人罕贍恤之。劉孝標乃著廣絶交論，論利交之五術（勢交、賄交、談交、窮交、量交）三釁（敗德殄義、仇訟所聚、名陷饕餮），歎昉愛客好賢，而身後諸孤流離。

〔三〕論語堯曰：「不知言，無以知人也。」

房玄齡問：「善則稱君，過則稱己〔一〕，可謂忠乎？」子曰：「讓矣。」無過而稱己過，是隱也；隱非忠也，蓋讓美於君而已。

〔一〕参见本書问易篇：「忠臣之事君也，盡忠補過。君失於上，則臣補於下；臣諫於下，則君從於上。」戰國策東周周文君免士工師藉：「國必有誹譽，忠臣令誹在己，譽在上。」

杜如晦問政，子曰：「推爾誠，舉爾類，賞一以勸百，罰一以懲衆，夫爲政而何有？」未有過此得爲政之要者。如晦出謂竇威曰：「讜〔一〕人容其訐，雖太訐，必容。佞人杜其漸〔二〕，漸猶不可，况深乎！賞罰在其中。吾知乎爲政矣。」容一訐直，示賞百善之門；絶一佞媚，示罰衆惡之柄。

〔一〕讜：正直。

〔二〕漸：欺詐。尚書吕刑：「民興胥漸，泯泯棼棼，罔中於信，以覆詛盟。」荀子正論：「上周密則下疑玄矣，上幽險則下漸詐矣，上偏曲則下比周矣。」或作「沾染」解，亦通。

文中子曰：「制命不及黄初，續書帝制、公命惟漢有之，不及魏矣。黄初，魏文帝初即位年號。志事不及太熙〔一〕，續書君志、臣事至晉太康而止矣，不及惠帝。太熙，惠帝年號。褒貶不及仁壽。」元經至隋〔二〕開皇而止矣，不及仁壽。仁壽四年，煬帝弑立。叔恬曰：「何謂也？」子泫然曰：「仁壽、大業之際，其事〔三〕忍容言耶？」大業，煬帝年號。事不忍言，安所褒貶。

〔一〕「太熙」原作「大熙」，據四部叢刊本改。

〔二〕「隋」原作「隨」，據四部叢刊本改。

〔三〕其事：指楊廣弑父篡位之事。

賈瓊問：「『富而教之』〔一〕何謂也？」子曰：「仁生於歉，歲歉則仁者惻隱。義生於豐，豐盈則義者制宜。故富而教之，斯易也。以豐思歉，則爲教易。古者聖王在上，田里相距，雞犬相聞，人至老死不相往來〔二〕，蓋自足也。解上文「富」。是以至治之代，謂三皇時。五典〔三〕濳，五禮措〔四〕，五服不章〔五〕，天子、諸侯、卿、大夫、士，五者之服必章明，曰「五章」。人知飲食，不知蓋藏，人知羣居，不知愛敬〔六〕，上如標枝，下如野鹿〔七〕。標枝、野鹿，自然分上下也。何哉？蓋上無爲，下自足故也。」賈瓊曰：「淳灕樸散〔八〕，其可歸乎？」歸，復也。子曰：「人能弘道〔九〕，苟得其行，如反掌爾。人存則道行，言亦易爾。昔舜、禹繼軌而天下樸，夏桀承之而天下詐，成湯放桀而天下平，殷紂承之而天下陂〔一〇〕，陂，險也。文、武治而幽、厲散，文、景寧而桓、靈失，斯則治亂相易，澆淳有由。由上之所化。興衰資乎人，得失在乎教。解上文「人弘道」。其曰太古不可復，是未知先王之有化也，詩書禮樂復何爲哉？」若言經籍不能復古，何爲虛設耶？董常聞之，謂賈瓊曰：「孔孟云亡，夫子之道行，則所謂『綏之斯來，動之斯和』〔一一〕乎？孰云淳樸不可歸哉？」當爲決「淳灕樸散」之疑。

〔一〕論語子路：「子適衛，冉有僕。子曰：『庶矣哉！』冉有曰：『既庶矣，又何加焉？』曰：『富之。』曰：『既富矣，又何加焉？』曰：『教之。』」

〔二〕老子八十章：「使民復結繩而用之，甘其食，美其服，安其居，樂其俗，鄰國相望，雞狗之聲相聞，民至老死不相往來。」莊子胠篋：「昔者容成氏、大庭氏、伯皇氏、中央氏、栗陸氏、驪畜氏、軒轅氏、赫胥氏、尊盧氏、祝融氏、伏戲氏、神農氏，當是時也，民結繩而用之，甘其食，美其服，樂其俗，安其居，鄰國相望，雞狗之音相聞，民至老死而不相往來。若此之時，則至治已。」

〔三〕五典：父義、母慈、兄友、弟恭、子孝；一説爲父子有親、君臣有義、夫婦有别、長幼有序、朋友有信。尚書舜典：「慎徽五典，五典克從。」

〔四〕五禮：吉禮、凶禮、賓禮、軍禮、嘉禮。措：棄置不用。

〔五〕五服：天子、諸侯、卿、大夫、士五等之服。尚書皋陶謨：「天命有德，五服五章哉！」章：彰顯。

〔六〕愛敬：猶言禮義。孟子離婁下：「仁者愛人，有禮者敬人。」

〔七〕莊子天地：「至德之世，不尚賢，不使能；上如標枝，民如野鹿。端正而不知以爲義，相愛而不知以爲仁，實而不知以爲忠，當而不知以爲信，蠢動而相使不以爲賜。」

〔八〕淳、樸：喻本性。漓：澆薄。老子二十八章：「樸散則爲器，聖人用之則爲官長。」莊子繕性：「德又下衰，及唐、虞始爲天下，興治化之流，澆淳散樸，離道以善，險德以行，然後去性而從於心。」

〔九〕論語衛靈公：「人能弘道，非道弘人。」

〔一〇〕陂：傾斜，偏頗。尚書洪範：「無偏無頗，遵王之義。」

〔一一〕論語子張：「夫子之得邦家者，所謂立之斯立，道之斯行，綏之斯來，動之斯和。」

子曰：「以性制情〔一〕者鮮矣。我未見處歧〔二〕路而不遲迴〔三〕者。路分二曰歧，性感物而動曰情，亦二之義也。言情之惑性如歧之惑路也，能制者少矣。易曰：『直方大，不習，無不利〔四〕。』則不疑其所行也。」直、方，性也；不習，謂不疑惑。

〔一〕禮記樂記：「人生而靜，天之性也；感於物而動，性之欲也。物至知知，然後好惡形焉。好惡無節於內，知誘於外，不能反躬，天理滅矣。」

〔二〕「歧」原作「岐」，據四部叢刊本改。注同。

〔三〕遲迴：猶豫，遲疑。

〔四〕易坤卦六二：「直方大，不習，無不利。」文言傳：「『直』其正也，『方』其義也。君子敬以直內，義以方外，敬義立而德不孤。『直方大，不習，無不利』，則不疑其所行也。」

竇威曰：「大哉，易之盡性〔一〕也！門人孰至焉？」子曰：「董常近之。」近，庶幾也。或問：「威與常也何如？」子曰：「不知。」恐門人輕威而重常，故答以「不知」。

〔一〕易說卦：「昔者聖人之作易也……窮理盡性以至於命。」

子曰：「大雅或幾於道，温大雅。或幾，猶屢中也。蓋隱者也，『默而成之，不言而信〔二〕』。」幾道則默也，默似隱。

〔二〕易繫辭上：「默而成之，不言而信，存乎德行。」

或問陶元亮，潛字元亮。子曰：「放人也。歸去來有避地之心焉〔一〕，潛作歸去來詞。五柳先生傳則幾於閉關矣〔二〕。」潛種五柳以自號。閉關，注見上。

〔一〕歸去來辭：「歸去來兮，請息交以絕遊。世與我而相遺，復駕言兮焉求！」

〔二〕參見五柳先生傳：「忘懷得失，以此自終。」「無懷氏之民歟？葛天氏之民歟？」

子曰：「和大怨者必有餘怨〔一〕，若舜不怨而慕是也。忘大樂者必有餘樂，若顏回不改其樂是也。天之道也。」性與天道相合，故能如此。

〔一〕老子七十九章：「和大怨，必有餘怨。」

子曰：「氣爲上，形爲下，識都其中，都，居也。而三才備矣。氣爲鬼，其天乎？識爲神，其人乎？易曰：「精氣爲物，游魂爲變，是故知鬼神之情狀。」鬼者精氣之變也，故曰「氣爲鬼」。易曰：「神而明之，存乎其人。」非識則不能神，故曰「識爲神」。吾得之理性焉。」窮理盡性，則能行變化，通鬼神。薛收曰：「敢問天神、人鬼何謂也？周公其達乎？」仲尼曰：「鬼神之事，吾亦難明。」周公曰：「不若旦多才多藝，能事鬼神。」故止問周公。子曰：「大哉，周公！遠則冥〔一〕諸心也，心者非他也，窮理者也，心，謂天理。故悉本於天；悉，盡也，盡我於天理也。孟子盡心章義同。推神於天，蓋尊而遠之也，故以祀禮接焉〔二〕。此宗祀天神也。近則求諸己也，己，謂人倫。己者非他也，盡性者也，反己復性。卒歸之人；如父與子性，人人一同。推鬼於人，蓋引而敬之也，故以饗禮接焉。此大禘人鬼也。古者觀盥而不薦〔三〕，思過半矣〔四〕。」盥，絜貴敬也。薛收曰：「敢問地祇。」既聞天神、人鬼，故又問地祇。子曰：「至哉！百物生焉，萬類形焉；示之以民，斯其義也。古祇字「示」旁作「民」。形也者非他也，骨肉之謂也，骨肉屬土。

故以祭禮接焉。」此既葬，則祭於地下也。收曰：「三者何先？」子曰：「三才不相離也，措之事業則有主焉。圜丘〔五〕尚祀，觀神道也；方澤〔六〕貴祭，察物類也；宗廟用饗，懷精氣也。」收曰：「敢問三才之蘊。」蘊者，精奧之稱。子曰：「至哉乎問！夫天者，統元氣焉，非止蕩蕩蒼蒼之謂也；地者，統元形焉，非止山川丘陵之謂也；人者，統元識焉，非止圓首方足之謂也。三才取其氣、形、識，不止形而已。乾坤之蘊〔七〕，汝思之乎？」於是收退而學易〔八〕。易行乾坤之中，故因三才之蘊始悟易。

〔一〕冥：暗合，默契。參見法言問神：「或問神，曰：『心。』請問之，曰：『潛天而天，潛地而地。天地，神明而不測者也。心之潛也，猶將測之，況於人乎？況於事倫乎？』」

〔二〕周禮大宗伯鄭玄注：「立天神、地祇、人鬼之禮者，謂祀之、祭之、享之。」

〔三〕易觀卦：「盥而不薦，有孚顒若。」盥：祭祀時以酒澆地迎神。薦：獻牲於神。有：以。孚：誠信。顒若：仰望貌。

〔四〕思過半矣：近乎道矣。

〔五〕圜丘：祭天之圓臺，又稱泰壇。禮記祭法：「燔柴於泰壇，祭天也。」

〔六〕禮記祭法：「瘞埋於泰折，祭地也，用騂犢。」漢書郊祀志下顔師古注：「折，曲也。言方澤之形，四曲折也。」水經注卷六汾水：「賈逵云：漢法，三年祭地汾陰方澤。澤中有方丘，故謂之方澤。」

〔七〕易繫辭上：「乾坤，其易之緼邪？乾坤成列，而易立乎其中矣。乾坤毁，則無以見易。易不可見，則乾坤或幾乎息矣。」

〔八〕禮記祭義：「宰我曰：『吾聞鬼神之名，不知其所謂。』子曰：『氣也者，神之盛也；魄也者，鬼之盛也；合鬼與神，教之至也。衆生必死，死必歸土，此之謂鬼。骨肉斃於下，陰爲野土。其氣發揚於上，爲昭明、焄蒿、悽愴，此百物之精也，神之著也。因物之精，制爲之極，明命鬼神，以爲黔首則。百衆以畏，萬民以服。』」薛收、王通問答本此。

子曰：「射以觀德〔一〕，今亡矣。古人貴仁義，賤勇力。」

〔一〕禮記射義：「古者諸侯之射也，必先行燕禮；卿、大夫、士之射也，必先行鄉飲酒之禮。故燕禮者，所以明君臣之義也；鄉飲酒之禮者，所以明長幼之序也。故射者，進退周還必中禮，内志正，外體直，然後持弓矢審固；持弓矢審固，然後可以言中。此可以觀德行矣。」

子曰：「棄德背義而患人之不己親，好疑尚詐而患人之不己信，則有之矣。」譏時。

子曰：「君子服人之心，不服人之言；孟子曰：「七十子之服仲尼，中心悦而誠服也。」服人之言，不服人之身。此其次也。服人之身，力加之也。君子以義，小人以力〔一〕，難矣夫！」

並譏當世尚力不知義者。

〔一〕孟子公孫丑上：「以力服人者，非心服也，力不贍也；以德服人者，中心悦而誠服也，如七十子之服孔子也。」

子曰：「太熙之後，天子所存者號爾。晉惠帝。烏乎！索化列之以政，則蕃君〔一〕比之矣。續詩有政、化。元經何不興乎？」〔二〕詩亡則春秋作。

〔一〕蕃君：猶言諸侯。

〔二〕參見本書禮樂篇：「小雅盡廢而春秋作矣。小化皆衰而天下非一帝。元經所以續而作者，其衰世之意乎？」

房玄齡謂薛收曰：「道之不行也必矣，夫子何營營〔一〕乎？」嗟師勤。薛收曰：「子非夫子之徒歟？不知道。天子失道則諸侯修之，若桓、文。諸侯失道則大夫修之，若子産、叔向。大夫失道則士修之，若孔、孟。士失道則庶人修之〔二〕。若董仲舒居家推災異。修之之道：從師無常〔三〕，誨而不倦〔四〕，窮而不濫〔五〕，濫，謂不苟干禄棄道。死而後已〔六〕；得時則行，失時則蟠〔七〕。蟠，屈。此先王之道所以續而不墜也，古者謂之繼時。若孔子繼周公，孟子繼孔子，其適時一也。詩不云乎：『縱我不往，子寧不嗣音〔八〕？』子衿篇，刺亂世學校不修也。注：嗣，續也；音，謂絃誦。如之何以不行而廢也？」玄齡惕然謝曰：「其行也如是之遠乎？」乃知營營非止身而已，繼時之道當遠大。

〔一〕營營：往來不絶，多喻忙碌。莊子庚桑楚：「全汝形，抱汝生，無使汝思慮營營。」

〔二〕參見本書禮樂篇：「獻公曰：『天子失禮，則諸侯修於國；諸侯失禮，則大夫修於家。』」

〔三〕尚書咸有一德：「德無常師，主善爲師。」論語述而：「三人行，必有我師焉：擇其善者而從之，其不善者而改之。」子張：「夫子焉不學，而亦何常師之有？」

〔四〕論語述而：「若聖與仁，則吾豈敢。抑爲之不厭，誨人不倦，則可謂云爾已矣。」

〔五〕論語衛靈公：「君子固窮，小人窮斯濫矣。」禮記中庸：「君子居易以俟命，小人行險以徼幸。」

〔六〕論語泰伯：「士不可以不弘毅，任重而道遠。仁以爲己任，不亦重乎？死而後已，不亦遠乎？」

〔七〕蟠：潛藏。參見易坤卦文言傳：「天地閉，賢人隱。」論語泰伯：「天下有道則見，無道則隱。」孟子盡心上：「古之人得志，澤加於民；不得志，修身見於世。窮則獨善其身，達則兼善天下。」荀子儒效：「通則一天下，窮則獨立貴名。」

〔八〕詩鄭風子衿文。毛傳：「子衿，刺學校廢也。亂世則學校不修焉。」正義：「鄭國衰亂，不修學校，學者分散，或去或留。故陳其留者恨責去者之辭，以刺學校之廢也。」孔穎達疏：「言學校廢者，謂鄭國之人廢於學問耳，非謂廢毀學宮也。」嗣：續；韓詩作「詒」，寄也。

中説卷第十

關朗篇

或問關朗〔一〕，子曰：「魏之賢人也。孝文没而宣武〔二〕立，穆公死，關朗退，並注見上。魏之不振有由哉！」國不振，由賢人不用。

〔一〕關朗：字子明，河東解人。魏太和末，尚書署爲公府記室，王通曾祖王虬薦於孝文帝。帝崩，朗遂不仕。王通祖王彦師之，受春秋及易，共隱臨汾山。見録關子明事。參見本書魏相篇「關生」注。

〔二〕宣武：魏宣武帝元恪，史稱其「寬以攝下，從容不斷，太和之風替矣」。見魏書世宗紀。

子曰：「中國失道，四夷知之。」魏徵曰：「請聞其説。」子曰：「小雅盡廢，四夷交侵，斯中國失道也，非其説乎？」徵退，謂薛收曰：「時可知矣。」時煬帝失道可知。

薛收問曰："今之民胡無詩？"因聞古詩，乃問今民何不作詩。子曰："詩者，民之情性也。情性能亡乎〔一〕？情不亡，詩不廢。非民無詩，職詩者〔二〕之罪也。"職詩，謂史官不明變。

〔一〕林光朝艾軒集卷六與趙著作子直："文中子以爲『詩者，民之情性』；孟子謂『詩亡然後春秋作』。人之情性不應亡，使孟子復出，必從斯言。"

〔二〕禮記王制："命大師陳詩以觀民風。"漢書藝文志："古有採詩之官，王者所以觀風俗、知得失，自考正也。"食貨志上："孟春之月，羣居者將散，行人振木鐸徇於路以採詩，獻之大師，比其音律，以聞於天子。"

姚義困於窶〔一〕。窶，貧。房玄齡曰："傷哉，窶也！盍請乎？"姚義曰："古之人爲人請，猶以爲捨讓也，古冉子爲公西赤之母請粟，孔子曰："君子周急〔二〕不繼富。"蓋非冉子棄讓也。況爲己乎？吾不願。"子聞之曰："確〔三〕哉，義也！實行古之道矣，有以發我也：難進易退〔四〕。"儒有難進易退，姚義發明於我。

〔一〕窶：窮困。詩邶風北門："終窶且貧，莫知我艱。"

〔二〕"急"原作"給"，據論語改。

〔三〕確：堅强。易乾文言傳：「樂則行之，憂則違之，確乎其不可拔，潛龍也。」
〔四〕禮記儒行：「儒有衣冠中，動作慎。其大讓如慢，小讓如僞；大則如威，小則如愧。其難進而易退也，粥粥若無能也。」

子曰：「雖邇言必有可察〔一〕，**求本則遠。」**舜好察邇言，若不察其本，則讒説殄行至矣。遠，謂難及。

〔一〕禮記中庸：「舜好問而好察邇言，隱惡而揚善，執其兩端，用其中於民，其斯以爲舜乎！」

王珪〔一〕**從子求續經，子曰：「叔父，**珪，字叔玠，子之從叔。太宗朝爲諫議，多直言。勑中書、門下、三品入閤，使諫臣隨之，自珪始也。**通何德以之哉？」**有何德以當叔父之求學。**珪曰：「勿辭也。當仁不讓於師**〔二〕，**况無師乎？吾聞關朗之筮矣**〔三〕：事在關朗傳。**積亂之後，當生大賢。世習禮樂，莫若吾族；天未亡道，振斯文者，非子誰歟？」**珪言直，故擧「吾族」。

〔一〕王珪：字叔玠。隋開皇十三年，召入秘書内省，爲太常治禮郎。李淵入關，署世子府諮議參軍事。建成與世民有隙，帝責珪不能輔導，流嶲州。太子已誅，太宗召爲諫議大夫，遷侍中，與房玄齡、李靖、温彦博、魏徵等同輔政。坐漏禁近語，左除同州刺史，俄召拜禮部尚書兼魏王泰師。十三年病卒，年六十九。著有齊職官儀五十卷。見新唐書王薛馬韋列傳、高祖諸子列傳、房杜列傳、刑法志、藝文志一。

〔二〕論語衛靈公：「子曰：『當仁不讓於師。』」

〔三〕關朗之筮：王通高祖王彥請關朗預卜將來，朗謂：「黄初元年庚子，至今八十四年，更八十二年丙午，三百六十六矣，達者當生。更十八年甲子，其與王者合乎？用之則王道振；不用，洙泗之教修矣。」見録關子明事。

魏徵問：「議事以制〔一〕，何如？」子曰：「苟正其本，刑將措焉；如失其道，議之何益？故至治之代，法懸而不犯；畫衣冠爲法。其次犯而不繁，三代。故議事以制。噫！中代〔二〕之道也。商、周已後爲中代。如有用我，必也無訟乎〔三〕？」此仲尼之志。

〔一〕尚書周官：「議事以制，政乃不迷。」

〔二〕中代：謂夏、商、周三代。左傳昭公六年：「夏有亂政而作禹刑，商有亂政而作湯刑，周有亂政而作九刑。」

〔三〕論語顏淵：「聽訟，吾猶人也，必也使無訟乎！」

文中子曰：「平陳〔一〕之後，龍德亢矣，而卒不悔〔二〕，悲夫！」隋文過亢不知，故及弑。

〔一〕平陳：隋開皇八年冬伐陳，楊廣爲行軍元帥，次年平陳。

〔二〕易乾卦上九：「亢龍有悔。」象傳：「『亢龍有悔』，盈不可久也。」文言傳：「上九曰『亢龍有悔』，何謂也？子曰：『貴而無位，高而無民，賢人在下位而無輔，是以動而有悔也。』」

子曰：「吾於續書、元經也，其知天命而著乎？詩、書亡然後元經作，皆天命也。**傷禮樂則述章志，**樂章、禮志。**正曆數〔一〕則斷南北，**南北朝。**感帝制而首太熙〔二〕，**書帝制尚不及黄初，況太熙乎！然元經首於太熙者，蓋感帝制之絶而持振之也。**尊中國而正皇始〔三〕。」**晉宋卒不振，則曆數斷歸北朝，以後魏孝文皇始年都洛陽，得中國也。

〔一〕曆數：運數。論語堯曰：「天之曆數在爾躬，允執其中。」尚書大禹謨：「天之曆數在汝躬，汝終陟元后。」

〔二〕太熙：晉惠帝年號。

〔三〕皇始：北魏道武帝拓跋珪年號。

文中子曰：「動失之繁〔一〕，静失之寡。」不得中。

〔一〕參見本書問易篇：「好動者多難，小不忍致大災。」

子曰：「罪莫大於好進〔一〕，進不以道。禍莫大於多言〔二〕，言不以中。痛莫大於不聞過，自蔽。辱莫大於不知恥〔三〕。」自得。

〔一〕老子四十六章：「咎莫大於欲得，禍莫大於不知足。」

〔二〕說苑敬慎：古金人銘：「無多言，多口多敗；無多事，多事多患。」

〔三〕孟子盡心上：「人不可以無恥，無恥之恥，無恥矣。」

子曰：「天子之子，合冠而議封，年二十成人，始封之土。知治而受職，齒冑學古。古之道也〔一〕。」此周制。

〔一〕禮記文王世子：「知爲人子，然後可以爲人父；知爲人臣，然後可以爲人君；知事人，然後能使人。」郊特牲：「天子之元子，士也。天下無生而貴者也。繼世以立諸侯，象賢也。以官爵人，德之殺也。」

薛收問政於仲長子光，子光曰：「舉一綱，衆目張〔一〕；弛一機，萬事隳。引古語。不知其政也。」隱者言放。收告文中子，子曰：「子光得之矣。」得爲政之要也。

〔一〕綱：網繩。目：網眼。呂氏春秋離俗覽用民：「用民有紀有綱。壹引其紀，萬目皆起；壹引其綱，萬目皆張。爲民紀綱者何也？欲也惡也。何欲何惡？欲榮利，惡辱害。」

文中子曰：「不知道，無以爲人臣，況君乎〔一〕？」君更須知道。

〔一〕參見新書君道：「君國子民者，反求之己，而君道備矣。」

子曰：「人不里居，地不井受〔一〕，終苟道也，秦廢井田，開阡陌，意在徙豪傑，强本國，然棄禮義、起兼併，爲苟且之道。雖舜、禹不能理矣。」如此，雖聖人復生，難矣。

〔一〕井受：謂行井田之制。史浩史子樸語卷七：「田不井受，其秦孝公之苛政乎？田不井，民之失業者多矣。」

子曰：「政猛〔一〕，寧若恩；先恩臨之。法速，寧若緩；緩，寬也。獄繁，寧若簡〔二〕；簡，不滋彰。臣主之際，其猜〔三〕也寧信。並譏時。執其中者，惟聖人乎〔四〕？」聖人之道不難知，能行上四事，則執中矣。

〔一〕猛：嚴苛。禮記檀弓：「苛政猛於虎也。」

〔二〕易旅卦象傳：「君子以明慎用刑而不留獄。」中孚象傳：「君子以議獄緩死。」

〔三〕猜：疑忌。貞觀政要政體：「儻君臣相疑，不能備盡肝膈，實爲國之大害也。」

〔四〕易乾卦文言傳：「知進退存亡而不失其正者，其唯聖人乎！」

子曰：「委任不一，亂之媒也；監察不止，姦之府也。」隋由此亡。裴晞聞之曰：「左右相疑，非亂乎？上下相伺，非姦乎？古謂之蛇豕〔一〕之政。噫！亡秦之罪也。」言王道喪，自秦始。

〔一〕蛇豕：長蛇、封豕，喻兇殘。左傳定公四年：「吴爲封豕、長蛇，以薦食上國，虐始於楚。」

杜淹問隱，子曰：「非伏其身而不見也，時命大謬則隱其德矣〔一〕，惟有道者能之，故謂之退藏於密〔二〕。」有道，謂知命。杜淹曰：「易之興也，天下其可疑乎，故聖人得以隱？」紂疑文王，則文王隱。子曰：「顯仁藏用〔三〕，中古〔四〕之事也。」演卦，顯也；就拘，藏也。淹曰：「敢問藏之之説。」子曰：「泯其跡，閟〔五〕其心，可以神會，難以事求，斯其説也。」又問道之旨，子曰：「非禮勿動，非禮勿視，非禮勿聽〔六〕。」淹曰：「此仁者之目也。」仲尼言仁。子曰：「道在其中矣。」道在仁中。淹退，謂如晦曰：「『瞻之在前，忽然在後』〔七〕，信顏氏知之矣。」知聖人道大，不可以語言執也。

〔一〕時命：時運。謬：不順。莊子繕性：「古之所謂隱士者，非伏其身而弗見也，非閉其言而不出也，非藏其知而不發也，時命大謬也。」

〔二〕退藏於密：秘而不宣，此指潛藏不出。易繫辭上：「聖人以此洗心，退藏於密，吉凶與民同患。」

〔三〕顯仁藏用：道隱無名。易繫辭上：「顯諸仁，藏諸用，鼓萬物而不與聖人同憂，盛德大業至矣哉！」

〔四〕中古：謂商周之際。易繫辭下：「易之興也，其於中古乎？」

〔五〕閟：同「閉」。詩鄘風載馳：「視爾不臧，我思不閟。」老子五十二章：「塞其兑，閉其門，終生不勤。」王應麟困學紀聞卷十諸子：「龔氏注中説，引古語云：『上士閉心，中士閉口，下士閉門。』」愚按楚辭橘頌云：『閉心自謹，終不過失兮。』王逸注：『閉心，捐欲也。』」按：「閉心自謹」當爲「閉心自慎」；「終不過失兮」一作「不終失過兮」。

〔六〕論語顏淵：「非禮勿視，非禮勿聽，非禮勿言，非禮勿動。」

〔七〕論語子罕：「仰之彌高，鑽之彌堅。瞻之在前，忽焉在後。夫子循循然善誘人，博我以文，約我以禮，欲罷不能。既竭吾才，如有所立卓爾。雖欲從之，末由也已。」

文中子曰：「四民〔一〕不分，五等〔二〕不建，六官〔三〕不職，九服〔四〕不序，皇墳、帝典〔五〕

不得而識矣。生民不復得識也。不以三代之法統天下，終危邦也。忠、敬、文，相循之法。如不得已，其兩漢之制乎？七制。不以兩漢之制輔天下者，誠亂也已。」制度不立則亂。

〔一〕四民：士、農、工、商。尚書周官：「司空掌邦土，居四民，時地利。」穀梁傳成公元年：「古者有四民：有士民，有商民，有農民，有工民。」

〔二〕五等：公、侯、伯、子、男。禮記王制：「王者之制祿爵，公侯伯子男，凡五等。」孟子萬章下：「天子一位，公一位，侯一位，伯一位，子、男同一位，凡五等也。」

〔三〕六官：天官冢宰、地官司徒、春官宗伯、夏官司馬、秋官司寇、冬官司空，亦稱六卿。周禮天官冢宰小宰：「以官府之六屬舉邦治：一曰天官，其屬六十，掌邦治，大事則從其長，小事則專達。二曰地官，其屬六十，掌邦教，大事則從其長，小事則專達。三曰春官，其屬六十，掌邦禮，大事則從其長，小事則專達。四曰夏官，其屬六十，掌邦政，大事則從其長，小事則專達。五曰秋官，其屬六十，掌邦刑，大事則從其長，小事則專達。六曰冬官，其屬六十，掌邦事，大事則從其長，小事則專達。」禮記昏義：「天子立六官、三公、九卿、二十七大夫、八十一元士，以聽天下之外治，以明章天下之男教，故外和而國治。」

〔四〕九服：京畿以外九等地區。周禮夏官職方氏：「乃辨九服之邦國，方千里曰王畿，其外方五百里曰侯服，又其外方五百里曰甸服，又其外方五百里曰男服，又其外方五百里曰采服，又其外方五百里曰衛服，又其外方五百里曰蠻服，又其外方五百里曰夷服，又其外方五百里曰鎮服，又其外方五百里曰藩服。」

〔五〕左傳昭公十二年：「是能讀三墳、五典、八索、九丘。」孔穎達疏：「孔安國尚書序云：『伏犧、神農、黄帝之書謂之三墳，言大道也；少昊、顓頊、高辛、唐、虞之書謂之五典，言常道也。』」

文中子曰：「仲尼之述，廣大悉備〔一〕，歷千載而不用，悲夫！」六經示後，而後世但習空文，不用其道，可悲惜。仇璋進曰：「然夫子今何勤勤於述也？」子曰：「先師之職也，不敢廢。儒職在祖述。焉知後之不能用也？後必有聖人出，能用之。是藨是蓘，則有豐年〔二〕。」逸詩：「譬如農夫，是藨是蓘；雖有飢饉，必有豐年。」

〔一〕易繫辭下：「易之爲書也，廣大悉備。」

〔二〕藨：通「穮」，耘田除草。蓘：以土培苗。左傳昭公元年：「譬如農夫，是穮是蓘；雖有飢饉，必有豐年。」

子謂薛收曰：「元魏已降，天下無主矣。無真主。開皇九載，人始一。平陳一統。先人〔一〕有言曰：『敬其事者大其始〔二〕，慎其位者正其名。』先人，謂銅川府君。此吾所以建議於仁壽也〔三〕：開皇改仁壽。『陛下真帝也，無踵僞亂，南北朝僞亂相繼。必紹周、漢，以土襲火〔四〕，周木德，漢火德，隋當爲土德。色尚黄，數用五，除四代之法，四代，謂北朝魏、周、齊，南朝陳也。以乘天命。時乘御天。千載一時，不可失也。』高祖偉之而不能用。偉其文而已，不用其道。所以然者，吾庶幾乎周公之事矣。周公，聖人之時者也，故仲尼宗之。敬其事，大其始，攝位則進，正名則退，公其心，私其跡，此周公之事也。文中子謂隋祖必敬其始，正其名。故十二策何先？必先正始〔五〕者也。」正始，策首篇名。

〔一〕先人：先父或先祖。

〔二〕左傳閔公二年：「敬其事則命以始。」

〔三〕文中子世家：「仁壽三年，文中子冠矣，慨然有濟蒼生之心，西遊長安，見隋文帝。帝坐太極殿召見，因奏太平策十有二。策尊王道，推霸略，稽今驗古，恢恢乎運天下於指掌矣。」

〔四〕以土襲火：以土德承替火德。據陰陽家五德終始之説，周、漢爲火德（西漢初爲水德，武帝後爲土德，東漢爲火德）。王通以爲隋「紹周、漢」，故曰「以土襲火」。按隋文帝登基，詔朝會之服、旗幟、犧牲尚赤（見隋書高祖紀上），是隋居火德。

〔五〕參見論語子路：「子路曰：『衛君待子而爲政，子將奚先？』子曰：『必也正名乎！』子路曰：『有是哉，子之迂也！奚其正？』子曰：『野哉，由也！君子於其所不知，蓋闕如也。名不正則言不順，言不順則事不成，事不成則禮樂不興，禮樂不興則刑罰不中，刑罰不中則民無所措手足。故君子名之必可言也，言之必可行也。君子於其言，無所苟而已矣。』」王通「正始」，即孔子「正名」之意也。

魏永爲龍門令，永，未見。下車而廣公舍。子聞之曰：「非所先也。勞人逸己，胡寧是營？」永遽止以謝子。

子曰：「不勤不儉，無以爲人上〔一〕也。」終戒之。

〔一〕人上：官長或君主。墨子尚同下：「今此何爲人上而不能治其下？」荀子强國：「爲人上者，必將慎禮義、務忠信然後可。」

門人竇威、賈瓊、姚義受〔一〕禮，温彦博、杜如晦、陳叔達受樂，杜淹、房喬〔二〕、魏徵受書，李靖、薛方士、裴晞、王珪受詩，叔恬受元經，董常、仇璋、薛收、程元備聞六經〔三〕之義。中説終。（凝常聞：不專經者，不敢以受也。經别有説，故著〔四〕之。）此太原府君王凝自記于中説之後也〔五〕。

〔一〕受：受業，學習。顔氏家訓勉學：「皇甫謐二十，始受孝經、論語。」

〔二〕房喬：房玄齡字。

〔三〕六經：謂王氏續經。下文所説「經」亦指續經。

〔四〕著：標明。陳亮類次文中子引：「雖受經未必盡如所傳，而講論不可謂無也。」

〔五〕「王凝」原誤作「主凝」，據四部叢刊本改。此條當爲王福時所記。

太原府君曰：稱府君者，凝三子所記也。「文中子之教，不可不宣也。日月逝矣，不可使文中之後後裔。不達於兹也。」召三子〔一〕，而教之略例焉。續經略例。

〔一〕三子：王通子福郊、福祚、福時。

太原府君曰凝，當居慄如〔一〕也，子弟非公服不見，閨門之内若朝廷焉。昔文中子曰：「賢哉，凝也！權則未，而可與立矣〔二〕。」府君再拜曰：「謹受教。」非禮不動，終身焉。貞觀中，起家監察御史，劾奏侯君集〔三〕有無君之心。天下稱其讜正，出爲胡蘇令。時杜淹爲御史大夫，王凝〔四〕爲監察，上言侯君集有反狀，太宗以君集有大功，未之信，而長孫無忌與君集善，乃與杜淹不協，而王凝貶，出胡蘇令。胡蘇，漢東莞縣有胡蘇亭，隋置縣名，今屬棣州。及退〔五〕，則鄉黨以穆〔六〕。不得志於時，遂退。御家以四教：勤、儉、恭、恕；正家以四禮：冠、婚、喪、祭。士禮。三年之畜備，則散之親族。九年耕，所儲畜。聖人之書及公服、禮器不假。皆自足。垣屋什物必堅樸，曰「無苟費也」；門巷果木必方列，曰「無苟亂也」。事寡嫂以恭順著，文中子之室。與人不款曲，不受遺。非其力，非其禄，未嘗衣食。力，謂自耕桑者。饗食之禮無加物焉，曰「及禮可矣」；居家不肉食，曰「無求飽」；一布被二十年不易，曰「無爲費天下也」。鄉人有誣其稅者，一歲再輸。臨官計日受俸。年踰七十，手不輟經。親朋有非義者，必正之，曰：「面譽背毀，吾不忍也。」羣居縱言，未嘗及人之短。常有不可犯之色，故小人遠焉。

〔一〕慄：同「栗」，莊敬貌。尚書舜典：「命汝典樂，教胄子，直而温，寬而栗，剛而無虐，簡而無傲。」

〔二〕權：隨機應變。立：行動以禮。論語子罕：「可與共學，未可與適道；可與適道，未可與立；可與立，未可與權。」泰伯：「興於詩，立於禮，成於樂。」

〔三〕侯君集：豳州三水人。李世民爲秦王時，引入幕府，參預謀議。建成、元吉之誅也，君集之策居多。貞觀四年，遷兵部尚書，參議朝政。與李靖平吐谷渾，拜吏部尚書，進位光禄大夫。後破高昌有功，而以貪冒被囚，雖開釋，志殊怏怏。太子承乾與通謀，陰圖不軌，事發被斬。見新唐書侯張薛傳。

〔四〕「凝」，原作「疑」，據史實改。

〔五〕退：王凝因彈劾侯君集，黜爲胡蘇（時屬觀州，今河北東光縣東南）令，於是解印歸田，貞觀十九年復起爲洛州録事。事見東皋子答陳尚書書、王氏家書雜録。

〔六〕穆：通「睦」。尚書堯典：「九族既睦，平章百姓。」

杜淹曰：「續經其行乎？」太原府君曰：「王公大人最急也。先王之道布〔一〕在此矣。天下有道，聖人推而行之〔二〕；天下無道，聖人述而藏之〔三〕。所謂流之斯爲川焉，塞之斯爲淵焉，昇則雲，施則雨，潛則潤〔四〕，何往不利也〔五〕？」

〔一〕布：陳述。禮記中庸：「文、武之政，布在方策。」

〔二〕易繫辭上：「推而行之謂之通。」

〔三〕述：述而不作。藏：退藏於密。

〔四〕淮南子原道訓：「天下之物，莫柔弱於水，然而大不可極，深不可測……上天則爲雨露，下地則爲潤澤，萬物弗得不生，百事不得不成。」孟子盡心上：「夫君子所過者化，所存者神，上下與天地同流，豈曰小補之哉？」

〔五〕易繫辭下：「君子藏器於身，待時而動，何不利之有？」

太原府君曰：「夫子得程、仇、董、薛而六經〔一〕益明。對問之作〔二〕，四生之力也。董、仇早殁而程、薛繼殂，文中子之教，其未作矣。嗚呼！以俟來哲〔三〕。」此並隱其意，肆其言，以傷河汾之教，爲長孫無忌所抑，房、魏等不能振之也。

〔一〕六經：指王氏續經。

〔二〕對問之作：指中說。

〔三〕孟子滕文公下：「守先王之道，以待後之學者。」

敍篇〔一〕

文中子之教，繼素王之道，故以王道篇爲首。古先聖王，俯仰二儀必合其德，故次之以天地篇。天尊地卑，君臣立矣，故次之以事君篇。事君法天，莫如周公，故次之以周公篇。周公之道，蓋神乎易中，故次之以問易篇。易者教化之原也，教化莫大乎禮樂，故次之以禮樂篇。禮樂彌文，著明則史，故次之以述史篇。興文立制，變理爲大，惟魏相有焉，故次之以魏相篇。夫陰陽既燮，則理性達矣，窮理盡性以至於命，故次之以立命篇。通性命之説者，非易安能至乎？關氏易之深者也，故次之關朗篇終焉。

〔一〕原文未標明作者，疑爲王福時所撰。

文中子世家

杜淹　撰

文中子，王氏，諱通，字仲淹。其先漢徵君霸，絜身不仕。十八代祖殷，雲中太守，家於祁，以春秋、周易訓鄉里，爲子孫資。十四代祖述，克播前烈，著春秋義統，公府辟不就。九代祖寓，遭愍、懷之難，遂東遷焉。寓生罕，罕生秀，皆以文學顯。秀生二子：長曰玄謨，次曰玄則：玄謨以將略升，玄則以儒術進。

玄則字彦法，即文中子六代祖也。仕宋，歷太僕、國子博士。常歎曰：「先君所貴者禮樂，不學者軍旅，兄何爲哉？」遂究道德，考經籍，謂「功業不可以小成也」，故卒爲洪儒；「卿相不可以苟處也」，故終爲博士；曰「先師之職也，不可墜」，故江左號「王先生」，受其道曰「王先生業」。於是大稱儒門，世濟厥美。

先生生江州府君焕，焕生虬。虬始北事魏，太和中爲并州刺史，家河汾，曰晉陽穆公。穆公生同州刺史彦，曰同州府君。彦生濟州刺史一，曰安康獻公。安康獻公生銅川府君，諱隆，字伯高，文中子之父也，傳先生之業，教授門人千餘。隋開皇初，以國子博士待詔雲龍門。時國家新有揖讓之事，方以恭儉定天下，帝從容謂府君曰：「朕何如主也？」府君曰：「陛下聰明神武，得之於天，發號施令，不盡稽古，雖負堯、舜之姿，終以不學爲累。」帝默然，曰：「先生朕之陸賈〔一〕也，何以教朕？」府君承詔著興衰要論七篇。每奏，帝稱善，然未甚達也。府君出爲昌樂令，遷猗氏、銅川，所治著稱，秩滿退歸，遂不仕。

開皇四年，文中子始生。銅川府君筮之，遇坤之師，獻兆於安康獻公。獻公曰：「素王之卦也，何爲而來？地二化爲天一，上德而居下位，能以衆正，可以王矣。雖有君德，非其時乎？是子必能通天下之志。」遂名之曰「通」。

開皇九年，江東平。銅川府君歎曰：「王道無叙，天下何爲而一乎？」文中子侍側，十〔二〕歲矣，有憂色，曰：「通聞古之爲邦，有長久之策，故夏、殷以下數百年，四海常一統也；後之爲邦，行苟且之政，故魏、晉以下數百年，九州無定主也。上失其道，民散久矣。一彼一此，何常之有？夫子之歎，蓋憂皇綱不振，生人勞於聚斂而天下將亂乎？」銅川府君異之曰：「其然乎！」遂告以元經之事，文中子再拜受之。

〔一〕陸賈：楚人也，以客從漢高祖劉邦定天下，名爲有口辯士。中國初定，帝使陸賈賜尉他印爲南越王。歸報，拜爲太中大夫。時時前稱説詩書，帝罵之曰：「乃公居馬上而得之，安事詩書！」陸生曰：「居馬上得之，寧可以馬上治之乎？」乃粗述存亡之徵，著新語十二篇。每奏一篇，帝未嘗不稱善也。及誅諸吕，立孝文帝，陸生頗有力焉。其後往使尉他，令其去黄屋稱制，令比諸侯，皆如意旨。竟以壽終。見史記酈生陸賈列傳。

〔三〕「十」當爲「六」之誤，説見汪吟龍文中子考信録，臺灣商務印書館，一九六三年，第三五頁。

十八年，銅川府君宴居，歌伐木，而召文中子。子矍然再拜：「敢問夫子之志何謂也？」銅川府君曰：「爾來！自天子至庶人，未有不朋友〔一〕而成者也。在三之義，師居一焉；道喪已來，斯廢久矣。然何常之有？小子勉旃，翔而後集。」文中子於是有四方之志，蓋受書於東海李育，學詩於會稽夏琠，問禮於河東關子明，正樂於北平霍汲，考易於族父仲華，不解衣者六歲，其精志如此。

〔一〕「朋友」，六子本作「資友」。

仁壽三年，文中子冠矣，慨然有濟蒼生之心，西遊長安，見隋文帝。帝坐太極殿召見，因奏太平策十有二策，尊王道，推霸略，稽今驗古，恢恢乎運天下於指掌矣。帝大悦，曰：「得生幾晚矣，天以生賜朕也。」下其議於公卿，公卿不悦。時將有蕭牆之釁，文中子知謀之不用也，作東征之歌而歸，曰：「我思國家兮遠遊京畿，忽逢帝王兮降禮布衣。遂懷古人之心兮將興太平之基，時異事變兮志乖願違。吁嗟！道之不行兮垂翅東歸，皇之不斷兮勞身西飛。」帝聞而再徵之，不至。四年，帝崩。

大業元年，一徵又不至，辭以疾。謂所親曰：「我周人也，家於祁。永嘉之亂，蓋東遷焉，高祖穆公始事魏。魏、周之際，有大功於生人，天子錫之地，始家於河汾，故有墳隴於兹四代矣。兹土也，其人憂深思遠，乃有陶唐氏之遺風，先君之所懷也；有弊廬在，茅簷、土堦撮如也。道之不行，欲安之乎？退志其道而已。」乃續詩、書，正禮、樂，修元經，讚易道，九年而六經大就。門人自遠而至，河南董常、太山姚義、京兆杜淹、趙郡李靖、南陽程元、扶風竇威、河東薛收、中山賈瓊、清河房玄齡、鉅鹿魏徵、太原温大雅、潁川〔一〕陳叔達等，咸稱師北面，受王佐之道焉。如往來受業者，不可勝數，蓋千餘人。隋季，文中子之教興於河汾，雍雍如也。

〔一〕「潁川」原作「穎川」，據六子本改。

大業十年，尚書召署蜀郡司户，不就。十一年以著作郎、國子博士徵，並不至。十三年，江都難作。子有疾，召薛收，謂曰：「吾夢顔回稱孔子之命曰：『歸休乎？』殆夫子召我也。何必永厥齡？吾不起矣。」寢疾七日而終。

門弟子數百人會議曰：「吾師其至人乎？自仲尼已來，未之有也。禮：男子生有字，所以昭德；死有謚，所以易名。夫子生當天下亂，莫予宗之，故續詩、書，正禮、樂，修元經，讚易道，聖人之大旨，天下之能事畢矣。仲尼既没，文不在兹乎？易曰：『黄裳元吉，文在中也。』請謚曰『文中子』。」絲麻設位，哀以送之。禮畢，悉以文中子之書還於王氏：禮論二十五篇，列爲十卷；樂論二十篇，列爲十卷；續書一百五十篇，列爲二十五卷；續詩三百六十篇，列爲十卷；元經五十篇，列爲十五卷；贊易七十篇，列爲十卷。並未及行，遭時喪亂，先夫人藏其書於篋笥，東西南北未嘗離身。大唐武德四年，天下大定，先夫人返於故居，又以書授於其弟凝。

文中子二子，長曰福郊，少曰福畤〔一〕。

〔一〕王通實有三子：福郊、福祚、福畤。

録唐太宗與房魏論禮樂事

大唐龍飛，宇内樂業，文中子之教未行於時，後進君子鮮克知之。貞觀中，魏文公有疾，仲父太原府君問候焉，留宿宴語，中夜而歎。太原府君曰：「何歎也？」魏公曰：「大業之際，徵也嘗與諸賢侍文中子，謂徵及房、杜等曰：『先輩雖聰明特達，然非董、薛、程、仇之比，雖逢明王，必愧禮樂。』徵于時有不平之色，文中子笑曰：『久久臨事，當自知之。』及貞觀之始，諸賢皆亡，而徵也、房、李、温、杜獲攀龍鱗，朝廷大議未嘗不參預焉。上臨軒謂羣臣曰：『朕自處蕃邸，及當宸極，卿等每進諫正色，咸云：「嘉言良策，患人主不行，若行之，則三皇不足四，五帝不足六。」朕誠虚薄，然獨斷亦審矣；雖德非徇齊，明謝濬哲，至於聞義則服，庶幾乎古人矣。諸公若有長久之策，一一陳之，無有所隱。』房、杜等奉詔舞蹈，讚揚帝德。上曰：『止。』引羣公内宴。酒方行，上曰：『設法施化，貴在經久，秦、漢已下不足襲也，三代損益，何者爲當？卿等悉心以對，不患不行。』是時羣公無敢對者，徵在下坐，爲房、杜所目，因越席而對曰：『夏、殷之禮既不可詳，忠敬之化，空聞其説。孔子曰：「周監二代，郁郁乎文哉！吾從周。」周禮公旦〔一〕所裁，詩書仲尼所述，雖綱紀頽缺，而節制具焉。荀、孟陳之於前，董、賈伸之於後，遺談餘義，可舉而行。若陛下重張皇墳，更造帝典，則非駑劣所能議及也。若擇前代憲章，發明王道，則臣請以周典唯所施行。」上大悦。翌日，又召房、杜及徵俱入，上曰：「朕昨夜讀周禮，真聖作也。首篇云：惟王建國，辨方正位，體國經野，設官分職，以爲人〔二〕極。誠哉深乎！」良久謂徵曰：「朕思之，不井田，不封建，不肉刑，而欲行周公之道，不可得也。大易之義，隨時順人。周任有言：陳力就列。若能一一行之，誠朕所願；如或不及，强希大道，畫虎不成，爲將來所笑。公等可盡慮之。」因詔宿中書省，會議數日，卒不能定，而徵尋請退。上雖不復揚言，而閑宴之次謂徵曰：「禮壞樂崩，朕甚憫之。昔漢章帝眷眷於張純，今朕急急於卿等；有志不就，古人攸悲。」徵跪奏曰：「非陛下不能行，蓋臣等無素業爾，何愧如之！然漢文以清静富邦家，孝宣以章程練名實，光武責成委吏，功臣獲全，肅宗重學尊師，儒風大舉；陛下明德獨茂，兼而有焉，雖未冠三代，亦千載一時。惟陛下雖休勿休，則禮樂度數徐思其宜，教化之行何慮晚也？」上曰：「時難得而易失，朕所以遑遑也。卿退，無有後言。」徵與房、杜等並慙慄，再拜而出。房謂徵曰：「玄齡與公竭力輔國，然言及禮樂，則非命世大才，不足以望陛下清光矣。」昔文中子不以禮樂賜予，良有以也。向使董、薛在，適不至此。噫！有元首無股肱，不無可歎也。」

〔一〕「公旦」原作「公且」，據六子本改。

〔二〕「人」當作「民」，蓋避李世民諱改。

十七年，魏公薨，太原府君哭之慟。十九年，授余以中說，又以魏公之言告予，因叙其事。時貞觀二十年九月記。

東皋子答陳尚書書

福時　録

東皋先生，諱績，字無功，文中子之季弟也。棄官不仕，耕於東皋，自號東皋子。貞觀初，仲父太原府君爲監察御史，彈侯君集，事連長孫太尉，由是獲罪。時杜淹爲御史大夫，密奏仲父直言非辜。於是太尉與杜公有隙，而王氏兄弟皆抑而不用矣。季父與陳尚書叔達相善。陳公方撰隋史，季父持文中子世家與陳公編之。陳公亦避太尉之權，藏而未出，重重作書遺季父，深言懃懇。季父答書，其略曰：

亡兄昔與諸公遊，其言皇王之道至矣。仆與仲兄侍側，頗聞大義。亡兄曰：「吾周之後也，世習禮樂，子孫當遇王者，得申其道，則儒業不墜。其天乎！其天乎！」時魏文公對曰：「夫子有後矣，天將啓之。徵也儻逢明主，願翼其道，無敢忘之。」及仲兄出胡蘇令，杜大夫嘗於上前言其樸忠。太尉聞之怒，而魏公適入奏事，見太尉，魏公曰：「君集之事果虚邪，御史當反其坐；果實邪，太尉何疑焉？」於是意稍解。然杜與仲父抗志不屈，魏公亦退朝默然。其後君集果誅，且吾家豈不幸而爲多言見窮乎？抑天寔未啓其道乎？仆今耕於野有年矣，無一言以裨於時，無一勢以託其跡，没齒東皋，醉醒自適而已；

然念先文中之述作，門人傳受，升堂者半在廊廟，續經及中説未及講求而行，嗟乎！足下知心者，顧仆何爲哉？願記亡兄之言，庶幾不墜，足矣！謹録世家寄去，餘在福郊，面悉其意。幸甚，幸甚！

録關子明事

王福畤

關朗，字子明，河東解人也。有經濟大器，妙極占筭，浮沈鄉里，不求官達。太和末，余五代祖穆公封晉陽，尚書署朗爲公府記室。穆公與談易，各相歎服。穆公謂曰：「足下奇才也，不可使天子不識。」入言於孝文帝，帝曰：「張彝、郭祚嘗言之，朕以卜筭小道，不之見爾。」穆公曰：「此人道微言深，殆非彝、祚能盡識也。」詔見之，帝問老、易，朗既〔一〕發明玄宗，實陳王道，諷帝慈儉爲本，飾之以刑政禮樂。帝嘉歎，謂穆公曰：「先生知人矣。昨見子明，管、樂之器，豈占筭而已！」穆公再拜對曰：「昔伊尹負鼎干成湯，今子明假占筭以謁陛下，臣主感遇，自有所因，後宜任之。」帝曰：「且與卿就成筮論。」既而頻日引見，際暮而出。會帝有烏丸之役，敕子明隨穆公出鎮并州，軍國大議馳驛而聞。故穆公易筮，往往如神。

〔一〕「既」原作「寄」，據六子本改。

先是穆公之在江左也，不平袁粲之死，恥食齊粟，故蕭氏受禪而穆公北奔，即齊建元元年，魏太和三年也，時穆公春秋五十二矣。奏事曰：「大安四載，微臣始生。」蓋宋大明二年也。既北遊河東，人莫之知，惟盧陽烏深奇之，曰：「王佐才也。」太和八年，徵爲秘書郎，遷給事黄門侍郎，以謂孝文有康世之意而經制不立，從容閑宴，多所奏議，帝虚心納之。遷都雒邑，進用王肅，由穆公之潛策也。又薦關子明，帝亦敬服，謂穆公曰：「嘉謀長策，勿慮不行。朕南征還日，當共論道，以究治體。」穆公與朗欣然相賀曰：「千載一時也。」俄帝崩，穆公歸洛，踰年而薨，朗遂不仕。同州府君師之，受春秋及易，共隱臨汾山。

景明四年，同州府君服闋援琴，切切然有憂時之思。子明聞之曰：「何聲之悲乎？」府君曰：「彦誠悲先君與先生有志不就也。」子明曰：「樂則行之，憂則違之。」府君曰：「彦聞治亂損益，各以數至，苟推其運，百世可知。願先生以筮一爲決之，何如？」子明曰：「占筭幽微，多則有惑。請命蓍，卦以百年爲斷。」府君曰：「諾。」

於是揲蓍布卦，遇夬之革，䷪兑上乾下。䷰兑上離下。捨蓍而歎曰：「當今大運，不過一〔二〕再傳爾。從今甲申二十四歲戊申，大亂而禍始，宫掖有蕃臣秉政，世伏其强。若用之以道，則桓、文之舉也；如不以道，臣主俱屠地。」府君曰：「其人安出？」朗曰：「參代之墟，有異氣焉；若出，其在并之郊乎？」府君曰：「此人不振，蒼生何屬？」子曰：「當有二雄舉而中原分。」府君曰：「各能成乎？」朗曰：「我隙彼動，能無成乎？若無賢人扶之，恐不能成。」府君曰：「請刻其歲。」朗曰：「始於甲寅，卒於庚子，天之數也。」府君曰：「何國先亡？」朗曰：「不戰德而用詐權，則舊者先亡也。」府君曰：「其後如何？」朗曰：「辛丑之歲，有恭儉之主起布衣而併六合。」府君曰：「其東南乎？」朗曰：「必在西北。平大亂者，未可以文治，必須武定，且西北用武之國也。東南之俗，其弊也剽；西北之俗，其興也勃。又況東南中國之舊主也，中國之廢久矣。天之所廢，孰能興之？」府君曰：「東南之歲可刻乎？」朗曰：「東南運曆，不出三百。大賢大聖，不可卒遇；能終其運，所幸多矣。且辛丑明王當興，定天下者不出九載，己酉江東其危乎？」府君曰：「明王既興，其道若何？」朗曰：「設有始有卒，五帝三王之化復矣；若非其道，則終驕亢〔二〕，而晚節末路有桀、紂之主出焉。先王之道墜地久矣，苛化虐政，其窮必酷，故曰：『大軍之後，必有凶年；積亂之後，必有凶主。』理當然也。」府君曰：「先王之道竟亡乎？」朗曰：「何謂亡也？夫明王久曠，必有達者生焉。行其典禮，此三才五常之所繫也。孔子曰：『文王既沒，文不在茲乎？』故王道不能亡也。」府君曰：「請推其數。」朗曰：「乾坤之策、陰陽之數，推而行之，不過三百六十六，引而伸之，不過三百八十四，天之道也。噫！朗聞之：先聖與卦象相契。自魏已降，天下無真主，故黄初元年庚子至今八十四年，更八十二年丙午，三百六十六矣，達者當生；更十八年甲子，其與王者合乎？用之則王道振；不用，洙泗之教修矣。」府君曰：「其人安出？」朗曰：「其唐晉之郊乎？昔殷後不王而仲尼生周，周後不王則斯人生晉。夫生於周者，周公之餘烈也；生於晉者，陶唐之遺風也。天地冥契，其數自然。」府君曰：「厥後何如？」朗曰：「自甲申至甲子，正百年矣，過此未或知也。」府君曰：「先生說卦，皆持二端。」朗曰：「何謂也？」府君曰：「先生每及興亡之際，必曰『用之以道，輔之以賢，未可量也』，是非二端乎？」朗曰：「夫象生有定數，吉凶有前期，變而能通，故治亂有可易之理。是以君子之於易，動則觀其變而玩其占，問之而後行，考之而後舉，欲令天下順時而進，知難而退：此占筭所以見重於先王也。故曰：危者使平，易者使傾。善人少，惡人多；暗主衆，明君寡。堯、舜繼禪，歷代不逢；伊、周復辟，近古亦絶。非運之不可變也，化之不可行也；道悠世促，求才實難，或有臣而無君，或有君而無臣，故全之者鮮矣。仲尼曰：『如有用我者，吾其爲東周乎？』此有臣而無君也。章帝曰：『堯作大章，一夔足矣。』此有君而無臣也。是以文武之業，遂淪於仲尼；禮樂之美，不行於章帝。治亂之漸，必有厥由；而興廢之成，終罕所遇。易曰：『功業見乎變。』此之謂也，何謂無二端！」府君曰：「周公定鼎於郟、鄏，卜世三十，卜年八百，豈亦二端乎？」朗曰：「聖人輔相天地，準繩陰陽，恢皇綱，立人極，脩策迴馭，長羅遠羈，昭治亂於未然，筭成敗於無兆，固有不易之數，不定之期；假使庸主守之，賊臣犯之，終不促已成之期於未衰之運。故曰：『周德雖衰，天命未改。』聖人知明王賢相不可必遇，聖謀睿策有時而弊，故考之典禮，稽之龜策，即人事以申天命，懸曆數以示將來；或有已盛而更衰，或過算而不及，是故聖人之法所可貴也。向使明王繼及，良佐踵武，則當億萬斯年，與天無極，豈止三十世八百年而已哉？過算餘年者，非先王之功，即桓、文之力也。天意人事，豈徒然哉？」府君曰：「龜策不出聖謀乎？」朗曰：「聖謀定將來之基，龜策告未來之事，遞相表裏，安有異同？」府君曰：「大哉人謨！」朗曰：「人謀所以安天下也。夫天下大器也，置之安地則安，置之危地則危。是以平路安車，狂夫審乎難覆；乘奔馭朽，童子知其必危。豈有周禮既行，曆數不延乎八百；秦法既立，宗祧能踰乎二世？噫，天命人事，其同歸乎！」府君曰：「先生所刻治亂興廢果何道也？」朗曰：「文質遞用，勢運相乘。稽損益以驗其時，百代無隱；考龜策而研其慮，千載可知。未之思歟？夫何遠之有！」府君蹶然驚起，因書策而藏之，退而學易。蓋王氏易道，宗於朗焉。

其後，宣武正始元年歲次甲申，至孝文〔一〕永安元年二十四歲戊申而胡后作亂，尒朱榮

〔一〕「一」原作「二」，據六子本改。
〔二〕「亢」原作「冗」，據六子本改。

起并州，君臣相殘，繼踵屠地。及周、齊分霸，卒併於西，始於甲寅，終於庚子，皆如其言。明年辛丑歲，隋高祖受禪，果以恭儉定天下。開皇元年，安康獻公老于家，謂銅川府君曰：「關生殆聖矣！其言未來，若合符契。」

〔一〕「孝文」，應爲「孝莊」之誤。

開皇四年，銅川夫人經山梁，履巨石而有娠，既而生文中子，先丙午之期者二載爾。獻公筮之曰：「此子當之矣。」開皇六年丙午，文中子知書矣，厥聲載路。九年己酉，江東平，高祖之政始。迨仁壽四年甲子，文中子謁見高祖，而道不行。大業之政甚於桀、紂，於是文中子曰：「不可以有爲矣。」遂退居汾陽，續詩書，論禮樂。江都失守，文中寢疾，歎曰：「天將啓堯、舜之運而吾不遇焉，嗚呼！」此關先生所言皆驗也。貞觀二十三年正月序〔一〕。

〔一〕「貞觀二十三年正月序」九字，四部叢刊本無。

王氏家書雜録〔一〕

王福時　撰

太原府君，諱凝，字叔恬，文中子亞弟也。貞觀初，君子道亨，我先君門人布在廊廟，將播厥師訓，施于王道，遂求其書于仲父。仲父以編寫未就不之出，故六經之義代莫得聞。

仲父釋褐，爲監察御史。時御史大夫杜淹謂仲父曰：「子聖賢之弟也，有異聞乎？」仲父曰：「凝忝同氣，昔亡兄講道河汾，亦嘗預於斯，然六經之外無所聞也。」淹曰：「昔門人咸存記焉，蓋薛收、姚義綴而名曰中説。兹書天下之昌言也，微而顯，曲而當，旁貫大義，宏闡教源，門人請問之端、文中行事之跡則備矣。子盍求諸家？」仲父曰：「凝以喪亂以來，未遑及也。」退而求之，得中説一百餘紙，大底雜記，不著篇目，首卷及序則蠹絶磨滅，未能詮次。

會仲父黜爲胡蘇令，歎曰：「文中子之教，不可不宣也。日月逝矣，歲不我與。」乃解印而歸，大考六經之目〔二〕而繕録焉。禮論、樂論各亡其五篇，續詩、續書各亡小序，惟〔三〕元經、讚易具存焉，得六百六十五篇，勒成七十五卷，分爲六部，號曰「王氏六經」。仲父謂諸子曰：「大哉，兄之述也！以言乎皇綱帝道則大明矣，以言乎天地之間則無不至焉。自春秋以來，未有若斯之述也。」又謂門人曰：「不可使文中之後不達於兹也。」乃召諸子而授焉。

〔一〕此篇原脱，據四部叢刊本補入。

〔二〕「目」字原脱，據六子本補。

〔三〕「惟」原作「推」，據六子本改。

貞觀十六年，余二十一歲〔一〕，受六經之義，三年頗通大略。嗚呼！小子何足以知之，而有志焉。十九年，仲父被起爲洛州録事，又以中說授余曰：「先兄之緒言也。」余再拜曰：「中說之爲教也，務約致深，言寡理大，其比方論語之記乎？孺子奉之，無使失墜。」余因而辨類分宗，編爲十編，勒成十卷。其門人弟子姓字本末，則訪諸紀牒〔二〕，列於外傳，以備宗本焉。且六經、中說，于以觀先君之事業，建義明道，垂則立訓，知文中子之所爲者，其天乎？年序浸遠，朝廷事異，同志淪殂，帝閽攸邈，文中子之教抑而未行。吁，可悲哉！空傳子孫以爲素業云爾。時貞觀二十三年正月序。

〔一〕「二十一歲」疑爲「三十一歲」之誤，說見汪吟龍文中子考信録，臺灣商務印書館，一九六三年，第三五頁。

〔二〕「牒」原作「諜」，據六子本改。

附録

歷代評論輯要

一、唐

（一）王績遊北山賦：「信茲山之奥域，昔吾兄之所止。……察俗删詩，依經正史。……山似尼邱，泉凝洙泗。」自注曰：吾兄通，字仲淹，生於隋末，守道不仕。大業中隱於此溪，續孔子六經近百餘卷，門人弟子相趨成市，故溪今號「王孔子之溪」也。（另見負苓者傳、答馮子華書、答程道士書）（全唐文卷一三一）

（二）陳叔達答王績書：「恐後之筆削陷於繁碎，宏綱正典暗而不宣，乃興元經，以定真統。」（全唐文卷一三三）

（三）薛收隋故徵君文中子碣銘：「要道之本，中和之節，九疇六藝之能事，元亨利貞之至美，悉備之矣。……可以比姑射於尼岫、擬河汾於洙泗矣。」（全唐文卷一三三）

（四）王勃倬彼我系：「其位雖屈，其言則傳。爰述帝制，大搜王道。」（另見續書序）（全唐文卷一七七）

（五）楊炯王勃集序：「始擯落於申韓，終激揚於荀孟。……裁成大典，以贊孔門。」（全唐詩卷五五）

（六）劉禹錫王公神道碑：「在隋朝諸儒，唯通能明王道……銘曰：隋有文中，紹揚微言。當時偉人，咸出其門。」（劉禹錫集卷三）

（七）李翺答朱載言書：「其理往往有是而辭章不能工者有之矣，劉氏人物表、王氏中說、俗傳太公家書是也。」（全唐文卷六三五）

（八）皮日休請韓文公配饗太學書：「夫孟子、荀卿翼傳孔道，以至於文中子。……文中之道，曠百祀而得室授者，惟昌黎文公耳。」（皮子文藪卷第九）

文中子碑：「夐乎千世，而可繼孟氏者，復何人哉？文中子王氏，諱通……較其道與孔孟，豈徒然哉！設先生生於孔聖之世，余恐不在游、夏之亞也，況七十子歟？……因爲銘曰：大道不明，天地淪精。俟聖暢教，乃出先生。……先生門人，爲唐之禎。……未踰一紀，致我太平。」（皮子文藪卷第四）

（九）陸龜蒙送豆盧處士謁丞相序：「龜蒙讀揚雄所爲書，知太玄準易，法言準論語。晚得文中子王先生中說，又知其書與法言相類。……文中子生於隋代，知聖人之道不行，歸河汾間，修先王之業，九年而功成，謂之王氏六經。門徒弟子……受王佐之道。隋亡，文中子没，門人歸於唐，盡發文中子所授之道，左右其理。」（全唐文卷八〇〇）

（一〇）司空圖文中子碑：「五胡繼亂，極於周齊，天其或者生文中子以致聖人之用，得衆賢而廓之，以俟我唐，亦夫命也。故房、魏數公，皆爲其徒。恢文武之道，以濟貞觀治平之盛，今三百年矣，宜其碑。」（全唐文卷八〇九）

二、五代

（一）舊唐書王績傳：「王績……兄通，字仲淹，隋大業中名儒，號『文中子』，自有傳。」王勃傳：「祖通……依春秋體例，自獲麟後，歷秦、漢至於後魏，著紀年之書，謂之元經。又依孔子家語、揚雄法言例，爲客主對答之説，號曰中説，皆爲儒士所稱。」

（二）徐鉉舒州新建文宣王廟碑文：「鉉嘗讀文中子所著書，竊觀其建言設教，憲章周孔，有道無位，故德澤不被於生民；然而門人弟子，如房、魏、李、杜輩，皆遭遇真主，佐佑大化，元功盛烈，亦云至矣，猶以爲禮樂不興，未能行文中子之道。……時運不並亨，聖賢

不世出，可爲長歎息已矣。」（全唐文卷八八三）

（三）張洎賈氏譚録：「劉貢精於儒術，讀文中子，忿而言曰：『才非殆庶，擬上聖述作，不亦過乎？』客或問曰：『文中子於六籍何如？』貢曰：『若人望人，文中子於六籍，猶奴婢之於郎主爾。』後遂以文中子爲『六籍奴婢』。」

三、宋

（一）柳開補亡先生傳：「隋之時，王仲淹於河汾間，務繼孔子以續六經，大出於世，實爲聖人矣。」（河東集卷二）

答臧丙第一書：「昔先師夫子，大聖人也……厥後寖微，楊墨交亂，聖人之道復將墜矣。……孟軻氏出而佐之，辭而辟之，聖人之道復存焉。……孟軻氏没……再生揚雄氏以正之，聖人之道復明焉。……揚雄氏没，佛於魏、隋之間訛亂紛紛……重生王通氏以明之……出百餘年，俾韓愈氏驟登其區，廣開以辭，聖人之道復大於唐焉。……自韓愈氏没，無人焉。今我之所以成章者，亦將復先師夫子之道也。」（河東集卷六）

（二）王禹偁投宋拾遺書：「書契以來以文垂教者，首曰孔孟之道……孟軻氏没，揚雄氏作……揚雄氏喪，文中子生……文中子滅，昌黎文公出，師戴聖人之道，述作聖人之

言。」（全宋文卷一五一）

（三）孫復通道堂記：「吾之所謂道者，堯、舜、禹、湯、文、武、周公、孔子之道也，孟軻、荀卿、揚雄、王通、韓愈之道也。」（孫明復小集卷二）

答張洞書：「自漢唐以文垂世者衆矣，然多楊墨佛老虛無報應之事、沈謝徐庾妖豔邪侈之辭。至於始終仁義、不叛不離者，惟董仲舒、揚雄、王通、韓愈而已。」（孫明復小卷卷二）

（四）石介尊韓：「若孟軻氏、揚雄氏、王通氏、韓愈氏，祖述孔子而師尊之，其智足以爲賢。」（徂徠先生文集卷七）

上趙先生書：「傳曰：『五百年一賢人生。』孔子至孟子，孟子至揚子，揚子至文中子，文中子至吏部……其驗歟？」（徂徠先生文集卷一二）

泰山書院記：「自周以下觀之，賢人之窮者，孟子、揚子、文中子、吏部是也。」（徂徠先生文集卷一二）

（五）宋咸過文中子（宋史藝文志四）、駁中説二十二事（均佚，見王應麟玉海卷五十三）。

（六）阮逸文中子中説序：「子之道其天乎？……或有執文昧理，以模範論語爲病，此皮膚之見，非心解也。」

（七）釋契嵩文中子碑：「仲尼没百餘年而有孟軻氏作，雖不及仲尼而啓乎仲尼者也。孟軻没而有荀卿子作，荀卿没而楊子雲繼之。荀與楊，贊乎仲尼者也，教專而道不一，孟氏爲次焉。去仲尼千餘年而生於陳隋之間號文中子者……肖乎仲尼者也。時天下失道，諸侯卿大夫不能修之，獨文中子動率以禮，務正人拯物……因採漢魏與六代之政，文之爲續經，廣教化於後世也。非有聖人之道、聖人之才而孰能與於此乎！文中之與仲尼，猶日而月之也。」（鐔津集卷一五）

（八）李覯讀文中子：「文中子之言，聖人之徒也。傳之者非其人，爲之癰瘡而已耳。吾觀中説，謂所傳者奸詐無禮之人也。……蓋文中子教授河汾間，跡未甚顯，没後門人欲尊崇之，故扳太宗時公卿以欺後世耳；懼其語之泄，乃溢辭以求媚。……雖然，不奸詐、不無禮，文中子之道不如是之光也。……流俗之視中説如視佛書。」（盱江集卷二九）

（九）新唐書王績傳：「兄通，隋末大儒也。聚徒河汾間，仿古作六經，又爲中説，以擬論語，不爲諸儒稱道。唯中説獨存。」（另見王勃傳、王質傳、隱逸傳、文藝傳上及資治通鑑隋紀三文帝仁壽三年）

（一〇）邵雍：「惜哉仲淹，壽不永乎！非不廢是，瑕不掩瑜。雖未至於聖，其聖人之徒歟！」（邵氏聞見後録卷四）

（一一）司馬光文中子補傳：「今其六經皆亡，而中説亦出於其家。雖云門人薛收、姚義所記，然余觀其書，竊疑唐室既興，凝與福畤輩依並時事，從而附益之也。……余讀其書，想其爲人，誠好學篤行之儒，惜也其自任太重，其子弟譽之太過，使後之人莫之敢信也。」（邵氏聞見後録卷四）

（一二）程頤二程遺書伊川先生語五：「文中子本是一隱君子，世人往往得其議論，附會成書，其間極有格言，荀、楊道不到處。」

（一三）劉弇龍雲集卷二十八：「問：世傳王氏中説十篇，觀其書，簡潔峻整，毅然如豪士、自好者之不可犯，而其所自爲，要不折衷於孔子者蓋鮮，世至取其書配揚、孟，則如通，信可謂賢者矣；然通平居嘗爲大言，或自謂名世，或比董常於顔子，至其續六經則尤號少所遜避，而所謂中説者，又常模竄剽取老、莊、論語之文以助瓌壯，昔人至謂通書爲大公家教，厥有由也。或曰通出污世，不激詭不足以明道；或曰隋、唐史無通傳，其事跡又不旁見，疑無有通者，殆後人託爲之也。嗚呼！通言仁壽、大業後事，與夫有唐之方興，房杜未及禮樂，若合符節。至其論詩、易、春秋也，有所謂決不偶然者。然則非通，尚誰者爲之乎？通之書既如此宜，必有可以施之方今者。」

（一四）張耒答李文叔爲兄立謚簡：「讀通所著續經，其狂誕野陋，乃可爲學者發笑。」（張右史文集卷四六）

（一五）胡宏與南軒書：「文中子之言，誕漫不親切。」（五峰集卷二）

（一六）王十朋策問：「後世有大儒王通者，鳴道河汾間，與弟子難疑答問，動以洙泗爲法。中說十篇，猶孔氏論語也。」（王十朋全集卷八）

（一七）洪邁：「王氏中說所載門人，多貞觀時知名卿相，而無一人能振師之道者，故議者往往有疑。」（容齋續筆卷第一文中子門人）「元經、續詩、書猶有存者，不知能出遷、固之右乎？」（容齋四筆卷第十一譏議遷史）

（一八）朱熹抄二南寄平父因題此詩：「鄒汾斷簡光前載，關洛新書襲舊芳。」（朱熹集卷六）王氏續經說：「王仲淹生乎百世之下，讀古聖賢之書而粗識其用，則於道之未嘗亡者蓋有意焉，而於明德新民之學亦不可謂其無志矣。然未嘗深探其本而盡力於其實，以求必得夫至善者而止之，顧乃挾其窺覘想像之彷彿，而謂聖之所以聖、賢之所以賢，與其所以修身、所以治人而及夫天下國家者，舉皆不越乎此。是以一見隋文而陳十二策，則既不自量其力之不足以爲伊周，又不知其君之不可以爲湯武，且不待其招而往，不待其問而告，則又輕其道以求售焉。及其不遇而歸，其年蓋亦未爲晚也。若能於此反之於身，以益求其所未至，使明德之方、新民之具皆足以得其至善而止之，則異時得君行道，安知其卒不逮於古人？政使不幸終無所遇，至於甚不得已而筆之於書，亦必有以發經言之餘藴而開後學之無窮。顧乃不知出此，而不勝其好名欲速之心，汲汲乎日以著書立言爲己任，則其用心爲已外矣。……蓋既不自知其學之不足以爲周孔，又不知兩漢之不足以爲三王，而徒欲以是區區者比而效之於形似影響之間，傲然自謂足以承千聖而紹百王矣，而不知其初不足以供兒童之一戲。又適以是而自納於吴楚僭王之誅，使夫後世知道之君子雖或有取於其言，而終不能無恨於此，是亦可悲也已。……荀卿之學雜於申商，子雲之學本於黄老，而其著書之意，蓋亦姑託空文以自見耳，非如仲淹之學頗近於正而粗有可用之實也。至於退之原道諸篇，則於道之大原若有非荀、揚、仲淹之所及者，然考其平生意向之所在，終不免於文士浮華放浪之習、時俗富貴利達之求，而其覽觀古今之變，將以措諸事業者，恐亦未若仲淹之致懇惻而有條理也。是以予於仲淹獨深惜之，而有所不暇於三子。

是亦春秋責賢者備之意也，可勝歎哉！」（朱熹集卷六七）

朱子語類卷一三七戰國漢唐諸子：「王通極開爽，説得廣闊。緣它於事上講究得精，故於世變興亡、人情物態、更革沿襲、施爲作用、先後次第都曉得，識得個仁義禮樂都有用處。若用於世，必有可觀，只可惜不曾向上透一著，於大體處有所欠缺。」「王通見識高明，如説治體處極高，但於本領處欠，如古人明德、新民、至善等處，皆不理會。」「文中子他當時要爲伊周事業，見道不行，急急地要做孔子。他要學伊周，其志甚不卑，但不能勝其好高自大欲速之心，反有所累。」〔一〕

（一九）陸九淵與姪孫濬書：「由孟子而來，千有五百餘年之間，以儒名者甚衆，而荀、揚、王、韓獨著，專場蓋代，天下歸之，非止朋遊黨與之私也。」（陸九淵集卷一）策問：「孟子之後，以儒稱於當世者，荀卿、揚雄、王通、韓愈四子最著。」（陸九淵集卷二四）

（二〇）陳亮類次文中子引：「（孔子之後）天地之經紛紛然不可以復正，文中子始正之。續經之作，孔氏之志也，世胡足以知之哉！」（陳亮集卷二三）〔二〕

（二一）葉適水心別集卷八王通：「夫通既退不用矣，於是續書以存漢、晉之實，續詩以辯六代之俗，修元經以斷南北之疑，贊易道，正禮樂。其能以聖人之心處後世之變者乎！」

（二二）史彌大史子樸語：「王通之中説十篇，學者尊高之，以爲孟子之徒，或曰聖人也。予嘗考其書，求其所以爲孟子與聖人者，蓋未得之也。豈以通純剽論語，遂以爲聖人耶？……通之甚怪者，不惟剽其説，至並孔子之跡而剽之。」（永樂大典卷六八三八）

（二三）羅璧羅氏識遺卷三：「文中子之書識頗正大，而拘拘模仿論語，皆後人之疵。」

四、金元

（一）宋史選舉志二：「紹興元年，初復館職試，凡預召者，學士院試時務策一道，天子親覽焉。……凡應詔者，先具所著策、論五十篇繳進，兩省侍從參考之，分爲三等，次優以上，召赴秘閣，試論六首，於九經、十七史、七書、國語、荀、揚、管子、文中子内出題，學士兩省官考校，御史監之，四通以上爲合格。」

（二）金史世宗本紀下：金世宗大定二十三年九月，譯經所進所譯易、書、論語、孟子、老子、揚子、文中子、劉子及新唐書，上命頒行之。

（三）元好問送弋唐佐董彦寬南歸：「河汾續經名自重，附會人嫌迫周孔。史臣補傳久已出，浮議至今猶洶洶。」（遺山集卷三）

（四）劉祁歸潛志卷十三：「文中子一世純儒，其著述動作全法聖人，雖未能造其域，亦可謂賢而有志者。遺書在世，韓子亦不容不見之，而未嘗比數於荀子之列，其意以爲無足取邪？其偶然邪？至李翺則比諸世所傳太公家教，以爲無辭而粗有理，亦輕之矣。」

五、明

（一）宋濂諸子辯：「第其書出於福郊、福畤所爲，牽合傅會，反不足取信於人。……噫，孟子而下，知尊孔子者曰荀、揚；揚本老莊，荀雜申商，唯通爲近正，讀者未可以此而輕訾之。」（潛溪後集卷一）

（二）方孝孺答王仲縉：「苟爲名而已爾，誇其辭而已爾，如揚子雲、王仲淹之所述而已爾，於道無明也，於事無補也，揆之於其躬又不能無憾也，則亦奚以爲哉！」（方孝孺集卷一〇）

（三）王陽明傳習録卷上：「愛問文中子、韓退之。先生曰：『退之，文人之雄耳。文中子，賢儒也。後人徒以文詞之故推尊退之，其實退之去文中子遠甚。』愛問：『何以有擬經之失？』先生曰：『擬經恐未可盡非。……孔子述六經，懼繁文之亂天下，惟簡之而不得，使天下務去其文以求其實，非以文教之也。春秋以後，繁文益盛，天下益亂。……不知文中子當時擬經之意如何？某切深有取於其事，以爲聖人復起，不能易也。』」

傳習録卷上：「問文中子是如何人，先生曰：『文中子庶幾具體而微，惜其早死！』問：『如何卻有續經之非？』曰：『續經亦未可盡非。』請問，良久曰：『更覺良工心獨苦。』」

傳習録卷中：「張、黄、諸葛及韓、范諸公，皆天質之美，自多暗合道妙；雖未可盡謂之知學，盡謂之聞道，然亦自其有學、違道不遠者也。使其聞學知道，即伊、傅、周、召矣。若文中子，則又不可謂之不知學者，其書雖多出於其徒，亦多有未是處，然其大略則亦居然可見，但今相去遼遠，無有的然憑證，不可懸斷其所至矣。」

書同門科舉提名録後：「予嘗論文中子蓋後世之大儒也，自孔、孟既没，而周、程未興，董、韓諸子未或有先焉者。」

（四）崔銑中説考序：「中説之作也，何傳之難而湮之易乎！知者寡而罪者衆乎！由魏晉而來，天其閉道也久矣！是故長玄虚而盛齋戒，競殺伐而攻諼詐；言道則惟空寂，爲文則飾藻麗。而王氏仲淹者出，獨師孔子，言宗論語，述準六經，學修於道，治求其本，邦昌則獻其謀，邦欲亂則退而讓之。秦漢而下，其罕若人之儔乎！罪之者曰僭經也，擬孔子也。夫學不師聖，將奚擇焉？古不云乎：非先王之法言不敢道，非先王之德行不敢行。法聖人而謂之非，何也？」（洹詞卷五）

（五）鄭曉今言卷四：「嘉靖中，議文廟祀典，進文中子、后蒼、胡瑗、歐陽修四人從祀〔三〕。文中之學，得孔、顏正傳。」

古言卷上：「孟子之後，惟文中子、周茂叔、程明道、朱晦庵之學爲正。若荀況、楊雄、董仲舒，皆大儒知學；退之、永叔以文章言道術，又次之。」

古言卷上：「朱子言文中子論治體高似仲舒而本領不及，爽似仲舒而純不及；予謂文中子本領純粹，得聖學之傳，過仲舒遠甚。朱子又言退之原道諸篇非通所及，亦恐未然。退之文人，何敢望文中！文中子前有孟子，後有周子，其餘皆不及也。」

（六）胡應麟少室山房筆叢卷二八九流緒論中：「余讀仲淹書，獨慨夫士之生於三代之下者，一壞於管、商，載（案：疑當作「貳」）靡於鼂、翟，三汨於申、韓，四湛於黄、老，五淫於莊、列，六殉於曇、摩，下逮六朝南北，即瑰偉絶特蓋世之英，亦將望是數者趨焉息焉，其於周公、仲尼之道，蓋邈不知其何物矣。仲淹勃興衰運，直欲懸揭而日月之，今繹其遺言，源流洞如，規模廓如，詞義秩如、温如、燁如，即性命、天人之極彼或未窺，是非大謬聖人者固已鮮矣。藉令面命杏壇，詎出端木、顓師之下，若之何後世之知之者弗勝夫罪之者之衆也！至刻畫顔曾，步趨鄒魯，福郊、福畤之爲，固無事辯，特其肩任太弘，論建太廣，志意太驟，稍似有以啓其端者，紫陽所爲三歎而致惜歟？」

六、清

（一）顧炎武與潘次耕札：「六代之末，猶有一文中子，讀聖人之書而惓惓以世之不治、民之無聊爲亟，没身之後，唐太宗用其言以成貞觀之治，而房杜諸公皆出文中子之門，雖學未粹於程朱，要豈今人之可望哉！」（亭林餘集）

（二）王夫之讀通鑑論卷十五宋文帝：「關朗、王通開唐之文教。」

讀通鑑論卷二十唐太宗：「自修之士，有見而亟言之，德不崇，心不精，王通之所以不得爲真儒也。」

（三）錢謙益跋宋本中説後：「文中子序述六經，爲洙泗之宗子。有宋鉅儒自命得不傳之學，禁遏之如石壓筍，使不得出六百餘年矣。」（牧齋有學集卷四六）

（四）汪縉汪子遺書上録内王附陳：「我龍川之學，蓋得文中子之粗者。文中之學至精。」

汪子遺書上録明尊朱之指：「河汾之學，經世之學也。……西方度世之心、漢唐救世之功，雖聖人復起，亦必有取焉，觀子孔子之稱老聃、管仲可見矣，王、陳之説其可廢邪！」

（五）李光地榕村語録卷二十：「朱子於文中子推許不小，荀揚不足比，即韓文公尚不如其懇惻而有條理，此是何等地位！只是世人將他與揚雄並斥者，爲其僭擬夫子也。」

榕村續語録卷九：「文中子何等學問，只以擬聖人，至今詬厲，罪案尚未定。」

榕村續語録卷五諸儒：「周、程、朱、張之所見，果度越董子、韓子、文中子，然譏彈三子處，亦似有不得其意者。至明儒，肆口非議，似以前賢爲三歲小兒。今以其所著書較之，其底裏與三子何啻天淵！」

（六）姚際恒古今僞書考卷一文中子：「世有以其姓名史所不載，疑並無其人者。……又有疑其書爲阮逸僞造者……説者又以爲出於其子福郊、福畤之所爲……通耶？郊耶？畤耶？逸耶？吾不得而知之，總不若火其書之爲愈也。」

（七）惠棟九曜齋筆記卷二：「文中子，晚唐人僞撰也。好爲大言以欺人，有識者自知之。」

（八）四庫全書總目提要卷九十一：「知所謂文中子者，實有其人；所謂中説者，其子福郊、福時等纂述遺言，虚相誇飾，亦實有其書。第當有唐開國之初，明君碩輔不可以虚名動，又陸德明、孔穎達、賈公彦諸人老師宿儒，布列館閣，亦不可以空談惑，故其人其書皆不著於當時，而當時亦無斥其妄者。至中唐以後，漸遠無徵，乃稍稍得售其欺耳。宋咸必以爲實無其人，洪邁必以爲其書出阮逸所撰，誠爲過當；講學家或竟以爲接孔、顔之傳，則傎之甚矣。據其僞跡炳然，誠不足采，然大旨要不甚悖於理。且摹擬聖人之語言自揚雄始，猶未敢冒其名；摹擬聖人之事跡則自通始，乃並其名而僭之。後來聚徒講學，釀爲朋黨，以至禍延宗社者，通實爲之先驅。坤之初六『履霜堅冰』，姤之初六『繫於金柅』，録而存之，亦足見儒風變古，其所由來者漸也。」

（九）袁枚隨園詩話卷七·六八：「孔子學周公，不如王莽之似也；孟子學孔子，不如王通之似也。」

（一〇）章學誠文史通義内篇一經解下：「河汾六籍，或謂好事者之緣飾，王通未必遽如斯妄也。誠使果有其事，則『六經奴婢』之誚猶未得其情矣。奴婢未嘗不服勞於主人，王氏六經服勞於孔氏者又何在乎?」

（一二）龔自珍乙亥雜詩：「河汾房杜有人疑，名位千秋處士卑。一事平生無齮齕，但開風氣不爲師。」

七、民國—當代

（一）章太炎國學講演録：「文中子誇飾禮樂。」「文中子書，雖不可信，要不失爲初唐人手筆。」〔四〕

薊漢微言：「王通中説殆亦唐人所擬。」〔五〕

檢論卷四案唐：「中説時有善言，其常誇詐則甚矣。……中説與文中子世家，皆勃所讕誣也。」〔六〕

（二）梁啓超中國歷史研究法：「隋末有妄人名王通者，自比孔子，而將一時將相若賀若弼、李密、房玄齡、魏徵、李勣等皆攀認爲其門弟子，乃自作或假手於其子弟以作自所謂文中子者，歷叙通與諸人問答語，一若實有其事。此種病狂之人、妖誣之書，實人類所罕見。」〔七〕

（三）汪吟龍與章太炎論文中子書：「吾輩略讀唐書，則不得謂文中子無其人；有其人，則不得謂其人非好學深思、慨然有高天下之志。此案而定，則凡一枝一節破碎害道之論，胥可泯焉。」〔八〕

（四）謝無量中國哲學史第二編下第六章：「隋既統一南北，而其時學者仍以華藻相高，經術之士局於訓詁，玄釋並行。惟文中子明儒業，其言甚醇，參於漢之揚、董，而魏晉以來未有能及之者也。」〔九〕

（五）陳寅恪韓愈論：「世傳隋末講學河汾，卒開唐代貞觀之治，此固未必可信。」〔一〇〕

葉遐庵自香港寄詩詢近狀賦此答之：「招魂楚澤心雖在，續命河汾夢亦休。」

壬寅小雪夜病榻作：「疏屬汾南何等事，衰殘無命敢追攀。」

甲辰四月贈蔣秉南教授：「河汾洛社同丘貉，此恨綿綿死未休。」〔一一〕

贈蔣秉南序：「於若追蹤先賢，幽居疏屬之南、汾水之曲，守先哲之遺範，託末契於後生，則有如蓬萊方丈，渺不可即，徒寄之夢寐、存乎遐想而已。」〔一二〕

（六）馮友蘭中國哲學史第二編第十章：「王通爲隋末一相當有聲望之爲儒家之學者。至於如杜淹所鋪張，則多王通之後人所虛造之事，實不足置信。今所傳文中子中說，亦無甚可稱述者。」「在佛學方盛之際，有人如此推崇王通，以爲能繼孔子之業。直接推崇王通，即間接推崇孔子。視此爲儒學復興運動之一幕，則似可也。」〔一三〕

（七）錢穆讀王通中説：「其人其書……決非後人所能僞撰。既有其書，則決有其人。其人雖不能詳考，其書雖不能詳定，大體而論，尤多可信。」〔一四〕孔子與春秋：「當時北方儒學之真傳統」，「不失是西漢公羊家精神」，「真想以一人之家言，將來成爲新王之官學」；「當時北學傳統中之殿軍與結穴……他當時是北學之集大成」。〔一五〕

（八）王仲犖隋唐五代史：「文中子王通，其人若有若無，有關他的史料矛盾百出，因此在思想部分，也不做專節介紹。」〔一六〕

（九）閻韜王通的哲學與新經學：「他重建儒學的權威的努力，他關於新儒學的一些思想，使他無意中成爲理學的先導。」〔一七〕

（一〇）駱建人文中子研究敘論：「洎夫三國覆滅，兩晉式微，學者復又思想紛歧，文風蕩軼，玄學清談，鄙棄經典，佛老遺世，禮義不修。文中子際此湍流衝擊之會，而羣崖崩落之秋，閔然傷王道之不存，慨學統之中墜，故力披棼繁，獨排虛矯，學主中庸，思衍道學；上承鄒魯之遺風，下啓宋明之理學；有唐之世，備受推尊，比臨宋朝，漸見猜疑，降及明、清，備受謗毁。譽之者則尊其踵武洙泗，運啓貞觀；疑之者斷之爲黎丘之鬼，烏有先生；毁之者斥之爲腐頭學究，六籍奴婢。尊之者或過情，疑之者亦欠考，而毁之者以一己好惡，深文周内，以片概全，鄙棄舊籍，視唐宋諸家胥皆夥同作僞，所有信言，都不足採，於是文中子之學乃備受掎摭，不惟難顯於寰宇，且將汩没於荒煙蔓草之中矣！

第余詳讀中説全書，覺其思慮文辭，樸質可誦；言行狀貌，藹然可親，雖間或言似狂簡，行近狷介，然夷考其思緒行徑，則實彬彬然一謹德君子也。論其學固積禮蓄義，論其志亦配聖法天，若能飛軒致用，未嘗不能綜三綱、貫萬物、正人心而勵風俗也。惜乎賚志早逝，不顯當時，贗僞亂真，竟遺詬柄，致此開創數朝風氣之宗師、紹述周孔餘緒之巨擘，負屈含冤，珠沉玉黜，可不痛哉！」〔一八〕

〔一〕參見胡應麟少室山房筆叢卷二六藝林學山八：「考亭上下千古，三代以還，所推僅王通、韓愈。」李光地榕村語録卷二十二：「程朱身分高，又見得到，直眼大如箕，三代下所推者不過幾人：董江都、諸葛武侯、文中子、韓文公，餘則稱陸敬輿、郭汾陽。」

〔二〕參見朱子語類卷一二三：「陳同父學已行到江西，浙人信向已多。家家談王伯，不説蕭何、張良，只説王猛；不説孔孟，只説文中子，可畏！可畏！」宋史儒林傳六：「其學自孟子之後惟推王通。」

〔三〕參見明史禮志四：「嘉靖十年，后蒼、王通、胡瑗、歐陽修從祀孔廟。」

〔四〕章太炎：國學講演録，傅傑編校，華東師範大學出版社，一九九五年，第二三八、二五〇頁。

〔五〕章太炎：葑漢三言，虞雲國標點，上海書店出版社，二〇一一年，第五七頁。

〔六〕章太炎全集（三），上海人民出版社，一九八四年，第四五〇至四五一頁。

〔七〕梁啓超：中國歷史研究法，上海古籍出版社，二〇〇六年，第八六頁。

〔八〕汪吟龍：文中子考信録，臺灣商務印書館，一九六三年，第九七頁。

〔九〕謝無量：中國哲學史，中華書局，一九一六年，第四五頁。

〔一〇〕陳寅恪：金明館叢稿初編，上海古籍出版社，一九八〇年，第二九六頁。

〔一一〕此上三詩，分見陳寅恪：詩集，三聯書店，二〇〇九年，第七〇、一四三、一五一頁。

〔一二〕陳寅恪：寒柳堂集，上海古籍出版社，一九八〇年，第一六二頁。

〔一三〕馮友蘭：中國哲學史，商務印書館，一九三五年，第八〇〇至八〇一頁。

〔一四〕錢穆：中國思想史論叢（四），安徽教育出版社，二〇〇四年，第一頁。

〔一五〕錢穆：兩漢經學今古文平議，商務印書館，二〇〇一年，第二八九頁。

〔一六〕王仲犖：隋唐五代史，上海人民出版社，二〇〇三年，序言第七頁。

〔一七〕任繼愈主編：中國哲學發展史（隋唐卷），人民出版社，一九九四年，第五三頁。

〔一八〕駱建人：文中子研究，臺灣商務印書館，一九九〇年。